LOTTE BORMUTH

Mosaiksteine meines Lebens

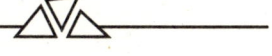

francke

Über die Autorin:

Lotte Bormuth ist eine der erfolgreichsten Autorinnen Deutschlands. In über 100 Titeln hat sie mit Lebensbildern und eigenen Erlebnissen vielen Menschen Trost, Freude und Glaubensmut vermittelt. 1945 als Flüchtlingskind nach Deutschland gekommen, engagiert sie sich heute für syrische Flüchtlinge in ihrem Umfeld.

Bibliografische Information Der Deutschen Nationalbibliothek. Die Deutsche Nationalbibliothek verzeichnet diese Publikation in der Deutschen Nationalbibliografie; detaillierte bibliografische Daten sind im Internet über http://dnb.ddb.de abrufbar.

ISBN 978-3-86827-704-3
Die Texte sind entnommen aus: „Und doch lacht mir die Sonne" und „Meines Lebens bunte Blätter"
© 2018 by Verlag der Francke-Buchhandlung GmbH
35037 Marburg an der Lahn
Umschlagbild: © iStockphoto.com / Asya_mix
Umschlaggestaltung: Verlag der Francke-Buchhandlung GmbH
Satz: Verlag der Francke-Buchhandlung GmbH
Printed in Czech Republic

www.francke-buch.de

Inhalt

Wie Blätter in meiner Hand. Mein Leben

In der sengenden Mittagsglut sind die Straßen wie leer gefegt. Nur ein paar zottige Hunde trotten träge über das heiße Pflaster. Sie suchen Schutz vor der heißen Sonne im Schatten eines Baumes. Ich sitze im Gras. Ein kleiner Bach plätschert vor mir dahin und fächelt mir etwas Kühle zu. In meiner Hand halte ich einen Strauß von Margeriten, Mohn- und Kornblumen. An einem Rain habe ich sie gepflückt. Ich liebe diese Feldblumen. Sie bringen wunderbare Farbtupfer in ein vom Wind bewegtes Getreidefeld. In tiefen, fast schwermütigen Gedanken versunken streicht mein Leben an mir vorüber. Dabei werfe ich, eigentlich ohne rechten Grund, eine Blume nach der anderen in den Bach. Seine Wasser überspülen und tragen die Blüten fort. Einige werden auch in die Tiefe gerissen und tauchen nicht mehr vor mir auf.

So ist mein Leben, muss ich denken. Wie die Blüten in der plätschernden Flut ist es dahingeflossen, manchmal ruhig, ja fast träge und dann wieder in wirbelndem Strudel sich fast überstürzend. Was ist aus meinen Träumen und Wünschen geworden? Wie viele Menschen haben mich in meinem Lauf begleitet, mich mit Liebe überschüttet, sind mir Mutmacher und Helfer geworden?

Aber gab es nicht auch die Menschen und Mächte, die sich so bedrohend, ja zerstörerisch in mein Dasein gedrängt und sich mir in den Weg gestellt haben? Wie habe ich es schaffen können, dass ich trotz dieser Gefahren das biblische Alter habe erreichen können?

Und dann taucht die noch viel bedeutsamere Frage in mir auf: Wird mein Leben Bestand haben, wenn ich dem eigentlichen Ziel, der Vollendung in Gottes Herrlichkeit, entgegengehe und vor meinem Richter stehe?

Was sagt der Psalmist über diese Zeitspanne hier auf Erden?

„Denn tausend Jahre sind vor dir wie der Tag, der gestern vergangen ist und wie eine Nachtwache. Du lässest die Menschenkinder dahinfahren wie einen Strom, sie sind wie ein Schlaf, gleichwie Gras, das doch bald welk wird, das frühe blüht und bald welk wird und des Abends abgehauen wird und verdorrt."

Diese Wahrheit in der Tiefe ihrer Bedeutung zu erfassen, wäre zu schwer und bedrückend, gäbe es da nicht auch das andere Wort zu Beginn des Psalms 90:

„Herr Gott, du bist unsere Zuflucht für und für. Ehe denn die Berge wurden und die Erde und die Welt geschaffen wurden, bist du, Gott, von Ewigkeit zu Ewigkeit. Der du die Menschen lässest sterben und sprichst: Kommt wieder, Menschenkinder!

Denn tausend Jahre sind vor dir wie ein Tag, der gestern vergangen ist und wie eine Nachtwache."

Daran will ich mich halten und mich freuen. Welch eine wunderbare Zusage! Gott ist immer da. In ihm darf ich mich bergen und fröhlich sein in all meinem Tun. Es macht mir Lust, diesem Gedanken nachzugehen und meinen Lebenslauf zu betrachten. Ich will mein Dasein wie einen Blütenstrauß in meiner Hand behalten und es bestaunen. Ich will diesen Blütenzauber, so wie er mir bewusst wird, aufleuchten lassen. Dankbar will ich sagen: Ich gedenke der vorigen Zeiten und mein Herz ist fröhlich in meinem Gott.

Bessarabien — meine Heimat

Bessarabien, das heutige Moldawien, ist ein herrliches Land. Obwohl ich nur sechs Jahre meines Lebens dort zugebracht habe, empfinde ich es als meine eigentliche Heimat. Vielleicht liegt es daran, dass wir uns sehr oft über unseren Ursprung unterhalten haben und in der Kindheit der Mensch seine tiefste Prägung erfährt.

Dort bin ich in dem stattlichen Dorf Sofiental geboren. Acht Kilometer lag es vom Schwarzen Meer entfernt. Deutsche Siedler hatten hier ihre Häuser und Höfe gebaut. Die Kirche mit ihrem Glockenturm bildete die Mitte des Dorfes. Schmuck sahen die Gehöfte aus. Zur Straßenseite waren sie mit einer weiß getünchten Mauer umgeben. Blühende, fruchtbare Gärten waren der Stolz der Bäuerin. Akazienbäume umsäumten die Dorfstraße. Schon von Weitem roch man ihren wunderbaren Duft. Kam man näher an sie heran, dann summte es vor lauter Bienen, die sich ihren Honig aus den Blüten holten. Zwischen den beiden Häuserreihen war ein breiter fruchtbarer Streifen Land mit Rizinusstauden bepflanzt. Das Haus meiner Großeltern lag gegenüber der Kirche, so ziemlich in der Dorfmitte, wo auch der Dorfbrunnen stand. Das Haus meiner Eltern stand am Dorfausgang und war noch recht neu, aus roten Ziegeln errichtet. Unser Hof war zu der Zeit verpachtet und Onkel Emil bewirtschaftete das Erbe meiner Eltern.

In der Kirche war auch zugleich das Schulhaus untergebracht. Sonntags riefen die Glocken zum Gottesdienst und an den Werktagen tummelten sich die Schüler im Gebäude und wurden im Lesen, Rechnen und Schreiben unterrichtet. So hatte beides seinen Platz im Leben der Bevölkerung: das Wort von Gott und die Erziehung der Jugend zu einem verantwortungsvollen Dasein.

In diesem schmucken, sauberen Dorf erblickte ich am 3. Januar 1934 das Licht der Welt. Meine Großeltern haben immer darauf bestanden, dass die Enkelkinder in ihrem Haus unter ihrer Obhut geboren wurden. So waren meine Eltern schon vor Weihnachten von ihrem Wohnort Purkari, wo die landwirtschaftliche Schule stand, nach Sofiental aufgebrochen, als der Geburtstermin näher rückte. Ich war das zweite Kind in der Familie und der Schrecken war groß, als ich geboren wurde und kaum lebensfähig war. Die Hebamme wickelte mich in ein Tuch und legte mich zur Seite. Sie versorgte erst meine Mutter, weil sie keine Hoffnung für mich hatte. Jedenfalls wurde mir dies später so erzählt. „Dies Kind ist zu schwach", sagte sie zu meiner Großmutter, „es wird den Abend kaum erleben."

Großvater wurde von der Hiobsbotschaft unterrichtet, eilte herbei, hob mich aus den Kissen, schlug mir kräftig auf den Rücken, rieb mir mit seinen großen warmen Händen den Körper, sah mir in die Augen und litt Not. Schnell wurde der Küstenlehrer geholt und ich wurde notgetauft.

So stand mein Eintritt in diese Welt unter keinem guten Stern. Aber Gott wollte, dass ich lebe. Er hat mich geschaffen, elend, aber doch wunderbar und hat mir aller Todesahnung zum Trotz neue Kräfte geschenkt. Ich war ein schwaches Kind und blieb es auch über viele Jahre, aber doch regte sich in mir Lebensfreude und Energie. Großmutter hat mich vom ersten Tag an aufgepäppelt und mit jedem neuen Tag ging es aufwärts mit mir.

Bald nach der Geburt ging es wieder nach Purkari. Im großen Schlitten, der von vier Pferden im hohen Schnee gezogen wurde, ging die Fahrt zurück nach Hause. In Bessarabien war es Sitte, dass eine Wöchnerin sehr gut versorgt wurde. Die Nachbarinnen sprachen sich miteinander ab und jeden Tag übernahm es eine Familie, die besten Speisen ins Haus der Wöchnerin zu bringen: Täubchensuppe, Hühnerschenkel, Reisbrei mit Zimt. Schnell sollte sich die junge Mutter erholen.

Später, als ich selbst Mutter wurde, habe ich einmal sehr schmunzeln müssen. Unser Sohn Gottfried war geboren. Ich lag auf der Entbindungsstation des Bad Arolser Krankenhauses. Am dritten Tag besuchte mich mein Vater. Er war von Bebra über eine Strecke von hundert Kilometern im Zug angereist und hatte dreimal umsteigen müssen. In seiner Hand trug er eine Drei-Liter-Milchkanne und ein Hühnerbein guckte oben heraus. „Papa", lachte ich schallend, „meinst du, ich müsste hier verhungern?" Dabei wurde es mir warm ums Herz. Wie viel Liebe verbarg sich in diesem Essen. Meine Mutter musste schon sehr früh aufgestanden sein, um das Huhn zu schlachten und die Nudeln so fein zu schneiden. Niemals mehr habe ich so fein geschnittene Nudeln gesehen. Gesund sollte ich werden und mich gut nach den Strapazen der Geburt erholen. So scheuten meine Eltern keine Mühe. Und wie ich meinen Vater kenne, wird er allen Mitreisenden von seiner großen Freude erzählt haben, dass er schon wieder Großvater geworden sei. Zum vierten Mal sei ihm ein Enkelkind geschenkt worden und diesmal noch ein Junge dazu, wo er selbst nur fünf Töchter hatte.

Aber zurück zu den Umständen meiner Geburt. Wir lebten in Purkari, einem kleinen Ort, der von Rumänen und Russen besiedelt war. Mehrere Tausend Morgen Land gehörten zum landwirtschaftlichen Institut. Es war ein Staatsgut, auf dem junge Bauernsöhne zu tüchtigen Landwirten herangebildet wurden. Der rumänische Königshof bezog seinen Wein, sein Getreide, sein Schlachtvieh, seine

Butter und seine Milch von diesem hervorragend geleiteten Landgut. Hochwertige Weinsorten wurden angebaut und in Bezug auf die Schafzucht wurden Versuche unternommen, besondere Tiere zu züchten, die widerstandsfähig waren und gute Felle lieferten. Es waren die Karakulschafe. Für mich verbinden sich mit der Landwirtschaftsschule wunderschöne, frohe Erinnerungen.

Oft kamen vom Königshaus aus Bukarest Delegationen angereist, die das Gut besichtigen wollten. Dann durfte ich auf dem Kutschersitz mitfahren, wenn mein Vater seinen Gästen die Felder zeigte. Unser Kutscher Nasari gab mir dann die Leine und die Peitsche in die Hand und stolz lenkte ich die Kutsche. Manchmal musste ich die Pferde anhalten, die Besucher stiegen ab und mein Vater erklärte ihnen die verschiedenen Versuchsfelder mit Weizen und anderen Getreidesorten oder führte seine Gäste zu den Schafherden. Auch die kühlen Weinkeller, die unter der Erde angelegt waren, wurden besichtigt. Manche Fässer waren größer als ein Mensch.

Ich hatte auch immer viele Spielkameraden. Die Kinder der Lehrer und Arbeiter waren meine Freunde. Sie sprachen russisch oder rumänisch und so bin ich mehrsprachig aufgewachsen. Wir waren die einzigen Deutschen auf dem Gut, wenn ich von unserer Köchin und dem Kindermädchen absehe. Ich konnte besser rumänisch als deutsch reden und flocht oft auch russische Worte in mein Reden mit ein. Jeden Sommer fuhren wir in einem Vierspänner zu den Großeltern nach Sofiental und dann nach Budaki, einem Badeort am Schwarzen Meer, wo unsere Familie die Sommermonate verbrachte. Die landwirtschaftliche Schule, an der mein Vater Professor war, hatte ihre Pforten geschlossen, denn die jungen Männer wurden dringend auf ihren Höfen bei der Ernte gebraucht. Während wir Kinder uns am Strand tummelten, hatte sich mein Vater ins Sommerhaus zurückgezogen, um wissenschaftlich zu arbeiten. Nur am Spätnachmittag erschien er am Meer und dann war die Freude groß. Keiner konnte sich so gut mit uns in den Fluten vergnügen wie Vater. Am Strand spielten wir Fangen oder bauten Burgen, die wir mit großen und kleinen Muscheln verzierten. Am schönsten aber war es, wenn wir nach dem Baden auf einer bunten Decke lagen, uns in der Sonne rekelten und Vater Geschichten aus seinem Leben erzählte.

Es waren immer wahre Geschichten und wir Kinder haben gelacht und geweint, waren gespannt und aufgeregt, haben gehofft und gebangt. Mein Vater war ein Meister im Erzählen. Was hat er alles mit seinem Hund Rappka erlebt! Dieses treue Tier wurde uns zu einem guten Freund. Es war oft so, als finge er die Hasen vor unseren Augen oder vertriebe die Viehräuber und wir waren mitten unter den Herden.

Stolz war ich auf meinen Vater, wenn er Rappka im Kampf mit einem Wolfshund aus seiner bedrohlichen Lage befreite und ihm dann seine Bisswunden verband. Ich litt mit diesem treuen Tier, bis Vater den befreienden Satz sagte: „Aber bis zur nächsten Hasenjagd waren alle seine Blessuren abgeheilt und Rappka konnte noch schneller springen als zuvor."

Oder ich denke an die Geschichte von den siebenundzwanzig zerschlagenen Tellern. Vater entstammte einer großen Familie. Sechs Jungen und sechs Mädchen hatte seine Mutter geboren. Hinzu kamen noch Knechte und Mägde. Wie viele an der Zahl, das weiß ich nicht zu sagen. Im Sommer, wenn er von Sarata, wo er das Gymnasium besuchte, nach Hause kam, musste er seiner Mutter im Haushalt helfen und die jüngeren Geschwister betreuen. Seine Brüder aber waren beim Ernten und Dreschen eingesetzt. So gehörte es zu seinen Pflichten, die Milch zu entrahmen, die Butter im Fass zu stoßen, den Brotteig zu kneten, den Backofen mit Stroh und ausgedroschenen Maiskolben zu schüren, das Wasser aus dem Dorfbrunnen zu holen, die Petroleumlampen zu putzen, die Sommerküche zu fegen, Enten und Gänse zu füttern, die Eier aus den Nestern zu holen und nach den Glucken zu schauen. Nach dem Essen stand immer ein Berg von Geschirr auf dem Tisch, das gespült und abgetrocknet werden musste. Einmal passierte ihm bei der Arbeit ein

Missgeschick. Während Vater einen Teller nach dem anderen abtrocknete und auf die etwas schräge Fensterbank stellte, sagte er das Gedicht vom Erlkönig auf:

Wer reitet so spät durch Nacht und Wind?
Es ist der Vater mit seinem Kind.
Er hat den Knaben wohl in dem Arm,
er fasst ihn sicher, er hält ihn warm.

Immer höher stapelte er das Geschirr. Bei der siebten Strophe deklamierte er:

„Ich liebe dich.
Mich reizt deine schöne Gestalt.
Und bist du nicht willig,
so brauch' ich Gewalt."

Plötzlich gab es einen lauten Krach. Der hohe Stapel mit Tellern geriet auf der schrägen Fensterbank ins Rutschen, fiel auf den Boden und die Teller zersprangen in tausend Stücke. Sein Schrecken war groß. Seine Mutter – sie war eine resolute Frau – hatte das Klirren und den dumpfen Schlag gehört und erschien sofort in der Küche, einen Besenstiel in der Hand. Sein Vater war auf dem Hof und hatte das Malheur auch wahrgenommen. Er kam schnell herbeigerannt und rief laut: „Albert, komm sofort auf den Dreschplatz, du musst mir beim Ölen der Maschine helfen!" Kein Befehl war ihm lieber als dieser. Mit einem Satz entwischte er durch die Hintertür. Noch auf dem Hof hörte er das Schimpfen seiner Mutter: „Wozu hat man die Kinder großgezogen, wenn sie noch nicht einmal das Geschirr abtrocknen können? 27 Teller, welch ein Schaden!" Bis zum Abend ließ sich Vater wohlweislich nicht mehr in der Küche sehen. Bis zum Abendbrot aber hatte seine Mutter das Malheur vergessen. Neue Teller wurden gekauft.

So haben wir Kinder am Strand des Schwarzen Meeres viele fröhliche und ernste Geschichten gehört. Wenn er mit dem Erzählen aufhören wollte, bettelten wir wie aus einem Mund: „Papa, erzähl weiter, immer weiter!" Sein Schatz an Geschichten war unergründlich. Es waren meist Alltagserlebnisse.

Friedrich war sein ältester Bruder. Er kam vom Militärdienst im Urlaub nach Hause. Etwas großspurig und selbstbewusst zündete er sich vor den Augen seiner Mutter eine Zigarette an. Sie aber konnte das Rauchen nicht ausstehen. Ihr war es schon zu viel, dass ihr Mann ein starker Raucher war. Er brauchte fast keine Streichhölzer, weil er sich immer eine Zigarette an der anderen anzündete. Mutter sah Friedrich bei seiner Hantierung zu. Er hatte noch nicht einmal den Glimmstängel zwischen den Lippen, da holte sie mit ihrer kräftigen Hand aus und die Zigarette landete auf dem Fußboden. „Hast du bei den Soldaten sonst nichts gelernt als nur das Rauchen?" Das war alles, was sie zu diesem Vorfall zu sagen hatte. Die jüngeren Brüder kicherten hinter vorgehaltener Hand. Die Schadenfreude war auf ihrer Seite. „Unser Soldat, unser Friedrich, hat sicher zum ersten und zum letzten Mal zu Hause geraucht", flüsterten sie sich zu. Friedrich aber ging wortlos aus der Küche. Nie mehr in seinem Leben hat er eine Zigarette angefasst. Von ihren sechs Söhnen hat keiner geraucht oder sich betrunken. Dafür hat meine Großmutter mit ihrem strengen Regiment gesorgt.

Und noch ein Erlebnis will ich erzählen: Ein sichtliches Vergnügen bereitete es den Brüdern, die oft zu sechst in einem überdimensionalen Bett – drei am Kopfende und drei am Fußende – schliefen, wenn sie ihre Kräfte zu messen begannen. Sie stemmten die Fußsohlen gegeneinander und drückten so lange, bis der Stärkere von beiden ermittelt war. Einmal barst bei diesem Kampf das rote Inlett. Die Federn wirbelten nur so durch die Luft. Dann trat vor lauter Schreck bei den Buben Ruhe ein. Das war nun wiederum für Großmutter sehr verdächtig. Mit ihrer ganzen Breite – sie wog über zwei Zentner und war von kleiner Statur – stand sie im Türrahmen. Sie sah das Malheur, fragte nicht lange, wer denn der Schuldige sei, sondern verteilte die Tracht Prügel gerecht. In der Schlafkammer kehrte danach Ruhe ein.

Weihnachten bei den Großeltern

Die Weihnachtstage verbrachten wir bei unseren Großeltern. In dieser Zeit wurde der Backofen tüchtig geschürt. Plätzchen wurden in jeder Menge gebacken, denn auch die Knechte und Mägde sollten bedacht werden. „Zuckerle" stellte Großmutter immer selbst aus Sahne, Zucker und Kakao her. Meist verschwanden die Leckereien schnell im Schrank und in Truhen. Aber am Heiligabend erhielt jedes Kind seinen süßen Teller. Die Spannung war kaum auszuhalten, obwohl es nie so viele Geschenke gab, wie sie Kinder in unseren Tagen erhalten.

Zuerst gingen die Familien geschlossen in die Christfeier. Festlich wurde die Geburt Christi begangen. Wir Kinder umrahmten den Gottesdienst mit Liedern und Gedichten und schon Wochen zuvor wurde dafür tüchtig geübt. Anschließend fand die Bescherung statt. Unter dem Tannenbaum lagen kleine oder auch mal größere Geschenke: neue selbst gestrickte Strümpfe oder ein Kleidchen mit Schürze. Ein Glöckchen gab das Startzeichen, dass wir die „gute Stube" betreten durften. Unsere Augen strahlten, wenn wir am Christbaum standen und es laut tönen ließen „Süßer die Glocken nie klingen". Ein Lied löste das andere ab und zwischendurch sagten wir unsere Verse auf, die wir auswendig gelernt hatten. Die Bescherung war nicht so gewaltig, wie sie heute ist. Meist gaben wir uns mit einem bunten, süßen Teller zufrieden. Aber einmal erhielten wir einen Schlitten, einen großen grünen Schlitten. Die Freude darüber war so groß, dass ich noch heute an dieses herrliche Gefährt denke, mit dem wir dann von unserem Knecht durch die winterliche Landschaft gezogen wurden.

Manchmal hatte mein Vater auch Halva, eine türkische Spezialität, gekauft. Sehr sparsam ging er damit um. Jeder bekam nur einen Teelöffel von dieser Köstlichkeit. Täglich wurde dieses fast schon heilige Ritual vollzogen, bis die Dose leer war.

Auch bei unseren Kindern hat mein Vater viele Jahre später diesen Teelöffel voll Halva beibehalten. Jedes Enkelkind stand dann vor ihm und wartete, bis ihm der Löffel Halva in den Mund geschoben wurde. Über Großvaters Sparsamkeit lächeln heute meine Söhne und meine Tochter. Aber früher war Halva eine Köstlichkeit und etwas ganz besonders Gutes.

Meine Großmutter

Meine Großmutter väterlicherseits war eine überaus fleißige Frau. Sie hat in ihrem Leben viel gearbeitet. In der Dreschzeit stand sie schon kurz nach Mitternacht auf. Sie musste meinen Vater wecken, dessen Aufgabe in seinen Ferien darin bestand, die Dampfmaschine zu schüren, damit die Räder ins Rollen kamen. Das Schmieren der Kolben, Schrauben und Radnaben gehörte genauso zu seiner Arbeit wie die Erzeugung von Wasserdampf. Später hat mir Großmutter mal erzählt, wie schwer es ihr gefallen sei, ihren Albert aus dem Bett zu holen. Das Herz habe ihr geblutet, wenn sie sah, wie müde der Bub war. Es waren ja eigentlich Ferien, aber in der Erntezeit wurde darauf keine Rücksicht genommen. Da musste jedes Familienmitglied seinen Beitrag leisten. Der Lebenskampf war hart. Meine Großmutter hat sich in ihrem Leben auch nie geschont.

Allein die Geburt ihrer 12 Kinder erweckt meine Bewunderung für diese tapfere Frau. Wie viel Fehlgeburten sie durchgestanden hat, darüber hat sie nie ein Wort verloren. In ihrem ganzen Leben war sie kein einziges Mal bei einem Arzt gewesen. Als ihr im hohen Alter Pflegegeld zustand, war sie nicht zu bewegen, dies von einem Arzt bescheinigen zu lassen, so sehr genierte sie sich. Schließlich sprach mein Vater mit dem Arzt, dass er sie nur anschauen und dann diese Bescheinigung ausstellen sollte. Das war das einzige Mal, dass ein Arzt über die Schwelle ihres Hauses kam.

Ich kenne meine Großmutter nur als eine ganz gekrümmte Frau. Die schwere Arbeitslast auf einem großen Bauernhof mit viel Vieh, dazu die Versorgung ihrer Großfamilie haben tiefe Spuren auf ihrem Rücken hinterlassen. Fast bucklig war sie geworden. Immer trug sie ein Kind in der Placht. Das ist ein selbst gewebtes Tuch, in das die Kinder eingebunden wurden. So konnten sie das schlagende Herz der Mutter verspüren. Die Hände der Mutter aber blieben für die Arbeit frei. Auf diese Weise hat Großmutter Brot gebacken, Butter gestampft, Wasser geholt und das Feuer geschürt. Als sie ihre eigenen Kinder großgezogen hatte, nahm sie sich der Enkel an. Zweiundzwanzig konnte sie ihr Eigen nennen.

Großmutter konnte wunderbar Geschichten erzählen. Abends beim Dämmerstündchen, wenn Petroleum gespart werden sollte und man noch wartete, bis die Lampe angezündet wurde, suchten wir ihre Nähe. Auf kleinen Fußbänkchen saßen wir um sie herum und fühlten uns wohl und geborgen, wenn wir unseren Kopf in ihren Schoß legen durften. Es waren meist biblische Geschichten aus dem Alten und Neuen Testament. Wie bangte ich um Abraham, als er mit seinem kleinen Sohn an der Hand nach Moria zog, wo das Kind sterben sollte. Das Herz krampfte sich in mir zusammen, wenn ich an den Tod Isaaks dachte. Und befreit atmete ich auf, als der Engel erschien und ausrief: „Abraham, Abraham, leg deine Hand nicht an den Knaben!" Da waren die spannenden Geschichten von Josef und seinen Brüdern, von Noah, Mose und Aaron, von Gideon und Samuel. Und wenn Großmutter die Geschichte vom Sturm auf dem Meer erzählte, dann bekam ich nasse Füße. Ich hörte, wie der Sturm losbrach, der Wind heulte, die Wasserwogen hernieder prasselten und die Wellen drohend das kleine Boot überfielen. Die Ruder zerbrachen, die Segel zerrissen und die Jünger schrien vor lauter Verzweiflung: „Herr, hilf uns, wir versinken!" Da hat sich der Heiland mitten im Sturm aufgerichtet und laut in den Sturm hinausgerufen: „Schweig und verstumme!" Da wurde es ganz still. Das waren Stunden der Begegnung mit Gott in früher Kinderzeit. Großmutter nahm uns in die Welt der Bibel hinein.

Großmutter lebte in der Welt der Bibel. Als ich in den Konfirmandenunterricht ging, hat sie sich die Mühe gemacht und mich die Verse und Liedstrophen abgefragt.

Einmal hatte ich Vaters Rasierspiegel zerschlagen und ich hätte Strafe verdient, weil ich zu hastig einen Fensterflügel aufgerissen hatte. Aber Großmutter schickte mich schnell in den Holzstall, dort sollte ich den Großen helfen, die Holzstücke aufzuschichten. „Lotte, sieh zu, dass du ordentlich mit zupackst und lass dich vor dem Mittagessen nicht hier in der Küche blicken!" So nahm sie mich vor meinem Vater in Schutz, denn als ich dann gegen ein Uhr bei Tisch erschien, war sein Ärger vergessen. Großmutter, du warst eine wunderbare, kluge Frau! Wenn ich an dich denke, wird es mir wohl ums Herz.

Als ich zum ersten Mal verliebt war und sehnsüchtig auf einen Brief wartete, der aber nie ankam, da nahm sie mich weinendes junges Mädchen fest in ihre Arme und wischte mir die Tränen von den Wangen. Ich spürte ihre Herzlichkeit und Wärme. Sachte strich sie mir über das Haar und sagte: „Lottchen, so ist das Leben, zur Liebe gehört auch Leid." Seltsam getröstet ruhte ich an ihrer Seite, bis der Schmerz nachließ.

An manchen Abenden saßen wir in der Familie zusammen und unsere Gespräche drehten sich nur um das eine Thema: um den Verlust unserer Heimat. Wir versanken fast in Schwermut, wenn wir daran dachten, was wir alles verloren hatten, als wir dieses schöne Land Bessarabien verlassen mussten. Aber mitten in unsere Traurigkeit stimmte Großmutter mit ihrer kräftigen, klaren Altstimme folgendes Lied an und wir alle sangen mit:

Wenn Friede mit Gott meine Seele durchdringt,
ob Stürme auch droben von fern,
mein Herze im Glauben doch allezeit singt:
Mir ist wohl, mir ist wohl in dem Herrn!

Die Last meiner Sünde trug Jesus, das Lamm,
und warf sie weit weg in die Fern;
er starb ja für mich am blutigen Stamm;
meine Seele lobpreise den Herrn!

Nun leb ich in Christo, für Christum allein;
sein Wort ist mein leitender Stern.
In ihm hab ich Fried und Erlösung von Pein,
meine Seele ist selig im Herrn.

Mit diesem Lied nahm sie unser wehes Herz in den Frieden Gottes hinein und uns wurde wieder wohl.

In der Zeit nach dem Zweiten Weltkrieg wäre sie beinahe verhungert. Ihre Essensrationen hatte sie uns Kindern zugeschoben. Mein Vater merkte erst, wie elend sie geworden war, als sie unter einem quälenden Brechreiz zu leiden hatte. Ihre einst kräftige Statur bestand nur noch aus Haut und Knochen. Ihr schönes Gesicht war ganz faltig geworden und das alles uns zuliebe.

Als ich sie zum letzten Mal besuchte, war sie schon 83 Jahre alt und lebte nach der Flucht bei ihrem Sohn Friedrich in der Nähe von Hannover. Er und

Tante Emma haben ihr viel Gutes getan und sie bis zu ihrem Tod gepflegt.

Ich hatte mit meiner Klasse eine Fahrt ans Steinhuder Meer unternommen und mein Lehrer erlaubte mir, dass ich mich für einen Tag von der Gruppe lösen durfte, um Großmutter zu besuchen. Die Freude des Wiedersehens war unbeschreiblich. Damit mir der Abschied leichter fallen sollte, schenkte sie mir ein Paar selbst gestrickte Strümpfe und legte noch fünf Mark obendrauf. Das war für sie sehr viel Geld, denn ihre Rente betrug noch keine hundert Mark und sie hatte außer mir noch neunzehn Enkelkinder. Der Gedanke an diesen letzten Besuch lässt mir heute noch das Herz höher schlagen und ihre kräftige Umarmung und den herzhaften Kuss auf der Wange spüren. Das waren Zeichen der Liebe, die ich mein Leben lang nicht vergessen werde.

Kurze Zeit später erreichte mich der Brief meines Vaters mit folgender Nachricht: Großmutter ist für immer eingeschlafen. Ich war an diesem Tag unfähig, eine Vorlesung an der Universität zu besuchen. Ich hockte auf meinem Bett, ließ Träne um Träne auf meine Kissen tropfen. Ich hatte etwas ganz Kostbares verloren. Die Erinnerung aber bleibt mir: Großmutter war in ihrer Liebe einzigartig, voller Hingabe an ihre Familie. Diese Liebe ist mir ein Vermächtnis. Solch eine Großmutter möchte ich auch gerne werden. Ob ich es aber zu zwanzig Enkelkindern bringe, das ist noch recht fraglich. Ich habe erst siebzehn an der Zahl.

Großvater Jakob Ohlhausen

Meinen Großvater mütterlicherseits, Jakob Ohlhausen, habe ich in meiner Kindheit nicht so gut kennengelernt. Er wohnte in Sofiewka, Kreis Kabul und wegen der großen Entfernung zu meinem Heimatort Sofiental habe ich ihn nur selten gesehen. Erst einige Jahre nach seinem Tod begann ich mich für ihn zu interessieren. Ich wollte wissen: Wer war mein Großvater? Wie hatte er es zu seinem großen Vermögen gebracht? Welche Bedeutung hatte er als führendes Mitglied im Bruderrat der bessarabischen Brüdergemeinschaften? Wie ist er zu seiner so zahlreichen Familie gekommen? Was hat er als junger Mann erlebt? Welche Schulbildung hat er genossen und wie ist es dazu gekommen, dass er ins Parlament der rumänischen Regierung berufen wurde?

Alle diese Fragen begannen mich in dem Augenblick zu beschäftigen, als ich mit 15 Jahren zum Glauben an Christus gefunden hatte. Staunend habe ich mir überlegt, wie es gekommen ist, dass ich als Einzige in meiner Schulklasse Jesus als meinen Erlöser erkannt hatte und in seine Nachfolge getreten war. Wir waren weit über dreißig Schüler in der Obertertia des Gymnasiums und mir allein war das Vorrecht zuteil geworden, vom Wort der Bibel er-

27

griffen zu werden. Ich forschte nach, wem ich wohl dieses Glück zu verdanken hätte. Dabei stieß ich in Büchern auf meinen Großvater mütterlicherseits.

Ich war überrascht, als ich las, mit welcher Hingabe Großvater sich bemüht hat, Gottes Reich zu bauen. Dabei lagen ihm sicher auch seine Enkel am Herzen, dass sie einmal zu Jesus finden sollten. So gehört er mit in die Reihe der Frauen und Männer, denen ich zu verdanken habe, dass ich in Jesus meinen Erlöser gefunden habe.

Wenn wir zu Besuch in Sofiewka waren, strahlte er eine vornehme Würde aus. In meiner kindlichen Einfalt reihte ich ihn in die Schar der Patriarchen ein. So stellte ich mir einen Mann Gottes vor. Seine Gestalt war hager und groß. In seinem Wesen schien er mir sehr ernst zu sein. Wenn wir uns zu Tisch versammelten – es waren ja immer viele Personen –, dann standen wir alle auf und Großvater sprach das Tischgebet. Mir dauerte das Beten oft viel zu lang und ich begann unruhig von einem Fuß auf den anderen zu treten. Der strenge Blick meines Vaters genügte und ich stand wieder still und faltete meine Hände. Großvater schien mir unnahbar zu sein. Vor ihm hatte ich immer großen Respekt, obwohl ich mich nicht daran erinnern kann, jemals von ihm getadelt worden zu sein.

In seinem Hause fanden die Versammlungen statt. Dazu wurde die größte Stube ausgeräumt und mit

Bänken versehen. Am Sonntagnachmittag und auch an manchen Abenden trafen sich hier die Gläubigen zur Andacht und zum Gebet.

Die Bibel war Großvater bedeutungsvoll. Er hat auch selber auf Glaubenskonferenzen, bei Evangelisationen in den Nachbarorten und bei Andachten in seinem Haus das Wort Gottes ausgelegt. Die Zehn Gebote waren ihm heilig. Das habe ich besonders an den Sonntagen empfunden. So war es seinen Knechten und Mägden und auch seinen Kindern nicht erlaubt, irgendeine Tätigkeit zu verrichten, die nicht unbedingt nötig war. Er ließ es z. B. nicht zu, dass am Sonntag ein Hemd gebügelt oder ein Knopf angenäht wurde. Aber wenn wir auf dem großen Hof spielten und herumtobten, hatte er seine Freude daran. Ihm stand immer das Wort vor Augen: „Kinder sind eine Gabe Gottes und Leibesfrucht ist ein Geschenk."

Wenn ich mir heute Fotos vom Leben in Bessarabien ansehe, fällt mir immer die Vielzahl der Kinder auf. Acht, neun, zehn, zwölf oder dreizehn Kinder in einer Familie waren keine Seltenheit und Großvater bildete hier keine Ausnahme. In seinem Leben wurde er oft hart rangenommen. Früh hat er seine Eltern verloren und musste sich bei einem Bauern als Knecht verdingen. Er war fleißig und vor allem zielstrebig. So ist es ihm gelungen, sich doch selbstständig zu machen, Land zu kaufen und einen Bauernhof zu bauen.

Geboren wurde er im Jahr 1858, einige Jahre nach der Einwanderungswelle deutscher Männer und Frauen aus Württemberg und Ostpreußen. Jeder kann sich vorstellen, wie schwer es in dieser Zeit war, sich eine Existenz zu schaffen, wenn man zudem noch als Waise allein dastand. Aber Großvater war es gelungen, unter den ersten Ansiedlern des Dorfes Sofiewka zu sein. Zu der Zeit stand Bessarabien unter der Herrschaft der russischen Regierung, die den Siedlern Parzellen zuteilte, auf denen sie sich ihr Haus und ihre Stallungen bauen konnten. Das habe ich in alten Büchern nachlesen können. Mir war dabei bedeutsam, dass Großvater auf die Dorfbewohner einwirkte, mit dem Bau ihres eigenen Hauses zugleich auch das Bethaus zu bauen, das dann auch als Schule benutzt werden konnte. Diese Haltung hat mich tief beeindruckt und ich habe mich gefragt, ob ich wohl zu einem solchen Opfer bereit gewesen wäre.

Großvater gründete seinen Hausstand, aber in seinem Leben wehte ihm ein rauer Wind heftig entgegen. Auf den Dörfern gab es keine Ärzte. Es war ja Pioniergebiet. Es gab nur Hebammen, die den werdenden Müttern in ihrer schweren Stunde beistanden und Feldscher, die mit einfachen Hausmitteln versuchten, Kranke zu heilen. Wenn sich aber bei einer Geburt Komplikationen einstellten, dann stand das Leben von Mutter und Kind auf Messers Schneide. So hat Großvater sehr großes Leid erfahren und musste vier Frauen an den Gräbern beweinen. Auch meine Mutter ist sehr früh Halbwaise geworden.

Auch die Kindersterblichkeit war erschütternd hoch. So haben die Bessarabiendeutschen früh lernen müssen, mit dem Tod zu leben. Geholfen hat ihnen der Ausblick auf die ewige Welt Gottes. Viele Predigten befassten sich mit Texten, die die Auferstehung und das „neue Jerusalem" zum Thema hatten. So ließen sich die Hinterbliebenen mit Worten der Heiligen Schrift trösten und lebten stark von der Ausrichtung auf die Ewigkeit. Auch für meinen Großvater waren die Texte aus der Offenbarung eine Glaubensstärkung. Er fand nach jedem Tod seiner Frau den Mut zu einer neuen Heirat. So hat er fünfmal geheiratet, weil er einsah, dass seine Kinder wieder eine Mutter brauchten und er eine Lebensgefährtin. Manche seiner Frauen waren selber verwitwet und brachten Kinder mit in die Ehe. So passierte es einmal, dass seine Frau ihn zu Hilfe holte und klagte: „Jakob, meine Kinder und deine Kinder streiten sich und unsere Kinder schauen dabei zu. Was soll ich bloß tun?"

So wurde das Geschlecht der Ohlhausens äußerst zahlreich. Ich kenne meine Verwandtschaft nur zu einem geringen Teil und weiß nicht, wie viele Tanten, Onkels, Cousinen und Cousins ich eigentlich habe. Einige sind auch nach Kanada ausgewandert und die Zahl der Ohlhausens allein in diesem Land zählt einige Hundert.

In dem Dorf Sofiewka war er ein angesehener Bürger. Als Bürgermeister kümmerte er sich um das Wohl seiner Dorfbewohner. Lebensweisheit und Klugheit, gepaart mit Fleiß und Zielstrebigkeit zeichneten ihn aus. Er war ein echter Bauer mit viel Land. Vom Ertrag seiner Ernten kaufte er immer neues Land und verpachtete es. Er war auch stolzer Besitzer eines Ladens, einer Mühle und einer Ziegelei. In neuerer Zeit wurden die Häuser nämlich nicht mehr mit Lehmbatzen, sondern mit Ziegelsteinen gebaut.

Viele Jahre später, es war die Zeit nach dem Zweiten Weltkrieg, als die Flüchtlinge Lastenausgleich beantragen konnten, wartete jeder natürlich dringend auf sein Geld. Aber bei den Ohlhausens erwies sich alles Warten als vergeblich. Mein Vater, der sehr redegewandt war und auch im Leben Durchsetzungsvermögen bewies, wurde damals von der Sippschaft beauftragt, die Sache mit dem Lastenausgleich in die Hand zu nehmen. So reiste er nach Stuttgart und sprach bei der Behörde vor. Als er den Namen Ohlhausen nannte, schlug der Sachbearbeiter die Hände über dem Kopf zusammen und führte ihn in das angrenzende Zimmer. „Sehen Sie hier, Herr Hannemann, die Ordner auf den Regalen? Sie alle beschäftigen sich mit dem unzählbaren Geschlecht der

Ohlhausens. Da gibt es kein Durchkommen. Und jedes Jahr vermehrt sich die Zahl derer, die als Erbberechtigte Anspruch auf Lastenausgleich haben, durch den Tod eines Angehörigen. Schwierig ist die Aufteilung auch deshalb, weil es Kinder, Stiefkinder und angenommene Kinder gibt, die alle etwas von dem großen Kuchen haben wollen. Ich kann den Namen Ohlhausen schon nicht mehr hören. Er verfolgt mich bis in meine Träume."

Aber die Vorsprache beim Ausgleichsamt war doch vom Erfolg begleitet. Einige Monate später erfolgte die Auszahlung. Sogar ich als Enkelin wurde mit Geld bedacht. Das hatte folgende Bewandtnis: Großvater hatte jedem seiner Enkelkinder bei der Taufe Land vermacht. Wenn ich mich nicht irre, so hatte ich acht Hektar bestes Ackerland erhalten. Diese Schenkung wurde notariell festgehalten. Für den Verlust meines Ackerlandes durch die Umsiedlung und Flucht wurde ich dann nach dem Krieg mit Geld entschädigt. Es floss uns gerade damals zu, als wir unser Eigenheim bauten. Mit dieser Summe hatten wir nicht gerechnet. Die Freude war groß und im Nachhinein bewahrten wir Großvater, der schon 1948 verstorben war, in dankbarer Erinnerung für seine weitsichtige Vorsorge.

Mahlen! Mahlen! Mahlen!

Von der Mühle gibt es eine nette Geschichte, die uns mein Vater immer wieder erzählen musste. Großvater hatte in seiner Mühle einen Arbeiter mit Namen Waldemar eingestellt. Er hatte nur eine geringe Schulbildung und verstand wenig vom Rechnen und Lesen. Aber körperlich war er stark und groß gewachsen. Die Getreidesäcke trug er aufrechten Ganges, so als habe er eine Feder in der Hand.

Großvater kam eines Tages in die Mühle und ließ sich das Rechnungsbuch zeigen. Er schlug die Hände über dem Kopf zusammen, als er Zeile für Zeile las: „Mahlen! Mahlen! Mahlen! …"

Da der Arbeiter ehrlich und außerdem sehr fleißig war, behielt Großvater ihn in der Mühle, kümmerte sich aber fortan selber um die Buchführung. Dieses „Mahlen! Mahlen! Mahlen! …" ist später in unserer Familie zur sprichwörtlichen Rede geworden, wenn eine Sache undurchsichtig war und man keine klare Antwort erhielt.

In der Regierung Rumäniens in Bukarest vertrat mein Großvater die Interessen der Bessarabiendeutschen als Parlamentarier und stand so in hohem Ansehen. Er erwies sich immer als einer von ihnen und hat seine Stellung nie hervorgehoben. Wenn er zu einer Sitzung ins Parlament nach Bukarest fuhr, kehrte er nicht etwa, wie es seinem Stand entsprochen hätte, in einem Restaurant in Ackermann ein, sondern hatte immer seinen Brotbeutel bei sich, um keine hohen Kosten zu verursachen. Meist benutzte er auch einen Getreidewagen, der gerade den Weizen in die Kreisstadt brachte und setzte sich hinten auf ein Bund Stroh. Mit seiner aufrechten, bescheidenen, leutseligen Art hat er in seiner Familie Zeichen gesetzt. Von der Dorfbevölkerung wurde ihm großes Vertrauen entgegengebracht.

Bei allem Ansehen, das mein Großvater genoss, blieb er ein schlichter, bescheidener Mensch. Er war sehr umgänglich in seiner Art und ich habe später Dorfbewohner getroffen, die von Jakob Ohlhausen als einem hilfsbereiten, frommen und weisen Mann sprachen. Kamen Menschen in finanzielle Not, dann hat er gerne mit Geld ausgeholfen. Ein Schuldschein dokumentierte die Höhe des Betrages. Nach der Umsiedlung aus Bessarabien hat er alle Schuldscheine zerrissen.

Das Land in Bessarabien war überaus fruchtbar, es hatte eine Humusschicht von über einem Meter. Nie brauchten die Bauern zu düngen. Riesige Getreidefelder erstreckten sich über das ganze Land. Es kam aber auch vor, dass ein harter Winter die Ernte verdarb. Die frische Saat – im Herbst ausgesät – erfror dann bei Temperaturen bei weit unter minus 20 Grad. Das ereignete sich besonders dann, wenn es kaum eine schützende Schneedecke gab. Auch wenn der Regen ausblieb, verdorrte das Getreide auf den Feldern.

Mein Großvater hatte schon frühzeitig seine Existenzgrundlage auf mehrere Säulen gestellt. Litt das Land unter einer Missernte, dann hatte er immer noch die Einnahmen aus seinem Laden, seiner Mühle und seiner Ziegelei.

Der Bau des Reiches Gottes

Der besondere Auftrag meines Großvaters galt aber dem Bau des Reiches Gottes in Bessarabien. Wie sehr habe ich mich darüber gefreut, wenn ich in alten Büchern Predigten oder Aussprüche von ihm las. Im Winter, wenn die Arbeit auf den Feldern ruhte und das herrliche Land von tiefem Schnee bedeckt war, zog er sich öfter seinen Schafspelz an und ließ sich mit dem Schlitten in verschiedene Dörfer ringsum fahren, um dort das Evangelium zu verkündigen. Meist wurde er auch von Glaubensbrüdern begleitet. Hatte der Schlitten ein Dorf erreicht, dann stiegen die Laienprediger von ihrem Gefährt herab, knieten sich in den Schnee nieder und flehten zu Gott, er möge ihren Dienst segnen und viele Menschen aus der Gottesferne in die Gemeinschaft mit Jesus führen. Das Gebet war in Großvaters Leben eine starke Macht.

Bessarabien hatte mehrfach Erweckungen erlebt. Noch 1939, kurz vor der Umsiedlung, gab es einen inneren Aufbruch. Ob wohl die Menschen die Bedrohung ahnten, die dann mit der Umsiedlung und dem Krieg auf sie zukam? Viele wurden bereit, ihr Leben Christus anzuvertrauen. Es gab in Sofiewka kaum ein Haus, das nicht vom Geist Gottes erfasst wurde. Im Jahr 1939, so konnte ich es in einer Statistik nachlesen, haben sich etwa 180 Menschen bekehrt. Vier Versammlungen wurden eingerichtet, um den Gläubigen die Möglichkeit zu geben, Gottes Wort zu hören. Gebetet wurde immer auf den Knien. Bauer und Knecht, Bäuerin und Magd wurden vom Evangelium erfasst.

Wenn in der Mittagszeit die Pferde getränkt und gefüttert wurden, setzten sich auch die Arbeiter auf einen Bund Stroh um den Wagen herum und aßen ihr Vesperbrot. Hatten sie sich leiblich gestärkt, dann wurde das Neue Testament aus der Jackentasche geholt und ein Kapitel aus dem Wort Gottes gelesen. So veränderte das Bibelwort manchen Dorfbewohner. Nach der Erweckung in Sofiewka waren es etwa 100 Männer und 150 Frauen, die in der Nachfolge Jesu lebten. Aber über dieses wunderbare Geschehen brach ein eisiger Wind herein.

Nach der Umsiedlung im Oktober 1940 kamen die Bessarabiendeutschen zunächst in verschiedene Lager. Sie sollten eingedeutscht werden und den

Nachweis erbringen, dass sie reinrassig waren. Die Männer und Frauen verlangten nach dem teuren Gotteswort. Sie waren ja zunächst in Quarantäne und durften die Lagertore nicht durchschreiten, um eine Kirche aufzusuchen. So baten sie die Lagerleitung, dass doch ein Pfarrer kommen sollte, damit ein Gottesdienst stattfinden konnte. Mit barschen Worten wehrte der SA-Mann ihr Ansinnen ab: „Erst will ich euch mal eine Predigt halten. Wir werden nicht dulden, dass die Pfarrer die Satanssaat unter euch aussäen." Da wussten die bessarabischen Brüder, dass sie selbst das Wort verkündigen mussten und richteten in den Schlafsälen Bibelstunden ein. Dagegen konnte die Lagerleitung nichts ausrichten.

Die Bessarabiendeutschen wurden anschließend in Polen neu angesiedelt. Auch hier haben sie versucht, sich in ihren Häusern zu treffen und das Gotteswort miteinander zu lesen. Natürlich fiel das den Ordnungshütern auf, wenn plötzlich auf einem Hof zehn Kutschen vorfuhren. Einmal fragte ein Polizist den Bauern, warum denn hier so viele Leute zusammenkämen, ob es einen besonderen Anlass gäbe. Da sagte der Hauswirt: „Wir haben uns nur hier getroffen, um miteinander die Bibel zu lesen und zu beten, so wie wir es in unserer Heimat gewohnt waren." Der Polizist verabschiedete sich von dem Bauern und bat ihn, er möge doch für eine bessere Verdunkelung sorgen. Feindliche Flieger seien im Anflug. Er zeigte Verständnis für die Gläubigen.

1945 begann dann die Flucht der Deutschen aus den Ostgebieten. Meinen Großvater hatte es in einem Treck nach Dänemark verschlagen, wo er in einem Auffanglager untergebracht war. Seine Tochter Ottilie holte ihn dann im Rahmen der Familienzusammenführung in den Stuttgarter Raum. Aber seine Lebenszeit neigte sich dem Ende zu. Im Januar 1948 holte ihn Gott heim in seine ewige Welt. An seinem Grab standen seine fünfte Frau, mit der er fünfzehn Jahre zusammengelebt hatte, und zahlreiche Kinder und Kindeskinder. Pfarrer Goes hielt die Traueransprache, die ich hier in Auszügen wiedergeben will:

„Jakob Ohlhausen hatte mit dem Patriarchen Jakob im Alten Testament nicht nur den Namen gemeinsam. Manches in seiner Gestalt und in seinen Lebensschicksalen erinnerte an den Erzvater Jakob. Auch er war gesegnet mit Gütern, gesegnet mit Frauen und Kindern und Kindeskindern, gesegnet mit geistlichen Gütern; und nach einer Wanderschaft im höchsten Alter – 90 Jahre – legte er sich nieder und schloss im Frieden die Augen, alt und lebenssatt, dankbar gesättigt von der Fülle des Lebens. Während seines hiesigen Aufenthaltes bei seinen Kindern erfreuten wir uns an seinem ruhigen, abgeklärten Wesen, seinem verständigen Urteil und einem Gottvertrauen, mit dem er gelassen den Verlust von Haus, Hof und Heimat trug. Jeden Sonntag saß er in der Kirche und es war mir immer eine Freude, in sein aufmerksames Gesicht zu blicken. ... Und er selber hat mir einmal erzählt, dass in seinem Hause in Bessarabien jahrzehntelang Versammlungen gewesen seien, in denen man in schlichter Weise in der Bibel gelesen und sie ausgelegt habe.

Ich erinnere mich auch, wie er hier einmal in einer Stunde nach einer gründlichen Auslegung aufgefordert wurde, auch noch etwas zu sagen, da sagte er: ‚Was soll ich viel sagen? Es ist alles aus Gottes Wort geschöpft und ich kann nur Ja und Amen dazu sagen. Und ich freue mich, dass auch hier Gottes Wort läuft, wie wir es zu Hause gehalten haben.‘

Am 19. April 1948 ist er im Beisein seiner Tochter Ottilie sanft und still verschieden.“

Jetzt gehört auch mein Großvater zur Wolke der Zeugen und sein Leben will auch mir Mut machen, im Glaubenskampf standhaft zu bleiben. Ob er sich wohl freut, dass sein kleines Lottchen in ihren Jugendjahren zu Jesus gefunden hat und heute im Dienst für ihren Herrn steht? Ganz gewiss!

Die Umsiedlung beginnt

Politisch fand 1940 eine Wende statt. Bessarabien wurde von der rumänischen Regierung an Russland abgetreten und die Deutschen wurden umgesiedelt. Ich erinnere mich noch genau an die Nacht, in der die rumänische Flagge in einem feierlichen Zeremoniell vom Fahnenmast heruntergeholt wurde und die Soldaten dann eiligst die Flucht ergriffen. In unserem Haus änderte sich fast alles. Meine Mutter holte die Bilder von den Wänden, hängte die Gardinen ab und rollte die Teppiche zusammen. Alle Wertsachen und Fotografien, die meinen Vater in seiner Uniform als Professor zeigten, wurden in Blechkästen verpackt und in dem großen Backofen verstaut, der in der Küche stand. Ein kommunistisches Regime hatte das Königshaus abgelöst und war nun an der Macht. Die intellektuelle Schicht fürchtete um ihr Leben. Jede Verbindung zum Ausland konnte als Verrat am eigenen Land gedeutet werden und mein Vater hatte in Leipzig studiert. Eine Nacht lang wurden im Herd wichtige Briefe und Dokumente verbrannt. Von seiner Uniform wurden alle Ehrenzeichen und Orden abgetrennt und mein Vater zog ein rotes Polohemd an. Wir Kinder schlüpften in rote Sommerkleidchen und wurden streng ermahnt, ja nicht den rumänischen Gruß zu sagen. Jetzt müsse man russisch grüßen! Als Direktor der Schule musste mein Vater die neue Besatzungsmacht empfangen. Wir waren fast allein aus der Lehrerschaft zurückgeblieben. Alle rumänischen Dozenten waren in Richtung Bukarest geflohen. An der Schule herrschte ein ziemliches Chaos, weil sich auch eine Reihe von Studierenden aus dem Staub gemacht hatte. Auch wir Kinder spürten die Angst vor den neuen Machthabern und unser Aufenthalt in Purkari wurde immer gefährlicher.

An einem lauen Sommerabend fuhr ein Pferdefuhrwerk vor unser Haus. Mein Großvater hatte unsere kritische Situation erkannt und uns seinen Knecht mit den vier besten Pferden geschickt. Schnell wurden die wichtigsten Habseligkeiten gepackt und wir setzten uns oben auf den Wagen. Bei Nacht und Nebel ließen meine Eltern alles im Stich und flohen in den Ort meiner Großeltern, Sofiental. Dort schien die Lage für unsere Familie nicht mehr so gefährlich zu sein, denn eine Kommission aus Deutschland war schon eingetroffen, um die Umsiedlung vorzubereiten. Erst viel später erzählte mir Vater, warum er Purkari, den Ort, wo er eine so verantwortungsvolle Tätigkeit ausübte, über Nacht verlassen hatte. Die russische Besatzungsmacht hatte Vater unter dem Vorwand, er müsse in Moskau eine wichtige Aufgabe im Landwirtschaftsministerium einnehmen, abtransportieren wollen. Man hätte ihn sicherlich, wie viele Intellektuelle, nach Sibirien verbannt. So tauchte er in seinem Heimatort unter und war vor dem Zugriff russischer Soldaten sicher. Es folgte eine kurze Zeit der Ruhe im Hause meiner Großeltern.

Ein rabenschwarzer Tag

Der 10. Oktober 1940 war für uns Bessarabiendeutsche ein rabenschwarzer Tag. Die Umsiedlung hat uns aus dem Wurzelboden unserer Heimat gerissen und uns über viele Jahre zu Flüchtlingen werden lassen. Zugleich aber muss ich hinzufügen: Wären wir nicht nach Deutschland gekommen, so wäre es uns ergangen wie den Russlanddeutschen aus der Ukraine, die von Stalin nach Sibirien verbannt wurden. Wenn ich die Lebensgeschichte dieser Menschen höre, die zehn Jahre und noch länger in der Eiswüste unter menschenunwürdigen Bedingungen dahinvegetieren mussten, so sind wir vor größerem Elend bewahrt geblieben. Gewiss, viele unserer Leute sind im Zweiten Weltkrieg gefallen oder vermisst geblieben, aber die Übrigen wurden wie ein Brandscheit aus dem Feuer gerettet. Dafür bin ich meinem Gott dankbar.

Der Sonntag vor dem 10. Oktober 1940 wurde festlich begangen. Die Feier fand auf dem Friedhof statt. Zum letzten Mal wurden die Gräber mit den schönsten Blumen geschmückt. Ein Gottesdienst vereinte die ganze Gemeinde. Anschließend ließ sich jede Familie an ihrer Grabstätte fotografieren. Es herrschte eine wehmütige, traurige Stimmung und sogar wir Kinder empfanden den Ernst der Lage. Nun galt es Abschied zu nehmen von einem fruchtbaren, wunderschönen Land und von einer herrlichen Kinderzeit. Viele Tränen flossen an diesem denkwürdigen Tag. Danach hieß es, das Wenige, was uns erlaubt war, einzupacken und auf einen Leiterwagen zu laden. Wir Kinder wurden obendrauf gesetzt. Zurück blieben Hab und Gut, Acker und Vieh und die Erinnerung an unsere Heimat und an eine glückliche Kindheit. Was würde uns die Zukunft bringen? Auch die Tiere schienen etwas von diesem Trennungsschmerz zu verspüren, denn es ist schon ein einschneidendes Ereignis, wenn der Mensch so viel Liebgewordenes zurücklassen muss. Zum Geläut der Glocken mischten sich das Gewieher der Pferde, das Brüllen der Kühe, das Miauen der Katzen und das unaufhörliche Geschnatter der Enten und Gänse. Die Hunde, die treuen Wächter der Höfe, waren von den Bauern von der langen Kette losgebunden worden und liefen noch viele Kilometer neben den nicht enden wollenden Trecks her, bis sie dann irgendwo vor lauter Erschöpfung im Straßengraben liegen blieben.

In Galatz war ein Sammellager eingerichtet worden. Dort hockten wir auf unserem Gepäck und warteten stundenlang, bis unser Schiff kam. Zuvor aber wurden wir durch die Kontrolle geschleust. Wertsachen wie Schmuck und Geld durften wir nicht mit nach Deutschland nehmen. Meist hatten die Frauen Uhren, goldene Ketten, Ringe und andere Kostbarkeiten in das Futter von Mänteln eingenäht. Eheringe waren oft in Kuchen eingebacken. Es herrschte schreckliche Aufgeregtheit, bis wir die russischen Wachleute passiert hatten. Jeder atmete tief durch, wenn diese lästige Prozedur überstanden war und dann erzählten die Frauen und Männer mit einem Schmunzeln, wo sie ihren Schmuck versteckt gehalten hatten. Wurden aber verbotene Gegenstände doch mal entdeckt, dann war die Behandlung durch die Männer der Polizei brutal. Die russischen Soldaten schlitzten mit einem scharfen Messer die Säcke auf, in denen die Kleidung und das Bettzeug verwahrt waren. Wie Schneeflocken tanzten dann die Bettfedern durch die Gegend und die herrlichen Daunendecken waren unbrauchbar. Manche Träne floss an solch einem Tag, wenn man sich z. B. von einer Brosche trennen musste, die das Erbstück der Mutter gewesen war.

Meine Familie geriet jedoch in eine Notsituation ganz anderer Art. Plötzlich war Großmutter verschwunden und keiner konnte uns sagen, wo sie verblieben war. Ihr jüngstes Enkelkind, der kleine Heinz, war ihr in einem Waschkorb anvertraut worden und nun waren beide unauffindbar, so als wären sie vom Erdboden verschluckt. Durch den Lautsprecher ertönte dann die Durchsage: „Gesucht wird

Frau Rosine Hannemann mit ihrem Enkelsohn im Körbchen. Wer hat die alte Mutter gesehen? Bitte bei der Schiffsleitung melden!"

Zwei Stunden lang waren wir voller Angst und Schrecken. Dann aber klärte sich ihr Verschwinden auf. Großmutter war wohlbehalten aus der Versenkung aufgetaucht und der kleine Heinz hatte die ganze Aufregung unbeschadet überstanden. Eine Rotkreuzschwester wollte Großmutter und dem Baby etwas Gutes tun und hatte sie beide in den Sanitätsraum des Schiffes verfrachtet. Dort herrschte nämlich nicht solch ein schreckliches Gedränge. Wir waren glücklich, als Großmutter wieder in unserer Nähe war.

In den uns zugeteilten Kabinen war es eng und stickig. Überall wimmelte es nur so von Menschen. Trotzdem war es für uns Kinder ein richtig abenteuerliches Erlebnis. Als unser Dampfer durch das „Eiserne Tor" fuhr, wollten die Passagiere alle dieses Naturschauspiel sehen. Es handelt sich um einen engen Durchfluss der Donau. Auf beiden Seiten ragen die Berge steil in die Höhe. Durch die einseitige Belastung bekam das Schiff plötzlich Schlagseite und drohte unterzugehen. Warnungen ertönten durch die Lautsprecher und die Passagiere wurden angewiesen, die zugeteilten Plätze aufzusuchen. So wurde ein Unheil vermieden, aber das Prickelnde des schaurigen Erlebnisses dauerte noch tagelang bei mir an. Über siebzig Jahre sind seit diesem Ereignis vergangen, aber das „Eiserne Tor" der Donau habe ich im Gedächtnis behalten.

In Semlin war unsere aufregende Schiffsfahrt zu Ende. Wir mussten unseren stolzen Dampfer verlassen und wurden in riesengroßen Zelten untergebracht. Mit Marschmusik und flammenden politischen Reden wurden wir empfangen. „Heim ins Reich!", hieß unsere Parole und damit sollte uns der Verlust unserer Heimat ein Stück verklärt werden. Auf uns Aussiedler wartete ein herrlich gedeckter Tisch. Das Aufregendste aber war die Nacht. Ich durfte zum ersten Mal in einem richtig großen Zelt schlafen. Auf Feldbetten lagen wir dicht gedrängt wie die Heringe in einer Dose. Mehrere Tage blieben wir in Semlin. Zwischen den Zelten vertrieben wir uns die Zeit mit Versteckspielen. Ich fühlte mich wie ein Indianerkind und nicht wie ein Mädchen vom Schwarzen Meer. Für mich war dieser Aufenthalt im Riesenzelt ein wunderbares Erlebnis. Nach acht sonnigen, schönen Tagen wurden wir dann in Eisenbahnzüge verfrachtet und unsere Fahrt ging weiter über Granz bis nach Mährisch-Ostrau in der damaligen Tschechoslowakei.

Das Lagerleben beginnt

Ein neuer Abschnitt begann: das Lagerleben. In riesigen Fabrikhallen lebten wir eng zusammengepfercht. Waren es zweihundert oder dreihundert Menschen? Ich weiß es nicht. Männlein und Weiblein waren auf dichtestem Raum zusammengedrängt. Acht Stockbetten bildeten immer ein Quadrat und dazwischen trennte ein enger Gang die Schlafstätten. Der Koffer mit unseren wenigen Habseligkeiten war unter das Bett geschoben worden. Mehr als 18 Monate verbrachten wir in solchen Umsiedlungslagern. Keiner durfte sie verlassen. Nun begann die Eingliederung ins Deutsche Reich für uns. Stundenlang standen wir in Schlangen vor den eingerichteten Arztzimmern, wurden geröntgt, untersucht, befragt und in verschiedene Kategorien eingestuft. Das Familienoberhaupt musste einen Stammbaum erstellen. Reinrassig musste er sein und kein jüdisches oder russisches Blut durfte in unseren Adern fließen. Die Familien, die durch Erbkrankheiten belastet waren, wurden im Altreich angesiedelt. Die Gesunden aber sollten im Osten eine neue Bleibe finden und einen Schutzwall gegen den Kommunismus bilden. Hier wurde durch die Rassengesetze Hitlers ein Volk auseinandergerissen, das zusammengehörte. Viele innere Verletzungen entstanden durch diese Maßnahme. Die einen waren stolz und die anderen fühlten sich gedemütigt. Misstrauen und Zwietracht wurden gesät.

Im Januar 1945, als die russische Front näher rückte, stellte sich dann heraus, dass „die Reinrassigen" und „erblich Gesunden" gar nicht das große Los gezogen hatten, denn sie mussten vor den herannahenden feindlichen Panzern fliehen und unsägliches Leid und Strapazen auf sich nehmen. Die kleinere Zahl der Familien, die weiter im Westen eine neue Heimat gefunden hatten, wurden nun bestürmt, ihre geflüchteten Landsleute bei sich aufzunehmen und ihnen ein Dach über dem Kopf zu geben.

Das Lager in Mährisch-Ostrau habe ich in böser Erinnerung. Diese riesigen Fabrikhallen mit den Hunderten von Menschen waren für uns wie ein Gefängnis. Wir fühlten uns darin eingesperrt und hatten keinen Freiraum zum Spielen. Aber wir Kinder waren erfinderisch und gingen Wetten ein, wer wohl die meisten Flöhe fangen konnte, denn auf unseren Decken wimmelte es nur so von diesem scheußlichen Ungeziefer. Auch die Verpflegung war miserabel. Die Lebensmittel, die uns zugeteilt waren, wurden vom Personal und von der Lagerleitung in andere Kanäle geleitet. Wir litten Hunger. Morgens stellten wir uns in einer langen Schlange an, um einen Becher schwarzen Malzkaffee und eine Scheibe

Brot ausgehändigt zu bekommen. Um elf Uhr mussten wir uns wieder anstellen, um am Mittag unseren Teller dünner Suppe in Empfang zu nehmen. Jeden Tag war es das gleiche Spiel. Der Magen knurrte und in der Nacht konnten wir oft nicht schlafen, weil die Kinder weinten und schrien: „Mutter, ich will Brot!"

Wenn dann noch eine Darmerkrankung die Lagerinsassen befiel und sie Durchfall bekamen, setzte der Run auf die Klosetts ein und an Schlafen war nicht mehr zu denken. Fast die ganze Nacht kamen wir nicht zur Ruhe. Die Babys schrien, die Alten schimpften, die einen wollten frische Luft und den anderen wurde es zu kalt. Die Türen schlugen auf und zu und auf den Gängen war ein stetes Herumwandern. Das ist Lagerleben!

Aber dann zogen wir das große Los. Mein Vater wurde einer Gruppe von Männern zugeteilt, die jeden Tag für die Säuglinge und Kleinstkinder die Milch aus der Molkerei holen sollte. Er gehörte zu den Glücklichen, die einen Ausweis erhielten und somit berechtigt waren, das Lager zu verlassen. Nun hatte mein Vater die Möglichkeit, Brot zu kaufen und es unter der Jacke versteckt ins Gebäude zu schmuggeln. Heimlich in der Nacht, damit es keiner merken sollte, erhielten wir ein Stück Brot, etwas unsagbar Köstliches. Unter der Bettdecke mussten wir es essen, damit es ja keiner merkte. Es hätte sonst Krawall geben können. Seit dieser Hungerszeit in Mährisch-Ostrau ist Brot für mich etwas Heiliges. Es schmerzt mich, wenn ich sehe, wie heute in Papierkörben und Mülltonnen Brot weggeschmissen wird, während auf der Welt Millionen von Kindern verhungern.

Leider war die Zeit, in der mein Vater Milch holen durfte, nur auf 14 Tage begrenzt. Er wurde dann einer Gruppe zugeteilt, die den schwarzen Kaffee und die Wassersuppe aus der Küche herbeischaffen musste. Wieder knurrte mir der Magen. Ich war ständig unterernährt. Als ich vor Schwäche nicht mehr laufen konnte, wurde ich einem Arzt vorgestellt, der mich ins Krankenhaus einwies. Es war für mich ein großes Vorrecht, Patient sein zu dürfen und ich habe den Krankenhausaufenthalt regelrecht genossen. Und noch heute liebe ich die Atmosphäre einer Klinik, vor der sich andere Menschen fürchten.

Ich kam auf die Kinderstation und brauchte mit nur acht Kindern das Zimmer zu teilen. Hier gab es nicht nur genügend Brot, sondern auch Butter, Käse und Marmelade dazu. Obst und Milch erhielt ich als Sonderration, damit ich bald wieder gehen lernte. Ich fühlte mich ins Schlaraffenland versetzt. Schwach, elend, ja apathisch war ich in die Klinik eingeliefert worden und nun erwachten meine Lebensgeister. Ich wurde der Liebling der Station und durfte den Ärzten und Schwestern oft unsere alten bessarabischen Lieder vorsingen. Dann war mir ein Lob und manchmal sogar ein Bonbon oder Keks sicher. Nach drei Wochen war ich wiederhergestellt und sollte entlassen werden. Mit großen, bittenden Augen sah ich zum Arzt auf und bettelte: „Onkel Doktor, kann ich nicht noch ein bisschen bleiben, hier gibt es immer so gutes Essen."

„Schwester Ruth", blinzelte er der Krankenschwester zu, „die Kleine bleibt noch eine Woche." Ich jubelte, denn ich hatte mein Ziel erreicht. Aber danach musste ich endgültig mein herrliches Paradies verlassen und wieder ins Elendsquartier umziehen.

Im Lager waren wir auch mit meinen Großeltern mütterlicherseits zusammen. Mein Großvater war ein rechter Patriarch, der seinen Glauben lebte. Natürlich wollte er, dass im Lager am Sonntagmorgen Gottesdienst gefeiert wurde. Als er sein Anliegen dem Lagerleiter vorbrachte, herrschte dieser ihn an: „Herr Ohlhausen, wir sind hier im Deutschen Reich, das ist ein fortschrittliches Land, da kann man sich nicht mit so einem Lügenbuch wie der Bibel abgeben! Sie sollen hier zu tüchtigen Nationalsozialisten herangebildet werden, da können Sie sich nicht länger mit alten Märchen und Legenden beschäftigen. Hier im Lager weht nun ein neuer, frischer Wind und am Sonntagmorgen kommen Sie zum Vortrag über das völkische Erwachen im Dritten Reich!"

Mein Großvater wusste nun, was die Stunde geschlagen hatte. Mit der Unterstützung der Lagerleitung konnte er nicht rechnen. So setzte er sich selbst ein und sammelte seine Landsleute zum Bibelstudium. Natürlich sprach sich dies herum und von oberster Stelle sollten ihm diese Zusammenkünfte untersagt werden. Aber er ließ sich nicht einschüchtern, sondern bestand darauf, so wie er es in Bessarabien gewohnt war, sich in den Reichtum des Evangeliums zu vertiefen. Da ja noch Religionsfreiheit herrschte, konnte man ihm das Beten, Singen und Bibellesen nicht verbieten. Mein Großvater Ohlhausen war ein sehr frommer, tapferer und auch tüchtiger Mann.

Später, als er in Westpreußen neu angesiedelt wurde, widerfuhr ihm eine ähnliche Situation. In sein Haus lud er seine Landsleute zum Bibelstudium ein. Natürlich blieb nicht verborgen, dass sonntags Kutsche um Kutsche auf den Hof fuhr und die Besucher zusammenströmten. Die Machthaber misstrauten der Sache. Sie schickten einen SA-Mann in Uniform, der Klarheit schaffen sollte. Großvater ließ sich in keiner Weise einschüchtern und bestand auf seinen Rechten, so wie er es in Bessarabien gehalten hatte, auch hier die Bibel mit anderen Christen zu lesen und zu beten. Dem SA-Mann war die Angelegenheit peinlich, er verschwand so schnell, wie er gekommen war, bat aber Großvater, er möchte doch seine Fenster besser verdunkeln, da ein Fliegerangriff gemeldet sei.

Weihnachten in Römerstadt

Ich will aber wieder zurück nach Mährisch-Ostrau kommen. Nachdem feststand, wer im Osten als Bollwerk gegen die Russen angesiedelt werden konnte oder wer doch besser im Reichsinneren seine Bleibe finden sollte, wanderten wir von einem Lager ins andere. Unsere ersten Weihnachten verlebten wir in Römerstadt. Mich hatten gerade in dieser festlichen Zeit die Windpocken befallen und ich musste ins Krankenrevier. Wir waren in einem großen Theatersaal untergebracht und die Bühne war zur Krankenstation umfunktioniert worden. Meine Eltern durften mich so oft besuchen, wie sie wollten, und ich genoss diese Zeit, obwohl mich ein heftiger Juckreiz plagte. Aber das Essen war hervorragend. Es gab Grießbrei, Pudding und Obst.

Als Weihnachtsgeschenk erhielt jede Familie einen großen oder kleinen Stollen, je nach Kinderzahl. Das war vielleicht eine Freude, ein Stollen mit Rosinen und Mandeln und weißem Zuckerguss! Zum ersten Mal erhielten wir Süßbrot, wie wir es in unserer Heimat so gerne gegessen hatten. Schade, dass der Stollen zu schnell in unseren hungrigen Mündern verschwand und wir bald wieder hungern mussten.

Mein erster Unterricht

Es war nun die Zeit gekommen, dass ich hätte eingeschult werden müssen. Aber für uns Lagerkinder gab es noch keinen Unterricht. Flöhe fangen und durch die engen Gänge zwischen den Betten toben, wollte nun nicht mehr einen Tag ausfüllen. Ich langweilte mich schrecklich und mein Vater machte diesem Übel ein Ende. Er entschloss sich, mir Lesen und Rechnen beizubringen. Er kaufte sich eine Fibel und jeden Morgen musste ich von nun an lernen. Zur festgesetzten Stunde kletterte ich auf das obere Stockbett und machte meine ersten Fortschritte. Mit Begeisterung und ohne Schwierigkeiten lernte ich die Buchstaben und setzte sie zu Worten zusammen. Bald würde ich selbst Bücher lesen können. Mein Eifer wurde belohnt, denn Vater erzählte mir nach jeder Unterrichtsstunde eine spannende Geschichte. So machte das Lernen Spaß.

Schlimm habe ich immer die Tage im Lager empfunden, da Mutter unsere Kleidung waschen musste. Hosen, Röcke, Blusen, Hemden wurden dann über die Heizung gehängt und ich musste so lange im Bett bleiben, bis alles trocken war, denn ich hatte keine Kleidung zum Wechseln. Für mich war der Waschtag eine regelrechte Strafe, ja ich habe ihn sogar gehasst. Spielzeug oder Bücher blieben uns versagt und irgendwann war ich es leid, mir die Zeit mit Flöhefangen zu vertreiben. Das Knacken mit dem Daumennagel klingt mir noch heute im Ohr.

Das Getto in Lodz

Unser letzter Lageraufenthalt war in Litzmannstadt, dem heutigen Lodz. Hier konnten wir uns frei bewegen, wohnten in einem Vorort mit mehreren Familien in einem großen Haus. Jetzt hatte jede Familie ihr eigenes Zimmer. Das war ein gewaltiger Fortschritt. Uns wurden auch unsere Lebensmittel zugeteilt und meine Mutter konnte nun selbst kochen: Käsküchle, Apfelstrudel, Spätzle, Knöpflessuppe und Borschtsch. Wie gerne hätten wir auch Mamaliga gegessen, aber leider gab es kein Maismehl zu kaufen. Einmal erstand meine Tante ein Suppenhuhn von einer Bäuerin. Das war vielleicht ein Festessen mit selbst gemachten Nudeln. Mit großem Appetit hatte jeder schnell seinen Teller leer gegessen. Wir saßen noch bei Tisch zusammen und knabberten an den Knochen herum. Mit etwas spöttischem Blick meinte mein Onkel: „In Deutschland schmecken die Knochen besser als bei uns in Bessarabien das Hühnerfleisch."

Litzmannstadt ist mir noch durch ein anderes Erlebnis in Erinnerung geblieben. Eines Tages nahm mich mein Vater an die Hand und wollte mir die

Stadt zeigen. Wir trafen dabei auch auf das Getto. Ganze Stadtteile waren durch Mauern und Stacheldraht ausgegrenzt. In diesen Gettos hatten die Nazis die jüdischen Familien aus Polen zusammengetrieben. Auf engstem Raum wohnten sie beieinander. Wir blieben auf einer Straßenkreuzung stehen und schauten uns das Lager an. Eiligst wurde uns vom Wachturm aus befohlen: „Sofort weitergehen! Es wird geschossen!" Wahrscheinlich war ich mit meinen sieben Jahren noch zu klein, um das Ausmaß des Elends und der Not dieser jüdischen Bevölkerung zu begreifen. Erst viel später, als die Filme vom Holocaust über die Fernsehsender ausgestrahlt wurden und ich die Grausamkeiten sah, erinnerte ich mich wieder an das Getto von Litzmannstadt.

Die Neuansiedlung

Im Herbst 1941 erfolgte dann die Neuansiedlung. Mit dem Zug kamen wir in Kaschmin, einer kleinen Stadt, an, wurden mit einem Pferdewagen vom Bahnhof abgeholt und auf unseren neuen Hof gebracht. Durch einen Vertrag Adolf Hitlers mit Stalin war ausgehandelt worden, dass die Bessarabiendeutschen einen Teil ihres Besitzes, den sie bei der Umsiedlung zurückgelassen hatten, in Deutschland wiedererstattet bekommen sollten. So entsprachen die fünf Höfe im Warthegau dem Bauerngut, das mein Vater besessen hatte.

Er hatte das Gut nie selbst bewirtschaftet, da er ja an der landwirtschaftlichen Schule tätig gewesen war. Es war immer verpachtet gewesen. Die Ländereien und der große Hof stammten aus dem Erbe seines Vaters und vor allen Dingen seines Schwiegervaters, der ein sehr wohlhabender Mann war. Mühsam war nun der Neuanfang in Polen. Der November war nass und kalt. Schnee war schon gefallen, aber auf den Feldern steckten immer noch die Zuckerrüben in der Erde. Bis zu den Knöcheln versanken die Landarbeiter im Schlamm. Es war eine beschwerliche, anstrengende Arbeit, bis die letzte Rübe auf den Wagen geladen war. Unsere fünf Höfe lagen auch weit auseinander. In fünf Ställen mussten die Kühe gemolken werden. Bis die Milch abgeliefert werden konnte, war nur noch die Hälfte da. Sie war einfach in geheimen Kanälen versickert. Das Erste, was mein Vater baute, war ein Rindviehstall. Morgens um fünf Uhr wurden wir Kinder abwechselnd geweckt und mussten in den Kuhstall. Zu unserer Aufgabe gehörte es, die Melkerinnen zu beaufsichtigen, damit nicht so viel gestohlen wurde. Jeder Liter wurde gemessen und ins Melkbuch eingetragen. Plötzlich stieg unsere Milchproduktion kräftig an. Das Stehlen hatte schlagartig aufgehört. Zudem hatte mein Vater einen guten Überblick, welches die besten Kühe waren, deren Kälber zur Aufzucht geeignet waren. So lernte ich früh, Verantwortung zu übernehmen.

Außerdem hatte mir Vater erlaubt, Kaninchen zu züchten. Meine Zucht florierte, als Vater mir einen großen Stall baute. Hafer, Grünfutter, Heu und Rüben konnte ich aus der Scheune holen. Meine Tiere gediehen prächtig. Innerhalb von drei Jahren besaß ich über hundert Kaninchen. Ich war stolz auf meine Leistung und ich begriff die Bedeutung des Sprichworts: „Sie vermehren sich wie die Karnickel." Ich musste die Kaninchen selbst füttern und die Ställe ausmisten. Ich war sehr glücklich mit meinen Tieren. Nur am Schlachttag verkroch ich mich in mein Zimmer und von dem Hasenbraten konnte ich kein Stück essen.

An unser Haus schloss sich ein riesengroßer Obst-
und Gemüsegarten an. Wie gerne saß ich im Kirsch-
baum, träumte vor mich hin und pflückte mir die
schönsten Früchte. Die Birnbäume konnte ich nicht
ersteigen. Sie waren viel zu hoch. Im Sommer halfen
wir beim Beerenpflücken mit. Eimerweise trugen
wir Himbeeren, Johannis- und Stachelbeeren in die
Küche. Unser Ertrag war so groß, dass wir sogar den
Kindergarten mit dem köstlichen Obst versorgen
konnten.

Ich liebte den Umgang mit Erde und Tieren. Das
Bauernblut floss in meinen Adern und bis heute
macht es mich glücklich, wenn mir in meinem Garten der Samen durch die Finger rinnt, ich die Erde
in meinen Händen halte und mir die Sonne warm
auf den Rücken scheint. Vater nahm mich auf seinem Einspänner mit, wenn er über die Felder fuhr
und seine Landarbeiter beaufsichtigte. Erhobenen
Hauptes saß ich neben ihm, durfte die Leine halten
und mit der Peitsche knallen. Oft stiegen wir ab und
Vater zerrieb die Roggenkörner in seinen Händen,
um zu prüfen, ob sie reif seien. War die Kartoffelernte an der Reihe, dann ließ er fünfzig Frauen mit
ihren Wärterinnen aus dem Gefängnis holen, damit
die Felder geerntet werden konnten. Diese jungen
Frauen kamen gerne zur Unterstützung unserer Ar-
beiterinnen aufs Land, denn Mutter verköstigte die
Gefangenen aufs Beste. Meist ließ sie eine kräftige

Bohnensuppe mit Schinkenfleisch kochen und einen Schokoladenpudding dazu. In der Küche hatten die Mägde alle Hände voll zu tun. Am Nachmittag gab es Kaffee und Pflaumenkuchen.

Wir Kinder wurden beim Kartoffellesen auch mit eingesetzt. Schon am Tag zuvor wurde das Feld in kleine oder größere Abschnitte aufgeteilt, je nach unserem Alter. Am schönsten waren die Mahlzeiten auf dem Acker mit allen Erntehelfern. In großen 20-Liter-Kannen war die Suppe herantransportiert worden und der Pudding in großen Töpfen. Für die gefangenen Frauen, die manchmal eine mehrjährige Haft abzusitzen hatten, war dies wie ein Festessen, denn meine Mutter sparte nicht an Fleisch und Sahne und anderen guten Zutaten. Oft wurde extra für die Kartoffelernte ein Schwein geschlachtet. Binnen weniger Tage waren die Felder abgeerntet und die Kartoffeln in langen Mieten eingegraben. Ein großer Teil wurde auch gleich zum Bahnhof gefahren und mit Waggons abtransportiert.

Das war das Besondere an meinen Eltern. Sie überließen nichts dem Zufall, sondern planten alle Arbeiten genau ein. Knechte und Mägde wurden nach getaner guter Arbeit mit Extragaben an Naturalien belohnt. So gaben sie ihr Bestes.

Diese polnischen Arbeiterfamilien zeichneten sich durch ihren Kinderreichtum aus. Sieben, acht, neun oder zehn Kinder waren keine Seltenheit. Der Verdienst des Vaters war meist gering und mit ihren Lebensmittelkarten konnten sie nicht so viel kaufen wie wir Deutschen. So hat mein Vater jeder Familie ein Stück Land zugeteilt. Darauf konnten sie Gemüse und Kartoffeln anbauen. Es blieb ihnen auch die Möglichkeit, ein Schwein zu schlachten und ein paar Hühner zu halten. Waren die Zuckerrüben an die Fabrik geliefert und hatten wir unsere zusätzlichen Zuckersäcke als Prämie erhalten, dann vergaß meine Mutter nie, ihre Mägde an den Zuckerrationen zu beteiligen. So konnten auch sie herrliche Weihnachtsplätzchen backen. Wer seine Ländereien und sein Vieh gut versorgt wissen will, muss seine Arbeiter vortrefflich behandeln, ihren Fleiß achten und ihren Einsatz belohnen. Die Treue unserer Knechte haben wir besonders später auf der Flucht erfahren. Zwei polnische Männer begleiteten uns und lenkten die Wagen. Als die Amerikaner längst in Deutschland einmarschiert waren, stand uns unser Stachow noch immer zur Seite und betreute unsere Pferde bestens. Ohne die Mithilfe unserer Knechte hätten wir die vielen Kilometer auf vereisten Straßen nicht so gut zurücklegen können. Sie haben alle Strapazen auf sich genommen, obwohl zu Hause ihre Familien auf sie warteten.

In schlechter Erinnerung bleibt mir die Schule. Ich kam erst im November in die erste Klasse. Die anderen Schüler waren im Unterrichtsprogramm weit fortgeschritten. Gewiss, mein Vater hatte mir Lesen und Schreiben beigebracht, aber nach der Sütterlinschrift. In meiner neuen Fibel konnte ich nun gar nichts lesen, da sie die lateinische Schrift enthielt. Meine Lehrerin kümmerte sich nicht allzu viel um mich und ließ mich in der hintersten Reihe sitzen. Ich zählte zu den Dummen. Mich hat diese Situation sehr verunsichert und geärgert. Ich schlug zu Hause meine Fibel auf und probierte, hinter das Geheimnis der lateinischen Buchstaben zu kommen. So nach und nach ging mir ein Licht auf und ich rückte einige Plätze nach vorne. Ich lernte nun mit großem Eifer und war glücklich, als ich das Geheimnis der Schrift entschlüsselt hatte. Nach drei Monaten hatte ich meine Klassenkameraden im Lesen eingeholt. Seitdem gehörten Lesen und Schreiben zu meinen Hobbys.

Ein anderes Problem waren die kalten Winter und das schlechte Schuhwerk. Mein Schulweg betrug ungefähr drei Kilometer. Morgens nahm uns der Milchwagen mit. Aber oft fing der Unterricht erst mit der zweiten Stunde an und wir mussten so lange auf dem Schulhof in der Kälte warten. Damals sind mir die Zehen erfroren und über Jahre hinweg quälten mich die Frostbeulen. Saß ich im Warmen, dann fingen die erfrorenen Stellen heftig an zu jucken und zu schmerzen. Abends folgte immer das gleiche Ritual, um sich ein wenig Linderung zu verschaffen:

kalte und warme Wechselbäder und das lästige Ein-
reiben mit Frostsalbe. Oft habe ich in meinem Bett,
das ich mit meiner jüngeren Schwester teilen musste, vor lauter Qual geweint, weil der Juckreiz mir
den Schlaf verweigerte. Als ich später selbst Kinder
hatte, habe ich ihnen immer sehr gutes Schuhwerk
und warme Wollsocken gekauft. Dieses schreckliche, quälende Übel des Juckens und Schmerzens
sollte ihnen erspart bleiben.

Aber der Winter brachte auch Vergnügen mit. So
war ich begeistert, wenn ich mich auf dem zugefrore-
nen Teich tummeln konnte. Aber einmal bin ich im
Eis eingebrochen. Ich hätte dabei ertrinken können.
Vom Garten her beobachteten mich mein Vater und
mein Onkel. Ich hörte noch, wie Onkel Rudolf sagte: „Na, Albert, hast du denn keine Angst, dass das
Kind einbricht? Noch ist das Eis in der Tiefe nicht
stark genug gefroren." Die Antwort meines Vaters
war sehr zuversichtlich: „Meine Lotte weiß, was sie
tut." Im nächsten Augenblick hörte ich das Knarren
des Eises und brach ein. Vorsichtig schob ich mich
auf das Eis und erreichte das rettende Ufer. Im Nu
waren meine Hosen, Strümpfe und mein Pullover
auch zu Eis gefroren und ich steckte wie in einem
eisigen Panzer. Ich lief, so schnell mich meine Füße
tragen konnten, nach Hause. Ein heißes Bad verhin-
derte eine Lungenentzündung. Danach wurde ich
mit Wärmflaschen und gestrickten Socken ins Bett

verfrachtet. Das Abenteuer auf dem Eis hatte keine weiteren bösen Folgen für mich. Aber ich bin nie wieder aufs Eis gegangen. Der Schock saß sehr tief.

Auch wenn ich eine Dummheit begangen hatte und beinahe ertrunken wäre, so hat das Vertrauen, das Vater zu mir hatte, doch zu einem gesunden Selbstbewusstsein bei mir beigetragen. Ich liebe den Frühling, Sommer und Herbst. Der Winter bereitet mir wohl wegen der erfrorenen Zehen und dem Einbruch auf dem Teich bis heute Angst. Von allen Jahreszeiten ist mir der Herbst am liebsten. Dann wird die Ernte eingebracht und ich kann den Lohn der Mühe und Arbeit deutlich sehen und erfahren. Waren die letzten Zuckerrüben abgeerntet und in der Fabrik abgeliefert, dann konnten die Knechte und Mägde tief durchatmen. Ein Jahr des Säens und Erntens war vorübergegangen und in der Landwirtschaft kehrte ein wenig Ruhe ein, wenn auch das Vieh in den Ställen gut versorgt werden musste. Für die Mägde war besonders die Zeit vor Weihnachten arbeitsintensiv. Gänse, Enten, Puten wurden geschlachtet. Brüstchen und Schenkel des Federviehs wurden geräuchert und so für mehrere Monate haltbar gemacht. An den langen Winterabenden stopften die jungen Frauen die Kissen mit herrlichen Daunen und unsere polnischen Familien freuten sich, wenn sie ein neues Federbett ihr Eigen nennen konnten.

Das Leben auf einem Gutshof war interessant und wunderschön. Nie hatte ich Langeweile. Wenn wir unsere Schularbeiten und die vom Vater auferlegten Pflichten ordentlich erfüllt hatten, durften wir nach Herzenslust spielen. In der Scheune bereitete es uns Vergnügen, vom hohen Gebälk ins Heu herunterzuspringen. Auf dem Hof und den langen Feldwegen fuhren wir Fahrrad. In unserem Teich planschten wir in den heißen Sommermonaten und im Garten konnten wir uns so viele Beeren, Äpfel und Birnen holen, wie wir wollten.

Mir war es auch eine Lust, mich um das Federvieh zu kümmern. Jeden Abend sammelte ich zusammen mit unserer Magd die Eier aus den Nestern. Ich hatte auch Freude, wenn die Glucken brüteten. Meist legte ihnen meine Mutter 18–21 Eier unter und nach drei Wochen schlüpften die Küken. Später holten wir uns noch Küken aus dem Brutkasten und zogen sie in der Küche in der Nähe des Ofens groß. Je mehr Hühner, Gänse, Enten und Puten aufwuchsen, desto mehr konnten dann im Herbst geschlachtet werden. Es war ja die Zeit, da wegen der Kriegswirren die Lebensmittel knapp wurden. Mein Vater brauchte dann eine Gans oder einen Puter, um dafür Baumaterialien genehmigt zu bekommen. Auch im Textilgeschäft oder im Schuhladen konnte man meist nur dann etwas erstehen, wenn man mit einer geschlachteten Ente im Korb den Laden betrat und sie ihren Hals heraushängen ließ. Mein Vater hätte wahrscheinlich seinen Viehstall nicht so schnell bauen können, wenn er nicht auf diese Weise die Kaufleute bestochen hätte. Nach Kriegsende nahm das Tauschgeschäft erst recht zu. Auf dem Schwarzmarkt konnte man beinahe alles erstehen.

Manchmal wurden wir auch von einer Glucke überrascht, die sich außerhalb des Hühnerstalles ein eigenes Nest gebaut und ihre Eier darin abgelegt hatte. So erlebte ich, wie eine stolze Glucke mit 12 Küken auf den Hof marschierte. Enten waren keine guten Brüter. So legte man ihre Eier einfach einer Glucke unter. Natürlich dauerte die Brutzeit länger. Puten und Gänse hingegen waren sehr gute Brüter.

Die Zahl des Federviehs musste beim Vertrauenslandwirt angegeben werden und danach richtete sich die Zahl der Eier, die abgeliefert werden musste. Bei der Menge unseres Geflügels erfolgte meist nur eine grobe Schätzung. So blieben uns genug Eier zum Backen und Kochen und zum Tauschgeschäft. Rund um den Hof hatte mein Vater Futtergetreide gesät und das Federvieh konnte frei herumlaufen. Das waren damals noch glückliche Hühner. Das Gegackere, Krähen und Schnattern begann schon am frühen Morgen und hörte den ganzen Tag nicht auf. Auf unserem Teich schwammen die Enten und Gänse mit ihren Jungen.

Ich liebte und liebe noch heute das Landleben,

auch wenn sich in unseren Tagen sehr viel verändert hat und es wenig glückliche Hühner gibt.

Die Tränen meines Vaters

So verlebte ich eine reiche und ausgefüllte Zeit auf unserem großen Hof. Aber es gab auch traurige Ereignisse, die ich nie mehr vergessen habe. Ich war stolz auf meinen Vater. In seiner Nähe fühlte ich mich so geborgen und sicher. Er war stark, herzlich, voller Liebe. Zu meinem Vater konnte ich aufschauen. Aber einmal erlebte ich ihn in einer verzweifelten Situation. Ich hatte im Elternschlafzimmer hinter dem Bett gespielt. Mein Vater trat durch die Tür, lehnte sich an den weißen Kachelofen, hielt die Hände vors Gesicht und weinte laut auf. Ja sein Körper wurde vor Weh und Schmerz geschüttelt. Mir schien, als wollte das Schluchzen und Weinen gar kein Ende nehmen. Mich überfiel schreckliche Angst. In so einer hilflosen, leidvollen Lage hatte ich meinen Vater noch nie gesehen. Ich rührte mich nicht vom Fleck und hielt fast den Atem an. Mucksmäuschenstill blieb ich auf meinem Teppich sitzen. Mein Herz klopfte zum Zerspringen.

Vater hatte die schlimmste Nachricht seines Lebens erhalten. Sein Bruder war an der Ostfront vermisst. Onkel Emil war der jüngste von sechs Jungen und sechs Mädchen, die am Leben geblieben waren. Nun hatte Vater kaum Hoffnung, seinen Lieblingsbruder je wiedersehen zu können. Er blieb im weiten Russland verschollen. Diesen Verlust hat mein Vater nie verschmerzen können. Er blieb wie eine offene, brennende Wunde. Sie konnte nicht geheilt werden. Immer wieder hat Vater von Onkel Emil erzählt.

Eine junge Frau und vier Kinder ließ er zurück und Tante Anna musste sich mit ihrer großen Kinderschar und dazu noch mit meinen Großeltern im Januar 1945 auf die Flucht begeben. Was sie auf den vereisten Straßen bei minus 20 Grad Kälte durchgestanden hat, ist bewundernswert. In der Nachkriegszeit hat sie bei einem Bauern gearbeitet und im Stall die Kühe gemolken, damit ihre Kinder etwas zu essen hatten. Tapfer nahm sie ihr Schicksal in die Hand und hat ihre Kinder trotz widriger, notvoller Verhältnisse zu lebenstüchtigen Menschen erzogen. Wie klug und überlegt hat sie gehandelt, als sie die Glaskutsche einfach an den Kastenwagen hängte. Darin hatten meine Großeltern und ihre Kinder Hermann, Paul, Heinz und Edith Platz gefunden. So begab sie sich mit ihrem Pferdewagen auf die lange, beschwerliche Reise, die dann in einem Dorf, in Kaltenweide bei Hannover, endete.

Und noch ein Bruder meines Vaters starb in ganz jungen Jahren an den Kriegsfolgen, Onkel Eduard. Er hinterließ auch vier kleine Kinder. Beide Brüder waren Lehrer und hatten wie mein Vater in Sarata das Gymnasium besucht und anschließend studiert.

Der Zweite Weltkrieg forderte einen hohen Blut-zoll von unserer Familie. Auch der Sohn von Vaters Bruder Friedrich ist im Krieg gefallen. Willi war noch so jung und musste in der Blüte seines Lebens sterben. Mein Cousin Helmut wurde auf der Flucht 1945 von russischen Soldaten erschossen, weil sie an seiner Jacke ein HJ-Abzeichen fanden.

Die drohenden Wolken am Kriegshimmel zo-gen sich mehr und mehr zusammen. Abends waren schon die Flammenzeichen am Himmel zu sehen. An den Kanonendonner hatten wir uns gewöhnt. Angst legte sich auf unser Gemüt und wir Kinder ahnten, dass wir nun bald von den feindlichen Sol-daten überrannt werden würden.

Auf der Flucht

Am Morgen des 19. Januar 1945 war ich noch in die Schule gegangen, aber schon nach einer Stunde Unterricht schickte uns die Lehrerin nach Hause. Auf unserem Gutshof herrschte Aufregung. Die Ackerwagen standen mit Zuckerrüben beladen noch auf dem Güterbahnhof. Zwei Knechte mussten die Rüben vom Wagen schaufeln und die Erde von den Brettern kehren. Ungeduldig wartete meine Mutter zu Hause auf die Knechte. „Wo bleibt ihr nur so lange? Wir müssen doch fort. Die russischen Panzer sind höchstens noch 80 km von uns entfernt. Ladet jetzt schnell Säcke mit Hafer auf die Wagen und helft dann, die Sachen, die mitgenommen werden, aus dem Haus zu transportieren." Meine Mutter war erst ganz kurz vorher aus dem Krankenhaus geholt worden, wo sie mit einer schweren Gallenblasenentzündung und mit einer Gelbsucht wochenlang gelegen hatte. Nur ihrem Krankenhausaufenthalt war es zu verdanken, dass wir schon am 19. Januar 1945 flüchten konnten. Aber schon einen Tag später haben sich alle Deutschen auf die Wanderschaft begeben, von der man nicht wusste, wo sie hinführen sollte. „Westwärts!", hieß die Parole, immer nur „westwärts!"

In unserer Küche herrschte Hochbetrieb. Die ganze Nacht hindurch hatten die Mägde Brötchen gebacken, die dann wie Zwieback haltbar gemacht wurden. Sie füllten mehrere Leinensäcke. Sie bewahrten uns auf unserem langen Fluchtweg vor den Russen vor Hunger. Aus der Räucherkammer ließ meine Mutter die Puten-, Gänse- und Entenschenkel holen und auf den Wagen laden. An Kleidung durfte nur das Nötigste mitgenommen werden, denn wir brauchten vor allen Dingen Platz für die Hafersäcke. Wie gerne hätte ich einige Bücher und mein kleines Puppenwägelchen auf den Wagen geschmuggelt – ich hatte diese Geschenke erst zu Weihnachten bekommen –, aber strengen Blickes wachte mein Vater über alles, was mitgenommen werden durfte. Zum Schluss fanden noch mehrere 20-Liter-Kannen Milch ihren Platz und ein großes Deckbett. Es hat uns vor dem Erfrieren bewahrt, denn die Temperaturen waren auf minus 20 Grad gefallen.

Es war schon fast Mitternacht geworden, als sich Vater von seinen treuen Mitarbeitern auf dem Hof verabschiedete. Er gab dem Betriebsleiter schon die letzten Anweisungen, als Mutter noch schnell unsere Magd zu sich rief: „Helena, hol die Schinken vom Boden, die hätten wir beinahe vergessen!" Wie froh waren wir auf unserem monatelangen Fluchtweg über Speck und Schinken. In einer sternklaren Nacht verließen wir unser Gut. Meine Tante Anna mit ihrem Sohn Hugo schloss sich unseren zwei Wagen an. Onkel Rudolf aber durfte seinen Hof nicht verlassen. Er sollte als Volkssturmmann die russischen Truppen zurückschlagen.

Für uns Kinder begann ein richtiges Abenteuer. Noch hatten wir keine Angst. Vater und Mutter waren ja bei uns und an den Kanonendonner hatten wir uns allmählich gewöhnt. Tag und Nacht zogen unsere sechs Pferde die beiden schweren, offenen Kastenwagen über vereiste Straßen. Nur ab und zu wurde eine kurze Rast eingelegt, wenn die Pferde getränkt und gefüttert wurden. Am meisten zitterten wir, wenn über uns feindliche Bomber oder Tiefflieger auftauchten und ihr Dröhnen und ihre Schießereien uns Furcht einjagten. Wohin hätten wir fliehen sollen, uns blieb ja nur die Landstraße und ihr Graben. Wenn die tödlichen Salven über uns hinwegratterten, waren wir wie gelähmt. Manches Kindergebet stieg zum Himmel auf, dem dann der Dank folgte, wenn der Angriff vorüber war.

Eine ständige Gefahr war die Straßenglätte. Stürzte ein Pferd, dann bewegte uns die bange Frage: Wird das Tier wieder aufstehen können, oder hat es den Fuß gebrochen? Rechts und links lagen die Kadaver der getöteten Tiere, denn sie mussten nach solch einem Sturz einfach erschossen werden. Den Wagen aber schob man an den Straßenrand oder noch besser in den Graben. Zu Fuß ging dann die

Flucht weiter. Was das für unsere Familie bedeutet hätte, ist kaum auszudenken. Meine Mutter litt ja noch unter den Folgen ihrer schweren Erkrankung und war zudem hochschwanger.

Eine Mutter mit zwei Kindern auf der Flucht

In dieser Zeit wurde schrecklich viel gelitten. Ich erinnere mich an eine Nacht. Frostig und sternenklar war der Himmel. Unser Treck überholte eine junge Familie. Die Mutter trug einen Rucksack auf ihrem Rücken. An einer Hand hielt sie ihren fünfjährigen Jungen, während das ungefähr zehn Jahre alte Mädchen tapfer an ihrer Seite schritt. Der kleine Junge weinte, denn der Wind blies ihm hart ins Gesicht. Die Mutter war verzweifelt. Mein Vater hielt die Pferde an, hob den Schreihals zu uns auf den Wagen und er schlüpfte sofort unter das wärmende Federbett. Im Nu war der kleine Kerl fest eingeschlafen. Die Mutter und die Schwester aber fassten sich am Wagen an und hielten Schritt mit ihm, so kamen sie in dieser Nacht zügig voran. Am nächsten Morgen lieferte mein Vater die Mutter mit den Kindern an einer Bahnstation ab und die Flucht wurde mit dem Zug fortgesetzt. Herzlich bedankte sich die Frau: „Sie haben meinem kleinen Erich das Leben gerettet. Vor Erschöpfung hätte er nicht mehr weiterlaufen können. Das Kind wäre mir bei der Eiseskälte erfroren."

Eine Nacht in gräflichen Betten

Einmal bogen wir mit unserem Wagen von der Hauptstraße ab und machten auf einem großen Gut Rast. Im warmen Kuhstall hatten wir uns aus mehreren Ballen Stroh ein Lager errichtet. Plötzlich erschien der Gutsherr und bat uns, in sein herrschaftliches Haus zu kommen. Er bewirtete uns mit herrlichen Köstlichkeiten. Aus der Speisekammer holte er Eier, Milch, Schinken, Wurst, Honig und Kartoffeln. Er erlaubte uns, auf dem Herd eine warme Mahlzeit zu kochen. Dann fügte er wie beiläufig hinzu: „Mein ganzes Haus steht Ihnen zur Verfügung. Holen Sie sich, was sie brauchen können. Übrigens habe ich im Keller noch alte Weine. Bitte, bedienen Sie sich!" Na, das war ein Angebot. In dieser Nacht hat auch der Graf sein herrschaftliches Anwesen verlassen und sich auf die Flucht begeben müssen. Jedenfalls schliefen wir in gräflichen Betten und füllten unsere Essensvorräte aus den Regalen des Gutshauses auf. Dann ging die Reise weiter, einer ungewissen Zukunft entgegen.

Die Gastfreundschaft der Sorben

In der Nähe von Cottbus erreichten wir den Spreewald. Dort machten wir zunächst eine unliebsame
Begegnung. Der Bürgermeister des Dorfes hatte uns
einen Hof zugewiesen, in dem wir die Nacht verbringen sollten. Aber diese Wenden empfingen uns
nicht gerade freundlich. Sie wiesen uns einen Schlaf-
platz im Hühnerstall zu, in den sie mehrere Ballen
Stroh geworfen hatten. Alles war schrecklich dreckig
und stank nach Hühnermist. So hockten wir – noch
in unsere Mäntel gehüllt – auf dem Stroh. Schlafen war hier unmöglich. So war guter Rat teuer. Was
sollten wir bloß tun?

Die Wenden sind ein slawischer Volksstamm im
Gebiet von Cottbus und Dresden. Rund 100 000
Menschen zählen dazu. Im Mittelalter haben sie
sich hier angesiedelt und ihre kulturelle Eigenart bewahrt. Noch heute sprechen sie neben Deutsch auch
noch ihre slawische Muttersprache. Unter den Nationalsozialisten wurden sie wegen ihrer nichtarischen
Herkunft beargwöhnt und hatten Demütigungen, ja
Verfolgung zu ertragen. So war es verständlich, dass
sie nicht gerade mit großer Begeisterung uns deutsche Flüchtlinge aufnehmen wollten.

Als sich der Bauer mit seiner Tochter in ihrer Landessprache unterhielt, schaltete sich mein Vater in das Gespräch ein, denn er sprach sehr gut Russisch und Sorbisch, da die beiden ·Sprachen verwandt sind.

Schlagartig wendete sich das Blatt. Unsere Quartiergeber waren die Freundlichkeit selbst. Sie holten uns aus dem Hühnerstall heraus und führten uns in ihre Küche. Wir wurden bewirtet, als wären wir die allerliebsten Gäste. Im Wohnzimmer wurde der Kachelofen geschürt. Die vier erwachsenen Töchter zogen ihre herrlichen bunten Trachten an. Sie sangen und tanzten und wir verlebten einen wunderschönen Abend. Dann zeigten sie uns noch ihr Schlafzimmer und boten uns an, darin die Nacht zu verbringen. Wir versanken fast in den weichen, kuscheligen Federbetten und konnten uns wunderbar ausruhen. Als wir am nächsten Morgen mit unseren Pferdefuhrwerken aufbrachen – unser Treck bestand aus drei Wagen –, füllten sie unseren Essenskorb mit Speck, Butter, Eiern und Fleischdosen. Über so viel Liebe und Herzlichkeit waren wir tief berührt. Ich fühlte mich wie vom Aschenputtel im Hühnerstall in eine Prinzessin auf dem Schloss verwandelt, derart gegensätzliche Erfahrungen begleiteten meinen Fluchtweg.

Diese Wenden im Spreewald werde ich nicht so schnell vergessen und insgeheim hege ich den Wunsch, dieser wunderbaren Gegend einen Besuch abzustatten. Für mich war diese Stätte ein Ort des Glücks und der Freude, ja wie Weihnachten und Ostern zugleich. Gott möge diese lieben Menschen segnen, die uns so viel Gutes getan haben. Sie handelten nach dem Wort der Bibel: „Habt die Fremdlinge lieb und tut ihnen wohl!"

Ein schreckliches Stöberwetter

Tags darauf sah die Welt schon wieder ganz anders aus. Wir gerieten in ein schreckliches Stöberwetter hinein. Wir fuhren durch einen dichten Wald und uns war gesagt worden, dass wir hinter dem Forsthaus links abbiegen sollten. Von da seien es noch ungefähr fünf Kilometer bis zu unserem neuen Rastort.

Wir fuhren und fuhren die etwas ansteigende Straße mit dem Kopfsteinpflaster entlang. Ich saß im letzten Wagen, auf dem auch meine kranke Mutter lag. Den Kontakt zu den beiden vor uns fahrenden Wagen hatten wir verloren. Unsere Pferde waren ausgelaugt und müde und trotteten langsam vor sich hin. Unser Kutscher Stachow trieb die Gäule an und schwang die Peitsche, aber durch die widrigen Wetterverhältnisse und die vielen Schlaglöcher war kein zügiges Vorankommen möglich. Wir hatten für unsere Fahrt Nebenstraßen gewählt, um nicht von Armeefahrzeugen aufgehalten zu werden. Aber diese Straßen waren meist in einem sehr schlechten Zustand. Zu alledem stieg noch unser Stachow vom Wagen und verschwand im Wald. Meine Mutter schrie sofort aus Leibeskräften nach meinem Vater. Noch heute höre ich den schrillen Ton in meinen Ohren. Sie war von der Angst ergriffen, unser Kutscher könnte vielleicht bewusst immer langsamer gefahren sein, um einen immer größeren Abstand zu den anderen Fahrzeugen zu bekommen und dann mit unseren Pferden wieder in Richtung Polen umzukehren. Zu Hause hatte Stachow nämlich seine Verlobte zurückgelassen. Dann wären wir verloren gewesen. Russische Panzer hätten uns überrollt. Die feindliche Front lag ja gar nicht so sehr weit hinter uns. Schreckliche Gräuelmärchen hatten unter den Flüchtenden die Runde gemacht und schürten die Angst, von den Polen um Hab und Gut gebracht zu werden, wenn sie mit den Pferden einfach umkehrten.

Zum Glück tauchte unser Stachow aus dem Gebüsch wieder auf und fragte meine Mutter ganz verwundert: „Herrin, warum regst du dich so auf? Ich lass dich nicht im Stich. Man muss doch auch mal seine Notdurft verrichten können."

Der Schreck meiner Mutter aber war so groß, dass sie am nächsten Tag eine Gallenkolik erlitt und wir erst nach drei Tagen unsere Flucht fortsetzen konnten.

Wir entdeckten dann doch noch das Forsthaus und erreichten weit nach Mitternacht unser Quartier. Dort wurden wir von einem älteren Ehepaar schon lange erwartet und mit großer Herzlichkeit aufgenommen. In der „guten Stube" war uns ein Strohlager gerichtet. Der kleine Kanonenofen glühte vor Hitze und spendete uns durchfrorenen Leuten eine wohlige Wärme. Auf dem Herd dampfte die Erbsensuppe. Auch für Stachow war in der Küche ein Lager gerichtet. Die Pferde fanden im Stall Heu und Hafer in der Krippe vor und konnten sich auf einer Strohschütte von all den Strapazen ausruhen. Von unseren Quartiergebern war alles bestens vorbereitet. Es müssen wohl Christen gewesen sein, denn an den Wänden hingen Bibelsprüche.

Bei diesen Menschen atmeten wir tief durch

Eine Schandtat ist mir bis heute in Erinnerung geblieben, und wenn ich könnte, würde ich die Sache gerne in Ordnung bringen. In Krossen übernachteten wir bei einer Familie mit Kindern. Sie überließ uns sogar das Spielzeug. Dabei ist mir ein Missgeschick passiert. Ich blies einen Hampelmann aus Gummi so stark auf, dass er an den Nähten aufplatzte. Anstatt zu meinem Malheur zu stehen und mich zu entschuldigen, versteckte ich den kaputten Hampelmann unter der Matratze des Kinderbettchens. Ich hatte schreckliche Angst, er könnte entdeckt werden. Spielsachen waren ja zu damaliger Zeit etwas sehr Kostbares, ja eine Rarität.

Nun hatten wir schon mehrere Wochen auf den Straßen zugebracht. Schnee und Eis waren inzwischen gewichen. Der Frühling sagte sich an und in den Gärten blühten die ersten Schneeglöckchen und Krokusse. Die Vögel begannen ihr Lied in den Himmel zu zwitschern und wir waren froh, dass Eisglätte und Frost vorüber waren. Aber da stellte sich uns ein neues Hindernis in den Weg. Wir näherten uns dem Harz und an unserem Kastenwagen hatten wir keine Bremsen, denn bei uns war alles eben gewesen. Bergauf war die Fahrt noch eher zu schaffen,

obwohl sich die Pferde tüchtig ins Zeug legen mussten und mächtig keuchten. Wir mussten alle vom
Wagen absteigen und kräftig anschieben. Aber wenn
es bergab ging, dann drohte uns eine Katastrophe.
Äste mussten von den Bäumen abgesägt und dann
in die Speichen gesteckt werden, damit die Räder
blockierten. Es war ein gefährliches Unterfangen,
man musste neben dem Wagen herlaufen und den
Ast fest in den Händen halten und damit bremsen.
Meist musste ich mit meinen elf Jahren die Pferde
lenken, während der Kutscher als Bremser fungierte.
Jedes Mal atmete ich erleichtert auf, wenn wir die
Talsohle erreicht hatten und alles gut gegangen war.
Schweißgebadet legte ich dem Kutscher gerne die
Leine zurück in seine Hände.

In einem Ort schenkte uns ein Schmied einen
Hemmschuh. Er wurde unter ein Rad gelegt, das
mit einer Eisenkette blockiert wurde. So schleifte der Hemmschuh über die Straße. Bei einer Ab-
fahrt, die mehr als zwei Kilometer lang war, flog der
Hemmschuh gerade in dem Augenblick ab, als wir
den Berg hinter uns gelassen hatten. Er war durch
die starke Beanspruchung in zwei Teile zerborsten.
Wäre uns dieses Malheur auf halber Höhe passiert,
wären mir rettungslos in den Abgrund gerast. Die
Pferde hätten die schwere Last des Wagens nicht
halten können. So erlebten wir viel Bewahrung auf
unserer langen, beschwerlichen Reise.

Der Harz bot mit seinen herrlich blühenden Wiesen und Wäldern ein idyllisches Bild. Buschwindröschen, Himmelsschlüsselchen und Trollblumen lagen wie ein ausgebreiteter bunter Teppich vor uns. Fuhren wir an den Felsen vorbei und wurden sie von der Sonne bestrahlt, dann glitzerten und glänzten sie in vielen Farben. Einmal ließen sich die Pferde vom Geflimmer erschrecken, rasten los und wir entgingen knapp einem Unglück. Wir waren sehr über den Frühling beglückt, denn unser Vorrat an Hafer ging zur Neige. Wenn wir irgendwo an einer Stelle haltmachten, dann band unser Knecht die Pferde von der Deichsel los und weidete sie auf den Wiesen. Manchmal machten wir uns auch ein Vergnügen und ritten ein Stück weit in den Wald hinein. Solch schöne Augenblicke halfen uns zu vergessen, dass wir auf der Flucht waren und bangen mussten, bald dem Feind in die Hände zu fallen.

In Großörner bei Hettstedt endete zunächst unsere Fahrt. Bei einer Familie wurden wir einquartiert und erhielten ein Zimmer. Die Knechte schliefen bei unseren Pferden im Stall oder auf dem Heuboden. Dies war wohl die schrecklichste Zeit meines Lebens, denn Nacht für Nacht wurden wir durch das Sirenengeheul aus dem Schlaf geschreckt. Wir konnten nur noch mit Kleidern ins Bett gehen. Ertönte die Sirene, dann musste jeder sein Köfferchen oder seinen Rucksack nehmen und so schnell wie möglich in einen nahen Park rennen. Dorthin wurden auch die französischen Gefangenen gebracht, denn die Luftschutzkeller reichten bei Weitem nicht für die Bevölkerung aus. Im Schutz der Bäume saßen wir auf Parkbänken und beobachteten die herannahenden feindlichen Fliegerverbände. Flogen sie bloß über unseren Ort hinweg, dann waren wir froh. Aber einmal wurden sogenannte Christbäume an den Himmel gesetzt. Plötzlich erhellten Leuchtkugeln die Nacht. Es wurde taghell. Wir rannten, so schnell wir konnten, los und verkrochen uns im Gebüsch. Dann hörten wir auch schon die heftige Explosion der Bomben. Ich verspürte den Luftdruck, der mich zu Boden drückte. Die Angst riss mir fast das Herz aus dem Leibe und ich schrie zu Gott: „Vater im Himmel, rette uns! Lass uns nicht sterben!" Als der Bombenangriff vorüber war, befühlte ich meine Arme und Beine. Ich war heil geblieben. Ich kroch aus meinem Versteck, taumelte, wie wenn ich gelähmt sei, auf meine Parkbank zu und schrie nach meinen Eltern. Unbeschadet hatten wir den Angriff überstanden. Mit einem Stoßgebet dankte ich Gott für diese Rettung. Wir waren alle heil geblieben. Aber die Angst saß doch tief. Nicht weit von uns entfernt hatten die Bomben Todesopfer gefordert und verheerende Schäden angerichtet.

Die feindliche Front rückte immer näher. Trotz der Durchhalteparolen und Ankündigungen von

Wunderwaffen im Radio wussten wir, dass der Krieg nicht mehr lange dauern könnte. Wenn wir auch unser ganzes Hab und Gut im Osten zurücklassen mussten, so besaßen meine Eltern doch noch einige Wertsachen. Sie galt es nun in Sicherheit zu bringen. In großen 20-Liter-Milchkannen hatte meine Mutter gebratenes Schweine- und Rindfleisch eingelegt und mit Schmalz übergossen. So war es für längere Zeit haltbar gemacht worden. An einem Abend gruben mein Vater und Onkel Rudolf ein Loch in den Garten unseres Hauswirts; sie wollten darin drei Kannen versenken. Meine Mutter beobachtete vom Fenster aus ihr eifriges Tun. Plötzlich entdeckte sie, wie ein Nachbar über eine hohe Mauer blickte. „Albert, Rudolf, hört auf!" Verwundert schauten die beiden auf. Mutter deutete nur mit der Hand auf das benachbarte Grundstück. Ein paar Tage später wurde erneut ein Loch in die Erde gegraben. Diesmal gab es keine heimlichen „Gucker".

Die Amerikaner sind im Anmarsch

Die Bombenangriffe auf Großörner wurden immer gefährlicher. Rüstungsbetriebe waren hier angesiedelt und ihnen galt die feindliche Zerstörungswut. Mein Vater war auf Sicherheit bedacht und beschloss, mit unseren Pferden in einen kleineren Ort zu ziehen. An einem frühen Morgen luden wir unser spärliches Hab und Gut wieder auf unsere Wagen auf und fuhren nach Harzgerode. Es wurde eine abenteuerliche Fahrt. Auf den Straßen verstellten uns Panzersperren den Weg. Volkssturmmänner hatten riesige Buchenbäume gefällt und quer über die Straße geschleift. Auf unserer Fahrt konnten wir nur noch querfeldein vorankommen. Manchmal mussten wir sechs Pferde vor einen Wagen spannen, um die Panzersperren zu umfahren. Mit lauten Hüh!-Hüh!-Rufen wurden die Pferde zu Höchstleistungen angetrieben. In Harzgerode wehrte der Bürgermeister ab: „Fahren Sie bloß wieder zurück, unser Dorf ist mit Flüchtlingen überbelegt. Wir können niemanden mehr aufnehmen!" Wir kehrten um und mussten wieder querfeldein über Stock und Stein fahren, um die Panzersperren zu umgehen. Es war eine schreckliche Schinderei für Mensch und Tier. Mehrmals wurde unser Treck von Tieffliegern beschossen. Wir sprangen vom Wagen ab und suchten Deckung. Aber auf offener Straße gab es kein Haus, keine Mauer, keinen Graben. Schutzlos waren wir und unsere Pferde dem Maschinengewehrfeuer ausgesetzt. Die Pferde scheuten und rissen sich von der Deichsel los. Es waren brenzlige Situationen, aber Gott hielt seine bewahrenden Hände über uns und unser Gut.

Manchmal packte uns auch der Groll und wir schimpften über den hartherzigen Bürgermeister, der uns kein Dach über dem Kopf gegeben hatte. Mit einem kleinen Zimmer wären wir schon zufrieden gewesen, oder mit einem Platz in einer Scheune im Heu. Bitterkeit stieg in uns auf. Die Dunkelheit brach schon herein und wir wussten noch immer nicht, wo wir unsere müden Glieder ausstrecken konnten. Für meine Mutter war die Lage besonders notvoll. Der Geburtstermin war schon erreicht und sie sah ihrer schweren Stunde mit Bangen entgegen. Vor uns lag Königerode. Würden wir hier eine Zufluchtstätte finden? Unsere Situation war hoffnungslos. Wir mussten weiterfahren. SS-Soldaten bevölkerten dieses schöne Dorf. Rechts der Straße sahen wir in der Dunkelheit noch einen Kirchturm in den Himmel ragen. So bogen wir ab und landeten in Braunschwende. Mein Vater ging von Haus zu Haus und bat bei den Bauern um eine Unterkunft für die Nacht. Aber alle Häuser waren schon mit Flüchtlingen überbelegt. So suchten wir im einzigen

Gasthof einen Platz für die Nacht. Er war mit Militär übervoll ausgelastet. Aber irgendwo fanden wir neben den Soldaten noch ein Bett für meine Mutter. Sie hatten ein Herz für sie, denn es war nicht zu übersehen, dass die Stunde der Geburt näher rückte. Wir Kinder holten uns unser Federbett vom Wagen und legten es auf die Holzdielen. Todmüde schliefen wir sofort ein. Als wir am nächsten Morgen erwachten, hatten sich die Soldaten alle aus dem Staub gemacht. Sie müssen wohl panikartig aufgebrochen sein, denn auf den Betten und in den Spinden lagen noch ihre Sachen: Rasierzeug, Schuhe, Fotos und auch Lebensmittel, über die wir uns besonders freuten, denn unsere Mägen waren leer. Es war uns zumute, als habe uns Gott ein Manna gerichtet.

Aber der Gastwirt gab uns gleich zu verstehen, dass wir nicht länger in seinem Saal bleiben dürften. Wieder ging die Sucherei los. Gegenüber dem Löschteich stand ein unbewohntes Haus. Dort wurden Altmaterialien gelagert. Mein Vater schaute sich das etwas verwahrloste Haus an und war entschlossen, hier Quartier zu beziehen. Sofort machte er sich mit den Knechten an die Arbeit, sämtliche Lumpen, Knochen, Eisenteile und Papierballen aus den Zimmern zu schaufeln. Wir alle halfen mit und innerhalb eines Tages hatten wir das ganze Haus von Unrat befreit. Ein freundlicher Bauer überließ uns etwas weiße Farbe und unser Stachow tünchte sofort die Wände. Aus hygienischen Gründen war dies dringend nötig. In der angrenzenden Scheune fanden wir einen alten gusseisernen Herd und schlossen ihn an. Unsere Wagenbretter dienten uns als Unterlage für unsere Schlafstatt. Elektrisches Licht und fließendes Wasser waren nicht vorhanden, aber im Hof war ein tiefer Brunnen und so hatten wir alles, was wir zum Leben nötig hatten. Heute staune ich, wie anspruchslos wir damals waren. Wir waren dankbar, wenn wir unsere nackte Haut retten konnten. Todmüde sanken wir an diesem Abend auf unsere Lagerstatt, aber der Beschuss durch feindliche Truppen war so stark, dass wir kein Auge zumachen konnten. Am nächsten Morgen drang die Nachricht bis zu uns durch, Königerode sei von der SS bis auf den letzten Mann verteidigt worden. Kein Haus sei unbeschädigt geblieben. Noch immer steige der Rauch aus den Gehöften. Zwei Tage später fuhren die feindlichen Panzer auch durch unser Dorf. Aber bei uns war kein einziger Schuss gefallen. Braunschwende war vom Bürgermeister kampflos übergeben worden. Zum Zeichen, dass nicht gekämpft werden sollte, hatte die Bevölkerung weiße Betttücher aus den Fenstern gehängt. Natürlich waren wir jetzt froh, dass wir auf unserem Fluchtweg in Königerode keine Bleibe gefunden hatten, ja wir dankten Gott für unsere Bewahrung.

Die ersten amerikanischen Truppen, die einmarschierten, waren Schwarze. Zum ersten Mal sah ich Farbige. Jedes Haus wurde nach Soldaten und Waffen durchsucht. Wir hatten große Angst, denn die Propaganda hatte die Russen, Amerikaner, Engländer und Franzosen in schaurigen Geschichten dargestellt. Meine ältere Schwester war 15 Jahre alt und hielt sich in der Scheune im Heu verborgen. Wir hatten wirklich großes Glück, denn uns wurde kein Leid angetan. Ja die Soldaten schenkten uns Kindern Schokolade und Kaugummi. Ringsum wurden die Häuser für die Besatzungsmacht geräumt, wir aber durften in unserer Behausung bleiben. In unsere Räuberbude wollte kein Soldat ziehen. Wer hätte schon in einem Haus ohne Wasser und Licht wohnen wollen? In dieser bedrohlichen Zeit stand uns unser Stachow zur Seite. Da er Pole war, wurde er von den Siegermächten mit vielen Vorteilen bedacht. Er erhielt aus deutschen Armeebeständen Lebensmittel. Er übernahm nun das Kochen und lud uns als Gäste ein. Wie schnell können sich Verhältnisse ändern.

Wenn nun auch die Bombardierung, der Tieffliegerbeschuss und der Kampf aufgehört hatten, so habe ich die Niederlage unseres Volkes als große Schmach und Demütigung empfunden. Wenn die deutschen Soldaten mit erhobenen Händen als Gefangene durch die Dorfstraße geführt wurden, war es mir weh ums Herz. Wie würde es nun mit uns

Deutschen weitergehen? Ich dachte auch an nahe Familienangehörige, die auch Soldaten waren und von denen wir schon lange keine Nachricht erhalten hatten. Was würde mit ihnen geschehen? Lebten sie überhaupt noch? Manchmal warf ich mich auf meine Decke, die auf dem Fußboden lag, und war von Angst wie erstarrt. Nie mehr wieder möchte ich solche Tage erleben.

Geburt und Tod

In der Nacht zum 2. Mai 1945 setzten bei meiner Mutter die Wehen ein. Ein Militärfahrzeug brachte sie in die nächste Klinik nach Wippra. Dort wurde sie von einer Tochter entbunden. Unsere Freude war groß. Wie lange hatten wir auf diese Stunde gewartet. Nun war ein hübsches kleines Mädchen geboren. Wir gaben ihm den Namen Erika. Jeden Tag bettelte ich bei den Bauern des Dorfes, dass sie mir Eier, Milch, Brot und andere nahrhafte Lebensmittel für meine Mutter gäben, denn die Versorgung im Krankenhaus war katastrophal. Einmal schenkte mir unsere Nachbarin sogar ein Täubchen und wir kochten eine kräftige Suppe davon. Es war zwar verboten, das Dorf zu verlassen, aber wir Kinder waren mutig, galt es doch, für die Mutter zu sorgen. Ich wurde auch nie von der amerikanischen Militärpolizei angehalten oder belästigt. Wir bangten um unsere Mutter, denn sie war durch die Strapazen der Flucht sehr elend und schwach. Das größte Problem war das Stillen. Das Baby war zwar ein schönes, großes Kind, aber auch sehr elend. Es hatte keine Kraft zum Trinken und schon nach fünf Tagen starb unser kleiner Schatz. Wir waren entsetzt, als unser Vater mit dem toten Kind zu uns kam.

Auf zwei Wagenbrettern bahrten wir den kleinen Leichnam auf. Da lag das lang ersehnte Geschwisterchen auf einer weißen Windel starr und totenblass auf dem rauen Holz. Wir Kinder waren verzweifelt und untröstlich, weil wir dem schrecklichen Sterben tatenlos hatten zusehen müssen. Dieses zarte, gerade entzündete Lebenslichtlein war jäh wieder erloschen und hatte bei uns Entsetzen ausgelöst. In unserem Schmerz gingen wir auf die Harzwiesen, pflückten Trollblumen und Primeln und schmückten damit das graue, rissige Holz. Schließlich fand ich sogar einen Schreiner, der es nicht übers Herz brachte, mich weinendes Flüchtlingskind unverrichteter Dinge wegzuschicken. Geduldig hörte er mir zu, wie ich mit tränenerstickter Stimme meine Bitte stammelte. Dann versprach er mir, einen kleinen weißen Sarg zu zimmern.

Stachow, unser Knecht, hob mit meinem Vater das Grab aus. Wir Kinder trugen den Leichnam selbst unter viel Weinen und Schluchzen auf den Gottesacker. Es war wohl die kleinste Beerdigung, der ich je beigewohnt habe. Ich verspüre heute noch den Schmerz, wenn ich in Gedanken sehe, wie der kleine weiße Sarg in die Erde hinuntergelassen wurde. Die Schaufel Erde, die polternd auf den Sargdeckel fiel, ließ mich erzittern. So betteten wir das tote Kind auf dem Friedhof Braunschwende in die fremde Erde, stellten ein Holzkreuz darauf und pflanzten ein Tännchen. Ich verstand Gott nicht mehr. Erst gibt er uns das Geschwisterchen und dann nimmt er es wieder. Die Erfahrung des Todes hat mir viel Angst bereitet. Traurig nahm ich den Kinderwagen und das Körbchen und brachte es der Bauersfrau zurück, die mir die Sachen freundlicherweise ausgeliehen hatte. Dankbaren Herzens denke ich an die Menschen in Braunschwende, die mich zu trösten versuchten, mich an ihren Tisch einluden oder für meine Mutter eine Kanne Milch mitgaben. Eine Nachbarin schenkte mir sogar eine große Wurst und holte aus ihrem Garten Salat und Küchenkräuter. Das sind Erfahrungen der Liebe. Sie haben mir ungemein wohlgetan. Es gab Christen, die sich unserer Not annahmen.

In Braunschwende besuchte ich auch den Kindergottesdienst und weiß, wie mich die Geschichten von Jesus innerlich berührten. Mich erfüllte eine tiefe Sehnsucht nach Gott, wenn ich ihn auch nicht immer in seinem Handeln verstand. Wir blieben ungefähr vier Wochen in diesem Harzdörfchen. Täglich ritten wir mit unseren Pferden hinaus in den Wald, um sie zu weiden. Abends saßen wir als Familie zusammen und spielten Karten oder unterhielten uns über unsere Heimat. Am schönsten war es, wenn Vater uns Geschichten erzählte. Wenn die Bauern abends oder morgens ihre Kühe gemolken hatten, machte ich mich mit einer Milchkanne auf

den Weg und bettelte. Ich kann mich nicht erinnern, dass mein Kännchen je leer blieb. Aus diesem
Grund schloss sich mir mein Cousin an: „Lotte, du
machst deine Sache gut, komm, nimm mich mit!"

Ein Neuanfang ist in Sicht

Nach ungefähr vier Wochen in Braunschwende hatten wir uns schon recht gut eingelebt. Auch für unsere Pferde hatten wir eine passende Unterkunft gefunden. Dann sickerte die Nachricht durch, die Länder Thüringen und Sachsen würden von den Amerikanern verlassen und von den Russen besetzt werden. Wir packten sofort unseren Wagen. Diesmal hatten wir nur ein Gespann zur Verfügung. Zwei Pferde waren uns nämlich gestohlen worden und ein Pferd hatte mein Vater verkaufen müssen. Wir waren durch den Verlust von Hab und Gut an Entbehrungen gewöhnt und haben unseren gestohlenen Pferden nicht allzu sehr nachgetrauert. Mein Vater fuhr zur Militärregierung und holte sich die Erlaubnis zur Weiterfahrt. Ein Soldat fragte ihn, wohin denn die Reise gehen sollte. „Ja, nach Westen, immer nach Westen", lautete seine Antwort. „Aber in welche Stadt?" In diesem Augenblick fiel ihm der Ort Bebra ein. Dorthin waren Flüchtlinge gereist und hatten ihm diesen Namen genannt. Nun stand auf unserem Passierschein „Bebra". Aber wo lag Bebra? Wir suchten auf unserer Landkarte und waren glücklich, als wir Bebra tatsächlich in Grenznähe zu Thüringen in Hessen fanden. So brachen wir auf und verließen Braunschwende, den Ort, der uns so tiefgreifende Ereignisse, aber auch herzliche Liebe und Verstehen durch die Dorfbewohner beschert hatte. Diesmal ließen wir unseren Stachow zurück. Er hatte Vater gebeten, doch wieder nach Polen zu seiner Verlobten reisen zu dürfen. Unser polnischer Knecht hat uns sehr viel Gutes getan. Wie treu hat er unsere Pferde versorgt und gepflegt, so als wären sie seine eigenen. Von seinen Lebensmitteln, die sehr reichhaltig waren und aus deutschen Armeebeständen stammten, hat er an uns abgegeben. Es hat uns schon mit Wehmut erfüllt, als wir uns von ihm trennen mussten.

So fuhren wir los, unserem neuen Reiseziel entgegen. Der Juni war schon angebrochen und an den Straßenbäumen wurden die ersten Kirschen reif. Manchmal hielt mein Vater unter einem solchen Baum an und wir pflückten uns die herrlichen Früchte, das erste frische Obst. An den Straßengräben mähten wir Gras und fütterten damit unsere Pferde. Die Fahrt verlief ohne Zwischenfälle.

So gelangten wir bis nach Wanfried. Auf einem Gut machten wir Rast. In einer Scheune im Heu richteten wir unser Quartier ein. Das Wetter war sommerlich warm und wir erlebten in der Werra unsere ersten Badefreuden. Auf einem Wehr, das mit herrlich weichem Moos bewachsen war, rutschten wir hinunter. Welch ein Spaß! Fünfzig Jahre später fuhr ich zufällig wieder an diesem Wehr vorbei. Lebhaft konnte ich mich an die wunderschönen Tage in Wanfried erinnern.

Unser Reiseziel hatten wir nun fast erreicht. Wo würden wir Aufnahme finden? Wo könnte Vater arbeiten? Er fuhr mit dem Fahrrad in der Gegend umher und auf dem Gut Mischels in Breitenbach bei Bebra wurde er fündig. Mit seinen Pferden sollte Vater helfen, das Land zu bewirtschaften. Hätte er Mutter nicht an seiner Seite gehabt, wäre dieses Wagnis nicht gelungen. Vater hatte zwar Agrarwissenschaften studiert, aber diese Arbeiten nie praktisch auf den Feldern verrichtet. Es war eine gewaltige Herausforderung für ihn. Aber Mutter stand ihm tapfer zur Seite und gemeinsam waren sie stark. Meine Mutter zeigte ihm, wie die Pferde vor den Pflug gespannt wurden und wie die Sämaschine zu bedienen war. Sie war ständig an seiner Seite und hat neben der Versorgung der großen Familie Außerordentliches geleistet. Die Zeit auf dem Gut in Mischels dauerte ein knappes Jahr. Es war besonders die Gutsherrin, Frau Ritter, die sich unserer Not annahm. Sie ließ ihre Beziehungen spielen und sorgte dafür, dass wir Kinder unsere ersten Mäntel erhielten. Die dunkelblauen Mantelstoffe hatte sie selbst aus der Fabrik besorgt. Frau Ritter blieb uns bis zu ihrem Tod verbunden. Sie war eine wunderbare Frau und Helfen gehörte zu ihrem Leben.

Im Jahr darauf machte sich Vater selbständig. Er gründete ein Fuhrunternehmen. Es war ein mühsamer Anfang mit vielen Entbehrungen. Vater holte mit unseren Pferden Holz aus dem Wald, schleifte Baumstämme – eine schrecklich gefährliche Arbeit –, pflügte für die Kleinbauern die Felder und half ihnen, die Ernte einzubringen. Die einzelnen Haushalte erhielten ihre Zuweisungen an Brennholz. Wurden die Holzzettel auf dem Bürgermeisteramt ausgegeben, dann musste ich mich sofort auf den Weg machen und von Haus zu Haus gehen und fragen, ob mein Vater den Leuten das Holz holen dürfe. Dies war keine leichte Aufgabe, manchmal genierte ich mich, aber wie gut, dass ich auf unserem Fluchtweg das Betteln gelernt hatte, so war mein Bemühen doch vom Erfolg gekrönt. Ich war stolz, wenn ich recht viele Kunden hatte anwerben können. Ich hatte das Gefühl, Großes für meine Familie zu leisten. Das machte mich mutig. So lernte ich auch viele Menschen kennen – gute und böse.

Als Vater meine Tüchtigkeit erkannte, wies er mir eine andere, noch schwierigere Aufgabe zu. Ich musste von sogenannten „faulen Kunden" das Geld eintreiben. Dies war ein sehr unliebsames Unterfangen. Manchmal musste ich zwei- oder dreimal bei solch zögerlichen Zahlern aufkreuzen, bis ich die paar Mark, die sie uns schuldeten, in der Tasche hatte. Aber ich ließ nicht locker, wir wollten doch überleben.

Bald schon nach dem Zusammenbruch Deutschlands wurden auch wieder die Schulen geöffnet. Ich besuchte den Unterricht bei Lehrer Blättner. Er war klein von Statur und hatte weißgraues Haar. Ich hatte bei ihm das Gefühl, überhaupt nicht beachtet zu werden. Wir waren ja als Flüchtlingskinder neu in der Klasse und besaßen auch keine Bücher, Hefte oder Schulranzen. Es war eine schrecklich arme Zeit. Einzelne leere Blätter waren mein ganzes Schulmaterial. Obwohl ich früher eine sehr eifrige Schülerin gewesen war und für mich feststand: „Ich werde einmal Lehrerin", verlor ich nun alle Lust am Lernen. Aber das änderte sich mit einem Schlag. Wir sollten das Gedicht „Der Knabe im Moor" von Annette von Droste-Hülshoff lernen. Ein Schüler nach dem anderen kam an die Reihe, aber über ein Stottern und Stammeln kamen sie nicht hinaus. Schließlich wurde auch ich in der letzten Reihe aufgerufen. Ich habe schon von jeher gerne Gedichte auswendig gelernt und konnte alle Strophen fehlerfrei aufsagen. Mein Vater hatte zudem mit mir noch die Betonung und die Klangmalerei eingeübt. So begann ich laut und deutlich:

O, schaurig ist's, übers Moor zu gehn,
wenn es wimmelt vom Heiderauche,
sich wie Phantome die Dünste drehn
und die Ranke häkelt am Strauche,

unter jedem Tritte ein Quellchen springt,
wenn aus der Spalte es zischt und singt,
o, schaurig ist's übers Moor zu gehn,
wenn das Röhricht knistert im Hauche!

Plötzlich horchte der Lehrer auf. Die Art des Vertrags gefiel ihm. Von nun an gehörte ich auch zu den Guten in der Klasse und wurde gelobt. Von der hintersten Reihe wurde ich nach vorne versetzt. So gewann ich die Lust am Lernen wieder. Noch heute liebe ich das Gedicht „Der Knabe im Moor". Für mich war dies ein großartiges Erfolgserlebnis.

Den Gutshof Mischels hatten wir verlassen und waren nach Breitenbach gezogen. Opa Becker nahm uns in sein Haus auf. Weit öffnete er seine Tür, gab uns eine große Küche und eine Kammer dazu. Später richtete er noch im ersten Stock ein kleines Zimmer für uns ein. Freundlich wurden wir von ihm und der Familie seines Sohnes empfangen und auch sogleich in die Bibelstunde eingeladen, die jeden Donnerstagabend in seiner Wohnung stattfand. Es war Gottes wunderbare Führung, dass wir gerade in dieses Haus kamen. Der Weg zum Evangelium war uns nun gebahnt. Opa Becker, sein Sohn und auch seine Schwiegertochter waren wunderbare Menschen. Sie haben an uns viel Gutes getan. Wenn sie ein Schwein schlachteten, dann durften wir uns Fleischbrühe holen und meist schwamm darin noch ein großes Stück Fleisch. Manchmal bekamen wir Milch geschenkt oder eine rote Wurst. Wie oft stellte Opa Becker ein Schüsselchen mit Kochkäse auf unseren Küchentisch oder Gemüse aus dem Garten. Sogar für unsere Pferde schuf er Platz in seinem Stall. Opa Becker war von Beruf Stellmacher. Als Vater mit dem Holzfahren begann, hat er ihm die Leitern für seinen Wagen gezimmert. In einer Zeit, in der es nichts zu kaufen gab, war dies eine ungeheuer große Tat.

Manchmal rief uns Opa Becker in seine Küche: „Kinder, heute gibt es Zwetschgenkuchen!" Das ließen wir uns nicht zweimal sagen und setzten uns schnell an den Tisch. Wir lernten ihn lieben wie unseren eigenen Großvater, der so weit weg wohnte.

Und dann kam Weihnachten 1945. Es war das ärmlichste Fest, das ich je in meiner Familie gefeiert habe. Wir hatten keine Geschenke, keine Plätzchen, keinen Tannenschmuck. Mein Vater hatte aus dem Wald ein kleines Tannenbäumchen mitgebracht und auf den Küchentisch gestellt. Statt Lametta und glitzernden Kugeln lagen die Fotos von unseren Lieben, die im Krieg gefallen oder vermisst waren, um den Christbaum. Wir standen in einem Kreis versammelt und sangen unsere alten Weihnachtslieder, so wie wir sie in Bessarabien auch gesungen hatten: „Süßer die Glocken nie klingen als zu der Weihnachtszeit". Meiner Mutter liefen die Tränen über die Wangen, wenn sie an ihr Kind dachte, das sie hatte sterben sehen. Eine große Traurigkeit fiel auf uns. Plötzlich klopfte es an die Tür. Opa Becker stand vor uns: „Heute ist Weihnachten und wir haben allen Grund, uns zu freuen. Christus ist geboren! Ich lade euch alle ein, mit uns bei meinem Sohn im Nachbarort Weihnachten zu feiern." Bei uns gab es ein großes Hallo. Schnell zogen wir uns an und dann hüpften und sprangen wir über die Wiesen, nach Weiterode im Nachbarort. Dort wurden wir von Christen empfangen, als wären wir die allerliebsten Gäste. Auf dem Tisch standen lauter herrliche Leckerbissen: Schinken, Wurst, Käse, Kuchen und Plätzchen. Dann sangen wir die alten Weihnachtslieder – nun voller Freude. Der Sohn von Opa Becker las die Weihnachtsgeschichte und hielt eine kurze Andacht. Dann betete er noch mit uns. Unsere Freude kannte keine Grenzen. Erst sehr spät kamen wir nach Hause und waren glücklich, weil Christen mit uns Weihnachten gefeiert haben. So hat Gott uns immer wieder Menschen in den Weg gestellt, die uns viel Gutes und Liebes getan haben.

Zu ihnen gehört auch das Pfarrerehepaar Scheffer. Wie hat es sich bemüht, uns mit dem Allernotwendigsten zu versorgen. Wir waren ja so arm wie eine Kirchenmaus. Im Sommer verdiente mein Vater etwas Geld mit Holzfahren, 5 Mark pro Raummeter. Auf seinen Wagen konnte er aber nur anderthalb Raummeter aufladen. Es lässt sich sehr leicht ausrechnen, wie gering der Verdienst war. Das Holzfahren war ein höchst schwieriges und zudem gefährliches Unternehmen. Oft mussten wir Kinder, als wir herangewachsen waren, mit Hand anlegen. Querfeldein ging die Fahrt über Stock und Stein durch den holprigen Wald. Die Wege waren auch mit tiefen Schlaglöchern übersät. Meist musste ich das Bremsen übernehmen. So lief ich hinter dem Wagen her und drehte die Bremsen auf und zu. Dabei musste ich aufpassen, dass ich nicht stolperte und hinfiel. War ich unten am Berg angelangt, dann hatte ich oft Tränen in den Augen, weil mir die Angst so viel zu schaffen machte. Wurden die Wege besser, dann durfte ich vorne neben Vater aufsitzen. Wieder hat er Geschichten erzählt, wahre, spannende Geschichten. Er war wirklich ein Meister im Geschichtenerzählen. Manchmal fuhren wir ein oder zwei Stunden durch den herrlichen Wald und ich lauschte seinen Erzählungen. Kein Kind hätte glücklicher sein können als ich. So war es für mich oft sehr anstrengend, mit Vater zu arbeiten, aber auch herrlich zugleich. War er am Ende einer Geschichte angekommen, dann plapperte ich gleich los: „Papa, erzähl weiter, immer weiter!" Ich war ganz stolz auf meinen Vater, auch wenn er in dieser Zeit als armer Flüchtling von anderen wenig geachtet wurde. Von dem geringen Erlös durch das Holzfahren musste noch der Tierarzt bezahlt werden, wenn unsere Pferde krank wurden, oder auch eine Reparatur des Geschirrs oder des Wagens. Was die Pferde im Sommer verdienten, fraßen sie im Winter mit dem Hafer und Heu, das wir kaufen mussten, wieder auf. Wir litten auch Hunger und als Pausenbrot konnte ich manchmal nur zwei kleine Pellkartoffeln im Ranzen finden. Diese Geldnot hat mir schwer zu schaffen gemacht und ich musste manchmal auch betteln gehen. Wir waren nicht krankenversichert und unsere Ärztin hatte Mutter eine Medizin verschrieben, die sie dringend brauchte. An vier Türen klopfte ich vergeblich an und erst an der fünften lieh mir Frau Schade fünf Mark. Ich lief, so schnell ich konnte, nach Bebra in die Apotheke und besorgte die Arznei. Ich fühlte mich als Lebensretter, als ich meiner Mutter die Tropfen bringen konnte.

Alle diese notvollen Erfahrungen haben mich lebenstüchtig gemacht. Früh lernte ich, Verantwortung für meine Familie zu übernehmen. Jeder in der Sippe musste dazu beitragen, dass wir überlebten.

An den langen Winterabenden wurde Sirup aus Zuckerrüben gekocht. Wir waren glücklich, wenn Vater irgendwo einen Zentner Rüben erstehen konnte. Dann saßen wir alle in einer großen Runde in der Küche, putzten und wuschen die Rüben und kochten sie in einem großen Kessel im Keller. Ich wurde losgeschickt, um eine Presse bei den Bauern auszuleihen. Stolz schleppte ich die Saftpresse auf einem Handwagen herbei. „Meine Lotte schafft's!", lobte mich mein Vater. Bis spät in die Nacht wurde dann aus dem ausgepressten Saft Sirup gekocht.

Lustig war auch immer am Samstag das Baden. Quer durchs Zimmer spannte meine Mutter eine Leine und hängte eine Decke darüber. Auf dem Kohleherd dampfte das Wasser in mehreren Töpfen.

Einer nach dem anderen stieg in die ausgeliehene Zinkwanne. Wer sein Bad genommen hatte, saß bei Vater auf dem Bett. Bei unserem Pfarrer Scheffer durften wir uns aus seiner großen Bibliothek jede Woche einige Bücher ausleihen. Dann hockten wir dicht gedrängt in der Küche und lasen Schillers oder Goethes Dramen in verteilten Rollen. Dabei achtete Vater darauf, dass wir den Text gut betonten, und so habe ich sehr früh das Deklamieren gelernt. Wunderbare Stunden verlebten wir mit Don Carlos, mit Schillers Egmont, und wenn ich an das Drama Stella denke, dann empfinde ich noch heute die Tränen, die mir damals über die Wangen rollten. Nicht immer habe ich die Tragödien ganz verstanden, aber in den Gesprächen, die folgten, wurden mir die Stücke doch erschlossen. Ich habe beim Lesen viel Freude erfahren und wahrscheinlich rührt von dieser Zeit her meine Liebe zum Buch.

Im Pfarrhaus durften wir uns einmal auch gebrauchte Kleidungsstücke holen. Sie stammten aus einer Spende aus Amerika. Leider war für mich nichts Passendes dabei, aber meine Mutter und auch meine älteste Schwester fanden herrliche Kostüme, Röcke und Blusen. Als Alide dann noch ein paar braune Pumps ergatterte und damit stolz wie ein Model durchs Zimmer lief, zählte sie von dem Zeitpunkt an zu den Erwachsenen.

Kurz nach Kriegsende trafen auch die ersten

Carepakete aus Amerika in Deutschland ein. Hier und da kamen Leute in den Genuss von Köstlichkeiten, von denen der Normalsterbliche nur träumen konnte. Auch meine Tante Anna erhielt jeden Monat von ihrem Bruder ein solches Paket. Wir hatten leider keine Verwandten über dem Ozean und gingen leer aus. Es machte mich richtig traurig, wenn Tante Anna voller Freude erzählte: „Heute hat uns der Briefträger wieder ein Carepaket gebracht." Manchmal lud sie uns auch zu einer Kostprobe ihrer vielen Leckerbissen ein.

Es gab einen Tag, den werde ich mein Leben lang nicht vergessen. „Herr Hannemann, auf der Post liegt ein Paket für Sie. Es war zu groß, als dass ich es Ihnen hätte ausliefern können. Holen Sie es bitte selbst ab!" Zweimal ließen wir uns dies vom Postboten nicht sagen. Wir rannten alle mit Vater um die Wette. „Ein Paket, ein Paket aus Amerika ist da", riefen wir fast allen Vorübergehenden zu. „Wer könnte uns bedacht haben?", rätselten wir. Und dann nahmen wir es auf der Post entgegen. Es war wirklich groß, riesengroß. Aber für uns hätte es gar nicht groß genug sein können. Wir Kinder fassten alle mit an und vereint trugen wir es nach Hause. Wir sprangen, hüpften, jubelten und drängten auf schnellstem Weg zur Mutter, die daheim auf uns wartete. Mit einem scharfen Messer schnitt Vater die Stricke durch und löste das Packpapier. Wir standen dicht um ihn herum, als er den Karton öffnete, und waren wie verzaubert, als der Inhalt zum Vorschein kam, und staunten mächtig. Ehe wir aber die einzelnen Geschenke auspackten, stimmte Vater erst mal ein Lied an und wir alle sangen nun: „Nun danket alle Gott mit Herzen, Mund und Händen." Nie werde ich das Glücksgefühl vergessen, das ich beim Singen empfand. Vor uns lag ein Paket aus Amerika und wir wussten noch nicht einmal, wer uns diese Wohltat hatte zukommen lassen. Später erfuhren wir, dass ein weitläufiger Verwandter meiner Mutter aus Alberta in Kanada unsere Adresse ausfindig gemacht hatte. Ach, was packten wir da alles aus! Dosen mit Schmalz – Fett war damals heiß begehrt –, Wurst, Schokolade, Zucker, Kakao, eine große Tüte mit Bonbons, warme Kleider, Schuhe, Erdnussbutter und noch vieles mehr. Mich freute vor allen anderen Dingen, dass an der Seite ein kleines Handtäschchen steckte, das mit Pralinen gefüllt war. So etwas Feines hatte ich noch nie gesehen, geschweige denn gegessen. In uns stieg Dankbarkeit auf und wir lebten in dem Bewusstsein: Wir sind von Gott noch nicht vergessen. Meiner Mutter standen Tränen in den Augen.

Wunderschön waren die Sommermonate. Ganze Scharen von Männern, Frauen und Kindern machten sich auf den Weg, um im Wald nach Heidelbeeren und Himbeeren zu suchen. Morgens früh so gegen halb sechs war Abmarsch. Mit unseren Bechern, Milchkannen und Eimern rückten wir aus. Am Spätnachmittag kehrten wir mit unseren vollen Gefäßen nach Hause zurück. Dann wurden die Beeren verlesen, gewaschen und zu Marmelade und Kompott verarbeitet. Ich hatte das besondere Glück, dass mir eine Ärztin die Beeren abkaufte und auch gut bezahlte. 40–60 Pfennige bekam ich fürs Pfund. Das war mein erstverdientes Geld, das in unsere gemeinsame Haushaltskasse floss. Mein Eifer war damit angestachelt worden, dass ich für meine Familie Großes leistete. Einmal durfte ich auch den Tageserlös behalten und fuhr damit auf eine christliche Jugendtagung vom EC, was bedeutet: Entschieden für Christus. Aber das war einige Jahre später, als schon die DM eingeführt war.

Im Herbst zogen wir wieder in die Wälder und sammelten Bucheckern. Wir konnten sie abliefern und dafür Öl eintauschen. Ich war vom Glück begleitet und entdeckte oft Bäume mit besonders großen Eckern. So füllten sich meine Gefäße schnell.

Ich war immer ein sehr schwaches Kind und litt an Unterernährung und Blutarmut. Deshalb wurde ich zum Arzt geschickt und bekam eine Sonderzuteilung an Essensmarken: Butter, Milch, Fleisch und Haferflocken. Der Amtsarzt in Rotenburg musste mich auch noch begutachten. Jedes Vierteljahr wiederholte sich mein Gang zu den Ärzten. Es gab Zeiten, da ich mich kaum auf den Beinen halten konnte, so schwach war ich. Dann legte ich mich ins Bett und brachte viele Stunden mit Lesen zu. Ich kann nicht sagen, dass ich darüber traurig gewesen wäre. Ich lebte in der Welt von Heidi, Pucki und in den Werken von Erich Kästner. Später vertiefte ich mich in die Romane von Ganghofer und Gulbranson. Ich habe diese Bücher regelrecht verschlungen und habe geweint und gelacht, gerade so, wie das Leben spielte. Im Sommer ging es mir immer besser. Da verspürte ich keine rheumatischen Schmerzen in der Hüfte und litt auch nicht an langwierigen Erkältungen. Halsentzündungen hasste ich. Mit einem besonderen Hausmittel wurde ich kuriert. Ich musste mit einem Strumpf heißer Kartoffeln um den Hals im Bett liegen. Half diese Prozedur nicht, dann pinselte mir Vater mit einer Jodlösung den Hals aus. Für mich kam diese Rosskur einer Folter gleich. Aber sie hat geholfen. Nahte im Juni die Heuernte, dann gingen wir zu den Bauern auf die Wiesen. Auch beim Rübenhacken und Verziehen der Pflänzchen half ich mit. Dafür erhielten wir von der Bäuerin herrlichen Schmandkuchen mit Kirschen.

Lilli wird geboren

Am 4. Dezember 1946 wurde meinen Eltern noch eine Tochter geboren, also die fünfte in unserer Familie. Unser Hauswirt, Herr Becker, der zu den wenigen Leuten zählte, die ein Auto besaßen, brachte meine Mutter ins Krankenhaus nach Hersfeld. Dieses Fahrzeug wurde mit einem Holzvergasermotor angetrieben. Aber dieses Vehikel hat sich bewährt und kam rechtzeitig in der Klinik an. Als wir mittags aus der Schule kamen, hörten wir die frohe Nachricht. Unsere Freude über die kleine Lilli war groß. Vonseiten der Dorfbewohner erfuhren wir viel Gutes.

Auch Frau Pfarrer Scheffer besuchte meine Mutter, brachte Mullwindeln und ein Glas mit Zwetschgen. Ab und zu standen eine Kanne Milch oder eine Schüssel mit Pudding oder ein paar Eier vor unserer Tür. Die Versorgung mit Lebensmitteln war immer noch sehr knapp. Es war die Zeit, da der Schwarzhandel blühte. Aber wir hatten halt wenig zum Tausch anzubieten. Zum Glück hatte Vater noch die Riemen von unserer Dreschmaschine auf den Wagen geworfen, als wir uns auf die Flucht begaben. In einer Mühle konnte er dafür einen halben Zentner Mehl einhandeln. Dieser Sack Mehl hat uns sehr geholfen, als uns einmal die Lebensmittelkarten gestohlen wurden und wir keinen Ersatz dafür bekamen. Und dann war da noch Opa Becker, der uns nie im Stich gelassen hat. Er handelte nach dem Wort der Bibel: „Nehmet einander an, wie Christus uns angenommen hat."

Unsere kleine Lilli war zwar ein zartes Baby, aber es gedieh prächtig. Ich kann mich nicht mehr daran erinnern, ob wir überhaupt einen Kinderwagen besessen haben. Ich weiß nur, dass wir unser Geschwisterchen viel auf dem Arm herumgetragen haben. Fuhren wir zur Arbeit auf die Felder, dann nahmen wir Lilli immer mit. Auf der Erde breitete meine Mutter eine Decke aus und setzte das Kind darauf. Nur einmal erlebte Lilli einen großen Schrecken. Ein heftiger Donnerschlag kündigte ein Gewitter an. Lilli war davon aufgeweckt worden, stellte sich auf die kleinen Beine, ergriff einen Zipfel der Decke und lief uns heulend auf dem Feld entgegen. Mehrmals stolperte sie über die Schollen, aber sie erreichte ihr Ziel und Mutter nahm ihr Kleines auf den Arm.

Der Sommer 1947 kündigte sich mit einer Hitzeperiode und einem großen Sterben an. Innerhalb von 14 Tagen waren sieben Säuglinge verstorben. Der Arzt diagnostizierte Magen-Darm-Störungen. Die Milch, die ab Mittag im Laden zu kaufen war, war meistens schon sauer. Dadurch war es zu Verdauungsstörungen gekommen und bei den Säuglingen hat dies zum Tod geführt. Angst überfiel uns. Würde unser kleiner Schatz am Leben bleiben? Ich machte mich auf den Weg zu den Bauern. In der Hand trug ich ein graues Milchkännchen. Jeden Abend steuerte ich einen anderen Hof an und bettelte um Milch. Nicht ein einziges Mal wurde ich abgewiesen. Ich bin den Bauern Wetterau, Schade, Boley und Becker noch heute sehr dankbar, obwohl sie nicht mehr unter den Lebenden weilen. Sie haben mit ihrer Großherzigkeit meiner Schwester das Leben gerettet. Es war ja nicht erlaubt, die Milch vom Hof weg abzugeben, sondern sie musste an die Molkerei geliefert werden. Dies muss ich unbedingt erwähnen, um ihr Handeln noch besser würdigen zu können. Ihre Freundlichkeit und Güte brachten es nicht übers Herz, ein bettelndes Flüchtlingsmädchen mit leerer Kanne heimzuschicken. Heute ist Lilli verheiratet und Mutter von sechs Kindern. Sie hat nach dem Abitur Medizin studiert und ihren Doktortitel mit „summa cum laude", einer besonderen Auszeichnung, erworben. Sie arbeitet als Nervenärztin in einer Klinik. Für mich ist Lilli nach dem Tod der kleinen Erika ein Wunder, denn sie blieb uns in schwerer Zeit erhalten.

Wenn in unseren Tagen manche Frauen sagen, sie könnten ihr Kind nicht austragen, sie müssten es abtreiben lassen, weil die Lebensbedingungen so schlecht seien, dann macht mich dies ganz traurig. Wie viel Mut haben die Mütter in der Kriegs- und Nachkriegszeit bewiesen und ihren Kindern zum Leben verholfen. Ihre Hoffnung war groß. In unserem Wirtschaftswunderland wird auf sehr hohem Niveau geklagt und gejammert. Das Leben eines Kindes wird nicht geachtet und so nimmt man ihm das Leben. Wie vielen wertvollen Menschen wird heute die Chance zum Leben genommen. Unser Volk fügt sich selbst Schaden zu. Wie sollen wir dies einmal vor Gott verantworten? Auch Beispiele aus der Geschichte lehren uns, wie wertvoll ein Mensch ist. Zwei will ich anführen:

Ein Prediger und seine Frau hatten schon 14 Kinder. Nun stellte sich heraus, dass die Mutter wieder schwanger war. Die Familie lebte in unvorstellbarer Armut, aber sie sagte auch zu diesem 15. Kind Ja! John Wesley wurde geboren. Er zählt zu den größten Evangelisten des 19. Jahrhunderts. Für Millionen von Menschen wurde er zum Segen und gründete die Methodistenkirche.

Der Vater ist chronisch krank, die Mutter leidet an Tuberkulose. Das Paar hat schon vier Kinder. Das erste davon ist blind. Das zweite ist kürzlich verstorben, das dritte ist gehörlos und das vierte auch an Tuberkulose erkrankt.

Nun stellt die Mutter fest, dass sie wieder schwanger ist. Sie könnte in Angst und Traurigkeit fallen, aber sie beweist Mut. Dieses fünfte Kind wurde als der große Musiker und Komponist Ludwig van Beethoven geboren.

Ähnliche Geschichten ließen sich noch weiter anführen, aber ich will ja von meinem Leben erzählen.

Auf dem „Dicken Rück" war ein größeres Gut. In der Nähe arbeitete ich auf den Feldern und las Kartoffeln auf. Dabei kam ich auch am Obstgarten vorbei. Unter einem Apfelbaum lagen viele Äpfel. Ich ging zur Bäuerin und fragte, ob ich denn die heruntergefallenen Äpfel auflesen dürfte. Sie lachte, holte eine Harke und schüttelte damit kräftig die Äste. Ein wahrer Segen von Äpfeln fiel herab. Meinen Rucksack hatte ich schnell gefüllt. Die restlichen Früchte versteckte ich unter einem Grashaufen und holte sie mir später ab. Zu Hause wurde ich mit einem großen Hallo begrüßt. Als ich dann noch erzählte, ich müsste noch mindestens zweimal gehen, bis ich alle Äpfel nach Hause geschleppt hätte, begleitete mich mein Vater. Unsere Freude war überschwänglich. Drei Rucksäcke voller Äpfel – das kam einem Wunder gleich.

Im Herbst durfte ich meinen Vater auf einer Fahrt nach Süddeutschland begleiten. Wir wollten Verwandte im Raum Stuttgart besuchen. Auf der Heimfahrt hatten wir einen ganzen Sack voll herrlicher Tafeläpfel in unserem Gepäck. Das Umsteigen und die Fahrt in überfüllten Zügen war beschwerlich. Aber unser Glück, so viel wunderbares Obst geschenkt zu bekommen, kannte keine Grenzen. Nun durfte ich zu den beiden Pellkartoffeln als Pausenbrot noch einen Apfel mitnehmen. Unser Vorrat reichte bis Weihnachten.

Auf dieser Fahrt besuchten wir auch in Marbach das Geburtshaus von Friedrich Schiller. Es hat mich sehr beeindruckt. Einer der größten deutschen Dichter wurde in solch ärmlichen Verhältnissen geboren. In der Schule schrieb ich später einen Aufsatz über dieses Erleben. Er wurde mit „sehr gut" benotet. Vater hatte mir auf der Heimfahrt viele Ereignisse aus dem Leben dieses großen Deutschen erzählt und in mir das Verlangen geweckt, auch seine Werke kennenzulernen. Es blieb leider die einzige Reise, die ich zusammen mit meinem Vater unternommen habe. Der Broterwerb forderte alle unsere Zeit und Kraft und das Geld blieb über viele Jahre Mangelware.

Wenn das letzte Grummet abgefahren war, durften wir unsere Pferde auf die Wiesen treiben. Abends holten wir sie dann heim. Stolz ritt ich bis in den Stall. Es war an einem kalten Novembertag. Mit Vater wollte ich die Pferde heimholen. Wir suchten sie vergeblich auf der Weide. Der Nebel verhüllte alles wie in ein graues Tuch und wir konnten kaum zehn Meter weit blicken. Die Nacht brach herein. Wir rannten auf den Weiden herum, riefen die Namen der Pferde, aber all unser Bemühen war vergeblich.

Onkel Rudolf und meine beiden Vettern kamen uns noch zu Hilfe. Bis weit nach Mitternacht setzten wir unsere Suche fort. Die Pferde waren unser einziges Hab und Gut, was uns noch geblieben war. Waren uns die Tiere gestohlen worden? Recht niedergeschlagen traten wir den Heimweg an. In dieser Nacht konnte keiner von uns schlafen. Plötzlich hörte ich das Getrappel von Hufen. Wir sprangen aus den Betten. Vor der Stalltür standen Lisa, Wanda und der Schimmel. Ganz allein hatten sie den Weg zurück in ihre Boxen gefunden. Welch ein glücklicher Augenblick für uns!

Zehn Morgen Pachtland

In unserem Ort wurde Land zum Pachten angeboten. Vater griff gleich zu, um sich und seiner großen Familie den Lebensunterhalt zu sichern. So bewirtschafteten wir zehn Morgen auf dem Dachsfeld. Meine erste Aufgabe bestand im Steinelesen. Ich sehe mich noch heute, wie ich als zartes Kind barfuß über den Acker lief. In der Hand hielt ich einen Drahtkorb. Meine Fußsohlen waren mit einer dicken Hornhaut überzogen. Ich konnte über Stoppeln und Steine laufen, ohne dass ich einen Schmerz verspürte. Schuhe waren Mangelware und sie durften erst angezogen werden, wenn es draußen kalt wurde. Oft war mir die Arbeit zu schwer, dann weinte ich und wollte nach Hause gehen. „Papa", bettelte ich, „darf ich jetzt aufhören?" „Kind, wenn du deine zwanzig Körbe vollgelesen hast, dann darfst du zur Mama gehen", war seine Antwort. Vater war in seiner Erziehung sehr konsequent und ließ sich durch nichts erweichen. Damals habe ich seine Strenge nicht verstanden, heute aber danke ich ihm für seine unnachgiebige Haltung.

Ich habe sehr früh gelernt, beharrlich an einer Arbeit zu stehen, bis ich sie fertiggebracht habe. Nur nicht so schnell die Brocken hinschmeißen, lautet meine Devise.

Wenn ich zum Beispiel heute an einem Buch schreibe und mir die Lust fehlt – solche Tage gibt es wohl bei jeder geistigen Arbeit –, dann hilft mir mein Durchhaltevermögen. Mir klingt Vaters Satz in den Ohren: „Kind, wenn du deine zwanzig Körbe vollgelesen hast, dann ..." Ich hätte wohl auch nicht meine schulischen Ziele erreicht, wenn ich nicht so hart gegen mich selbst gewesen wäre. Ich war nicht sonderlich begabt und musste eisern lernen. Hinzu kam noch die große Müdigkeit, denn ich habe die meiste Zeit auf dem Dachsfeld beim Rübenhacken oder Kornernten oder Kartoffellesen oder Ackerpflügen zugebracht. Abends fiel ich todmüde ins Bett, aber morgens um fünf weckte mich mein Vater, damit ich meine Schulaufgaben erledigen konnte. Das war schon eine harte Zeit, aber sie hat mich herausgefordert, alles zu geben.

Der Ertrag auf den Feldern war oft kärglich. Es gab verregnete Sommer, wo das Getreide in Gefahr war auszuwachsen. Wir mussten dann regelrecht die Garben vom Feld stehlen. Mein Onkel und mein Vetter halfen uns manchmal bei der Ernte. „Rudolf, wie sieht's aus mit dem Getreide?", fragte Vater seinen Bruder. „Albert, der Roggen ist pulvertrocken." Ach, wenn doch dies nur wahr gewesen wäre. Es war in diesem Jahr die schlechteste Ernte und beim Dreschen gab es große Ausfälle. Der Satz meines Onkels ist bei uns zu einer stehenden Redeweise geworden, wenn es Probleme gibt, die man am liebsten vertuschen möchte und man es doch nicht vermag.

Inzwischen hatten wir in Breitenbach eine neue Bleibe in der Lüdersdorfer Straße gefunden. Dort stand ein Stallgebäude mit Scheune leer. Zu unseren drei Pferden hielten wir uns eine Ziege, zwei Schweine, einige Hühner und sechzehn Stallhasen. So sicherten wir uns mühsam den Lebensunterhalt. Wir Kinder mussten tüchtig mitarbeiten. Ställe misten, Ziege melken, Kaninchen und Schweine füttern gehörte zu meinen Aufgaben. Ich machte meine Arbeit gut und war stolz, wenn mein Vater beim Schlachten seine breite Hand an die Speckschichten der Schweine hielt, sie maß und mich dabei lobte. Fett war eines der wichtigsten Nahrungsmittel geworden. Je mehr Schmalz Mutter ausbraten konnte, desto besser war es. Unseren Misthaufen hatten wir mit einem Gatter versehen und trieben die Tiere ins Freie. So gediehen sie an der frischen Luft prächtig und ich brauchte nicht so oft den Stall auszumisten.

Eines Tages herrschte bei uns größere Aufregung. Hoher Besuch hatte sich angesagt. Ein Pfarrer aus Amerika stand mit zwei Helfern auf unserem Hof. An einer Kette führten sie eine trächtige Kuh. Sie war mit Blumen bekränzt. Da gab's bei uns ein großes Staunen. Christen aus den Staaten hatten von ihren Weiden ein Rindvieh geholt und es für kinderreiche Flüchtlingsfamilien gestiftet. Uns war solch eine Jersey-Kuh zugedacht worden. In einer feierlichen Zeremonie im Beisein des Bürgermeisters und der Zeitungsreporter wurde uns die Kuh vom Pfarrer übergeben. Am nächsten Tag war unsere Familie samt Rindvieh in der Presse abgebildet. Unsere Freude kannte keine Grenzen. Sie war so groß, wie wenn heute einer sechs Richtige im Lotto erzielt und zum Millionär wird. Endlich hatten wir Milch, fettreiche Milch. Der Anteil des Fettgehalts betrug sieben bis acht Prozent. Aus dem Rahm stellte meine Mutter Butter her. Jetzt waren wir reich, sehr reich sogar und fühlten uns so, als wären wir im Schlaraffenland. Ich war besonders glücklich, denn nun musste ich nicht mehr um Milch betteln gehen. Das erste Kälbchen, das geboren wurde, erhielt eine andere kinderreiche Flüchtlingsfamilie. So war noch ein Elternpaar mit seinen vielen Kindern zufriedengestellt. Die Spender unserer Kuh habe ich nie kennengelernt. Sie gaben auch nie ihre Adresse preis, aber ich weiß, dass ihr Name bei Gott bekannt ist. Er möge ihnen diese große Tat lohnen. Sie haben eine Flüchtlingsfamilie, die in großer Not und Armut lebte, glücklich gemacht. Gott segne sie!

Es gab auch enttäuschende Erfahrungen. Bei einem Bauern im Nachbarort half ich bei der Kartoffelernte. Es war ein besonders mühsames Unterfangen. Tagelang hatte es in Strömen geregnet. Der schwere lehmige Boden klebte an den Gummistiefeln und machte sie noch schwerer. Das Laufen wurde zur Plage. Bis auf die Haut waren wir durchnässt, aber ich strengte mich mächtig an. Der Bauer hatte mir Kirmesgeld versprochen. Aber erhalten habe ich keinen Pfennig. Ich war bitter enttäuscht, denn ich hätte mir auch gerne eine Bockwurst oder eine Karussellfahrt gegönnt. Wenn ich heute an diesem Hof vorübergehe, dann macht es „Klick" in meinen Ohren und ich höre das Wort „Kirmesgeld". Zugleich beschleicht mich Traurigkeit, denn ich fühlte mich ausgenutzt. So etwas sollte man Kindern nicht antun. Sie werden in ihrer zarten Seele verletzt.

Und noch eine böse Erfahrung ist mir im Gedächtnis geblieben. Ich war gerade 16 Jahre alt und hatte mir während der Sommerferien eine Stelle in einem Haushalt gesucht. 30 Mark waren mir für vier Wochen Arbeit versprochen worden. Für dieses Geld wollte ich ein Paar Winterschuhe erstehen. Ich strengte mich mächtig an, kroch morgens schon um halb sechs aus dem Bett, putzte das Haus, stand in der Waschküche vor einem großen Berg schmutziger Wäsche, jätete das Unkraut im Garten und lernte und übte mit den Zwillingen Diktate. Sie gingen gerade in die Quinta und hatten mit großer Mühe die Versetzung geschafft. Arbeiten war für mich kein Problem, da ich ja schon als Kind tüchtig zupacken musste.

Zu der Familie kam eines Tages noch die Großmutter zu Besuch. Drei Wochen lang übernahm ich für sie kleine Dienste. Ich kaufte Obst, brachte ihre Briefe zur Post, putzte ihre Schuhe und rieb ihr die wunden Füße mit Salbe ein. Am Tag, da die alte Dame das Haus verließ, drückte sie mir zehn Mark in die Hand, lobte mich und bedankte sich herzlich bei mir für meine Hilfe. An diesem Tag war ich wohl der glücklichste Mensch. Nun würde ich am Ende meiner Ferien 40 Mark mit nach Hause bringen, dachte ich so bei mir. Für mich war dies eine Riesensumme. Stolz erzählte ich am Mittagstisch meinen Arbeitgebern, wie reich ich von der Oma belohnt worden sei. Ach, hätte ich doch bloß mein Plappermaul gehalten. Acht Tage später sollte mir mein Arbeitsentgelt ausgezahlt werden. Ein verschlossener Brief wurde mir überreicht und ich verließ frohen Mutes meine Arbeitsstelle. Erst auf dem Nachhauseweg öffnete ich den Umschlag. Es lagen aber nicht 30 Mark drin, wie vereinbart, sondern nur 20. Ich kam sehr traurig und niedergeschlagen nach Hause und fühlte mich um meinen Lohn betrogen.

Fast fünfzig Jahre später begegnete ich zufällig auf dem Bahnhof in Marburg meinem damaligen Hausherrn. Er war inzwischen Witwer. Ich begrüßte ihn höflich, sprach ein paar Worte, stieg aber dann in ein anderes Abteil ein. Mit diesem Menschen wollte ich nicht meine Fahrt teilen. Zehn lumpige Mark hatten das Vertrauen zerstört. Warum hatte er mir damals meinen Lohn nicht voll ausgezahlt? Die zehn Mark haben ihn sicher nicht reicher gemacht. Er gehörte zu den Glücklichen, die ein festes Gehalt bezogen haben. Er war Lehrer und mein Vater war oft über den Winter arbeitslos.

In großer Dankbarkeit denke ich an unseren Pfarrer Scheffer. Im Ersten Weltkrieg war er in einer Schlacht schwer verwundet worden. Er war fast blind. Mit uns Konfirmanden hatte er es nicht leicht. Wenn es darum ging, Liedverse oder Psalmen auswendig zu lernen, versuchten wir ihn zu täuschen, indem wir die Bibel oder das Gesangbuch auf den Tisch legten und die Verse einfach ablasen. Nun rückte der Tag der Konfirmation näher und mir wurde schlagartig bewusst, wie wenig ich gelernt hatte. Am Sonntag vor der Konfirmation fand immer eine Prüfung in der Kirche statt. Blamieren wollte ich mich und meine Eltern nicht. Die letzten vier Wochen vor der Einsegnung habe ich gelernt wie nie zuvor. Über hundert Bibelsprüche konnte ich fehlerfrei aufsagen, dazu noch viele Choräle und eine Reihe Psalmen.

Ich zehre noch heute von diesem Schatz geistlichen Guts. Bei meinen Vorbereitungen von Bibelarbeiten werde ich an die passenden Verse des Alten und Neuen Testaments erinnert und kann sie aus dem Gedächtnis zitieren. Sie regen mich bei meinen Ausführungen an und sind wie ein roter Faden, der sich durch den biblischen Text zieht. Gerne bete ich auch mit Psalmen und Liedern. Wie oft trösten mich vor allen Dingen die Lieder von Paul Gerhardt oder Martin Luther, wenn ich durch Leiden geführt werde. Ich weiß gar nicht mehr, wie oft ich das Lied „Befiehl du deine Wege und was dein Herze kränkt" in Zeiten der Anfechtung und Schlaflosigkeit vor mich hin gesagt habe. Solche Lieder sind mir wie ein festes Fundament, darauf ich mich gründen kann. Dieser Reichtum, den ich mir noch kurz vor der Konfirmation angeeignet habe, ist in all den Jahren mit mir gegangen.

Später, als meine Kinder den Konfirmandenunterricht besuchten, habe ich sie immer wieder zum Lernen ermutigt. Nicht immer war mir Erfolg beschieden. Gottfried hat in seiner nachlässigen Art oft Verse umformuliert. So sagte er einmal in dem Lied „Jesus Christus herrscht als König" Folgendes: „Heizöl weiß er auszuteilen, Leben schenkt er nach dem Tod." Dabei müsste es „Heilsöl" heißen.

Die Konfirmandenprüfung habe ich mit Bravour abgelegt. Mein Vater war jedenfalls stolz auf sein Lottchen. Aber ich muss hinzufügen, dass mir das Lernen nie in den Schoß gefallen ist, ich habe immer tüchtig büffeln müssen und habe meine jüngeren Schwestern Grete und Lilli bewundert, die hochbegabt waren.

Die Konfirmation selbst wurde für mich zu einem schweren Erleben. Ich wusste genau, dass ich das Gelübde nicht würde halten können. Die persönliche Beziehung zu Jesus Christus war mir noch nicht erschlossen. Ich habe schrecklich gelitten, denn mir war angst, dass ein gebrochenes Gelübde Gottes Zorn heraufbeschwören könnte. Ich wäre gerne von der Konfirmation zurückgetreten, aber dazu fehlte mir doch der Mut. Dieser Tag, der eigentlich mein Tag werden sollte, zählt zu den dunklen, angstvollen Erfahrungen in meinem Dasein. Es war kein Fest der Freude, obwohl ich einige Geschenke erhielt, die mich hätten glücklich machen müssen. Meine Patin schickte mir einen Kleiderstoff, das war zur damaligen Zeit etwas überaus Wertvolles. Ein Bekannter meines Vaters trug einen kleinen runden Tisch auf seinem Rücken herbei, den er selbst geschreinert hatte. Einige Sammeltassen wurden gleich beim Kaffeetrinken eingeweiht, denn wir besaßen nur wenig Geschirr. Die Feier in der Kirche aber war für mich nicht leicht zu verkraften. Gott war mir noch so verborgen, ja manchmal unheimlich. Vielleicht hing diese Angst auch mit dem Tod meines Schwesterchens zusammen. Er erschien mir zu gewaltig, manchmal auch grausam.

Das Dasein war kein Zuckerschlecken. Mehrere Male erkrankte Mutter schwer und wir bangten um ihr Leben. So habe ich als Kind viel Angst aushalten müssen, was ich aber nie vor anderen Menschen offen zugab. In dieser Zeit hatte ich auch keine Freundin, mit der ich über derlei Nöte hätte sprechen können, aber ich verstand mich sehr gut mit meiner Schwester. Sie war fast zwei Jahre jünger als ich und durch die Kriegseinwirkungen ergab es sich, dass sie mit mir eingeschult wurde. Grete war immer ein sehr fröhliches, unbekümmertes Kind. Das Lernen fiel ihr leicht. Ihre Schulaufgaben hat sie oft während der Zugfahrt von Bebra nach Rotenburg erledigt. Ich hingegen brauchte viel Zeit.

In unserer Küche stand in der Ecke ein Tisch. Wir hatten seine Fläche mit einem Buntstift in zwei Teile geteilt. Meist hockte Grete auf ihrer Tischplattenseite, strickte an einem Pullover und hörte Radio. Ich saß am anderen Ende des Tisches, hielt mir die Ohren zu und sagte mir immer wieder die Strophen von Schillers Bürgschaft auf. „Lotte", schubste sie mich an, „hör endlich auf mit dem Geleier. Ich kann das Gedicht schon lange auswendig." Ich habe mir immer alles hart erarbeiten müssen und habe meine Schwester sehr beneidet, der fast im Schlaf alles zugefallen ist.

Meine Lernbedingungen waren auch äußerst schlecht. Wir lebten mit sieben Personen in einer Küche mit Kammer. Manchmal kam auch noch meine Großmutter zu Besuch, dann waren wir acht Leute. Auf dem Herd wurde nicht nur das Essen gekocht, sondern auch noch das Viehfutter. Oft kamen Kunden zu meinem Vater, denen er Holz abfahren oder den Acker pflügen sollte. Meine kleine Schwester Lilli spielte auf einer Decke auf dem Fußboden ganz nahe bei mir. Es herrschte immer große Unruhe in unseren vier Wänden. Noch heute frage ich mich, wie ich überhaupt unter solch notvollen Bedingungen mein Abitur geschafft habe. Die äußeren Zustände waren denkbar schlecht.

Ich besaß während meiner Schulzeit außer meiner Bibel kein einziges Buch. Alle Lernmittel waren nur Leihgaben. Um Ruhe zum Lernen zu haben, stand ich nachts auf und paukte fürs Abitur. Wenn mein Vater merkte, dass in der Küche Licht brannte, kroch er öfter aus seinen Federn, setzte sich zu mir und fragte mich den Unterrichtsstoff ab. So opferte er seine Zeit für mich. Wie sehr habe ich später bei meinen Kindern dafür gesorgt, dass sie gute Lernbedingungen hatten. Jedes nur nötige Buch stellten wir ihnen zur Verfügung. Ich habe sie nie von den Schulaufgaben weggerufen, auch wenn Freunde am Telefon waren oder vor der Tür standen und Fußball spielen wollten. Ich habe sie auch nicht zu irgendwelchen Haus- oder Gartenarbeiten während der Schulaufgaben herangezogen, denn mir schallte lange die Befehlskette meiner Mutter in den Ohren: „Lotte, hol Holz und Wasser herein! Melk die Ziege! Füttere die Hasen und miste den Stall aus", während ich gerade die ersten Sätze eines Kapitels aus Caesars „De bello Gallico" übersetzte!

Bei uns in der Familie ging es ums Überleben und so war es nötig, dass ich Hand anlegte. Das hat aber dazu geführt, dass ich dann im Unterricht manchmal vor Müdigkeit fast eingeschlafen bin. Dazu hat auch sicher der lange Schulweg beigetragen, den ich zu Fuß und mit der Bahn zurücklegen musste, ob es stürmte oder schneite.

Meine Hinwendung zu Christus

Mein einschneidendstes Erlebnis in meinem Dasein war meine Bekehrung zu Christus, obwohl ich diesen Begriff noch gar nicht kannte. Opa Becker, unser früherer Hauswirt, lud mich zu einer christlichen Freizeit ein. Begeistert ging ich dorthin, bedeutete doch diese Tagung für mich eine willkommene Abwechslung und Unterbrechung meines sonst oft öden Daseins. Ich hatte mir vorgestellt, dass wir mit anderen jungen Leuten Wanderungen unternähmen, Probleme diskutieren und Kontakte knüpfen würden. Und nun war ich in einen Kreis von jungen Menschen geraten, die sich fast den ganzen Tag mit der Bibel beschäftigten: morgens Gebetsgemeinschaft, anschließend Andacht, dann Bibelarbeit, nachmittags die Betrachtung der Biografie eines Frommen oder Missionsberichte und abends eine Evangelisationsveranstaltung.

Ich dachte, das kann doch nicht wahr sein, dass junge Männer und junge Mädchen fast ausschließlich die Bibel lesen und sich damit auseinandersetzen. Das mag etwas für alte Leute sein, aber doch nicht für junges Volk!

Ich wäre nach dem dritten Tag am liebsten abgereist, wenn ich nicht bei einer so netten, liebenswürdigen Witwe untergebracht worden wäre. Als sie bemerkte, dass ich gar kein Nachthemd besaß, steckte sie mich in ein Unterhemd ihres im Krieg gefallenen Mannes, das mir bis zu den Knien reichte. Vor dem Schlafengehen kochte sie mir immer noch ein Glas Tee und stellte mir leckere Weihnachtsplätzchen hin. Zum Frühstück holte sie aus ihrer Speisekammer rote Wurst und Schinken. Für mich waren dies köstliche Delikatessen. Aber ich war doch unglücklich in jenen Tagen, bis ich entdeckte, dass diese jungen Menschen etwas hatten, was mir fehlte, die Geborgenheit in Gott. In mir brach ein Sehnen nach Gott auf. Als dann einmal das Lied „Wir sind ein Volk vom Strom der Zeit" mit dem Refrain „Es ist das Kreuz auf Golgatha, Heimat für Heimatlose" gesungen wurde, da zog es mich mit aller Macht hin zu Gott.

Es war eine entscheidende Stunde in meinem Leben, als ich mit einem Verkündiger des Evangeliums sprach und er mir das Wort aus Hosea 2,21 mit auf den Weg gab: „Ich will mich mit dir verloben in Ewigkeit; ich will mich mit dir verloben in Gerechtigkeit und Gericht, in Gnade und Barmherzigkeit will ich mich mit dir verloben und du wirst den Herrn erkennen."

Am Bild der Ehe machte er mir deutlich, dass Gott an meinem Leben ein großes Interesse hat. Er schließt mit mir einen Bund, der von seiner Seite aus nie gebrochen wird. Auch wenn ich untreu werde, bleibt Gott treu und bringt mich an sein Ziel.

Dieses Wort ist in all den Jahren mit mir gegangen. Das war der Beginn von Gottes machtvollem Eingreifen in mein kümmerliches Dasein. Ich war noch immer das arme Flüchtlingskind, oft nicht recht geachtet, aber in Gottes Augen war ich wertvoll und von ihm geliebt. Ich wusste mich von ihm angenommen. Das hat mich sehr glücklich und innerlich zufrieden gemacht. Gott war für mich wie ein Fels in der Brandung. Zu ihm habe ich meine Zuflucht genommen und war in der Strahlkraft seiner Liebe geborgen. Wie gerne stimmte ich nun das Lied an: „Es ist das Kreuz auf Golgatha, Heimat für Heimatlose." Manchmal muss man erst heimatlos geworden sein, um recht einschätzen zu können, was es bedeutet, bei Gott Heimat zu haben.

Diese Erfahrung der Liebe Jesu Christi hat mich in meinem Innersten verändert. So ist mir seitdem das Kreuz Jesu Christi der liebste Ort, da der Gottessohn sein Leben für mich ließ.

Im Mai 1950 fand in Bad Hersfeld eine Gemeinschaftskonferenz statt. Unser Jugendbund fuhr mit Rädern dorthin. In der Kirche wurde Gottesdienst mit anschließendem Abendmahl gefeiert. Ich saß auf einer der letzten Bänke und wollte die Kirche schon wieder vor dem Abendmahl verlassen. Meine Freundin Renate, die Tochter von Prediger Gardemann, hielt mich zurück. „Bleib doch, Lotte!", bat sie mich. „Aber ich habe doch kein schwarzes Kleid an", wandte ich ein. „Das spielt doch keine Rolle. Du kannst auch im bunten Sommerkleid Brot und Wein vom Tisch des Herrn nehmen." So blieb ich sitzen und erlebte die schönste Stunde meines Lebens. Es waren die gesungenen Lieder, die mich mit großer Freude erfüllten und ich stimmte froh mit ein:

O du Lamm Gottes, du hast auf Golgatha
herrlich gesieget! Amen, Halleluja!
Du hast erworben Heil für die ganze Welt
und hast aufs Völligste bezahlt das Lösegeld.
Du riefst mit lauter Stimm' durch's Todes Nacht:
Es ist vollbracht! Es ist vollbracht!

O Wort des Lebens, hier kann mein Glaube ruhn,
auf diesen Felsen kann ich mich gründen nun.
Ewig vollkommen ist unsers Gottes Heil;
nimm es, o Sünder, an, so wird dir's ganz zuteil;
nichts kannst du machen mehr, er hat's gemacht:
Es ist vollbracht! Es ist vollbracht!

O Wort des Sieges! Wenn mir der Satan naht,
blick ich zum Helden, der ihn zertreten hat.
In Jesu Wunden bin ich erlöst und frei,
sein lauter Todesruf ist nun mein Siegesschrei.

Nicht soll mich fesseln mehr des Feindes Macht.
Es ist vollbracht! Es ist vollbracht!

Jesu, mein Heiland, dir sag ich Preis und Dank!
O Überwinder, hör meinen Lobgesang!
In deine Gnade hüll ich mich tief hinein,
in deinem teuren Blut bin ich gerecht und rein.
Ehr sei dem Lamm, das rief, da es geschlacht't:
Es ist vollbracht! Es ist vollbracht!

Ich verließ die Kirche mit der Gewissheit: In Jesus Christus habe ich tiefen Frieden, ja ich verspürte seine Nähe beglückend. Ich wollte in diesem entscheidenden Erleben mit meinem Herrn allein sein und ihm danken für seine große Erlösungstat. Im Grunde ist die Liebe Christi nie auszuloten. Immer wenn ich von seinen Taten höre, gewinne ich den Eindruck: Das Wichtigste ist noch gar nicht gesagt. Es machte mich zutiefst dankbar, diese Begegnung mit Jesus erfahren zu haben. Sie hat sich nicht unter dem Beifall der Menschen vollzogen, sondern ganz insgeheim in der Stille, wo ich Auge in Auge mit meinem Herrn allein war.

Fortan begann ich meinen Tag am Morgen mit einem Lied und mit einem Abschnitt aus der Bibel. Ich wollte diese innigste Gemeinschaft mit Christus pflegen und wie einen großen Schatz hüten. Ich war auch bereit, Gott zu dienen und ihm meine Zeit, meine Gaben, meine Liebe zur Verfügung zu stellen. Dazu fand ich bald reichlich Gelegenheit.

Marianne — meine blinde Freundin

Eines Sonntags fragte mich der Pfarrer, ob ich mich um Marianne aus Blankenheim kümmern könnte. Marianne war eine Mitkonfirmandin aus dem Nachbarort Blankenheim. Von einem Tag auf den andern war sie mit 15 Jahren blind geworden. Sie litt an einer gefährlichen Augenerkrankung und lag deshalb in einer Klinik. An einem Morgen wunderte sie sich, warum denn die Rollläden nicht hochgezogen würden und alles noch so dunkel sei. Die Krankenschwester sagte kein Wort und rief den Oberarzt. Er musste Marianne die entsetzliche Nachricht mitteilen, dass sie fortan nie mehr würde sehen können, sie sei am Grünen Star erblindet. Am Abend war sie zu Bett gegangen und hatte noch alles sehen können, nun aber war es dunkel in ihr und um sie herum. Sie schrie im aufbäumenden Schmerz: „Ich will aber nicht blind sein, nein, nur das nicht! Sehen will ich!"

Der Arzt versuchte die Kleine an sich zu drücken und zu trösten. Aber dieser Schmerz blieb. Nun war es meine Aufgabe, mich um Marianne zu kümmern. Meine freie Zeit gehörte ihr und wir haben viel Schweres, aber auch viel Schönes miteinander erlebt. Ich holte Marianne zu den Jugendstunden in unserer Landeskirchlichen Gemeinschaft ab. Wir besuchten gemeinsam Freizeiten und unternahmen Spaziergänge. Vor allen Dingen las ich meiner blinden Freundin aus guten Büchern und aus der Bibel vor. Wir sangen auch miteinander und reisten zu Tagungen und Konferenzen. Mariannes Vater war Eisenbahner von Beruf und so erhielt sie Freifahrtscheine. Ich als Begleitperson brauchte auch keine Fahrkarte zu lösen. So haben wir manche Fahrten unternommen. Das Zusammensein mit Marianne begrenzte meine Zeit und so konnte ich keine anderen Freundschaften pflegen. Manchmal hätte ich auch gerne eine Fahrradtour mit Klassenkameraden unternommen. Mir hat in dieser Zeit mein Konfirmationsspruch geholfen: „Was ihr einem der Geringsten getan habt, spricht Christus, das habt ihr mir getan."

Dieses Wort wurde zu einer inneren Glut, die in mir die Liebe zum Leidenden schürte. So war ich mehr als sechs Jahre mit Marianne verbunden, bis mich mein Weg von Breitenbach wegführte. Aber die Freundschaft ist geblieben. Marianne hat später geheiratet und vier gesunde Kinder geboren, die sich sehr liebevoll um ihre Mutter kümmern.

Dieser Auftrag, den „Geringsten" zu sehen und ihm in seiner Not beizustehen, hat mich durch mein Leben begleitet. Gewiss, damals an meinem Konfirmationstag hätte ich mir auch lieber einen anderen

Spruch gewünscht. „Befiehl dem Herrn deine Wege und hoffe auf ihn, er wird's wohl machen", hätte mir besser gefallen. Oder der andere Vers: „Habe deine Lust am Herrn, er wird dir geben, was dein Herz wünscht." Mir aber waren nun die Leidenden ans Herz gelegt. Schon kurz darauf war es wieder ein fast erblindetes Mädchen aus Blankenheim, das meine Freundin wurde. Auch Elisabeth besuchte mit mir die Jugendstunden und in ihr regte sich ein tiefes Sehnen nach Frieden mit Gott. Zu einer entscheidenden Wende kam es, als sie zu einer christlichen Freizeit fuhr. Dort traf sie der Ruf Jesu und ihm vertraute sie ihr Leben an. An Elisabeth war deutlich zu verspüren, wie die Nähe Jesu ihr bedrücktes Gemüt in die Freude führte. Trotz der drohenden völligen Erblindung wurde es in ihrem Innersten hell.

Martin in der Zeltmission

Ich selbst war ja durch die Begegnung mit Christus so glücklich geworden, wie hätte ich da nicht auch andere zu diesem Glück führen sollen? In mir regte sich das Verlangen, missionarisch aktiv zu werden. Dazu ergab sich bald eine Gelegenheit. In Bebra fand eine Zeltmission statt. Treppauf und treppab lief ich, um Leute einzuladen. Auch auf der Straße verteilte ich Einladungen. Ich war davon überzeugt, dass ich die Menschen mit der besten Botschaft, die es auf Erden gibt, erreichen könnte, und das nahm mir die Scheu. Ich wurde mutig. Vor allen Dingen wollte ich meine Klassenkameraden für Jesus gewinnen. Aber da stieß ich auf große Hindernisse und Ablehnung. Ich wollte schon traurig die Flügel hängen lassen. Aber dann sagte ich mir: Ich starte noch einen Anlauf und versuche die Bewohner von Breitenbach ins Zelt zu führen. Ich ging von Haus zu Haus und das fiel mir schwerer, denn hier kannten mich die Leute. Aber ich war Gott gehorsam. Es war mir wichtig, die Menschen von der großartigen Möglichkeit zu informieren, wie sie durch das Evangelium mit Jesus leben könnten.

So kam ich auf meinem Weg auch zu Martin. Er mistete gerade den Kuhstall aus und gab seinen Rindviechern Futter. „Martin, komm doch mit ins Zelt", bettelte ich. Er aber wollte sich nicht darauf einlassen. So drängte ich weiter und blieb einfach im Stall stehen. Nach einer Viertelstunde gab er nach: „Lotte, das will ich dir sagen: Ich gehe einmal mit, aber nur, um dir einen Gefallen zu tun. Danach lass mich aber bitte in Ruhe! Du weißt, ich kann mit dem frommen Zeug nichts anfangen." Ich hatte zunächst mein Ziel erreicht. Martin war Junggeselle und arbeitete bei einem der größten Bauern. Noch am selben Abend holte er mich mit seinem Fahrrad ein – ich lief zu Fuß –, stieg von seinem Drahtesel ab und ging neben mir. Mir war seine Begleitung peinlich. Ich war gerade 16 oder 17 und er vielleicht schon über 30. Ich hatte Angst, ins Gerede der Leute zu kommen, wenn ich so mit ihm gesehen würde. Auf dem Rückweg war ich über seine Begleitung froh, da ich im Dunkeln nicht allein war. Aber am helllichten Tage ...

Für Martin wurde gleich der erste Abend zum Anstoß, mit Jesus zu leben. Es kam zu diesem denkwürdigen Ereignis. Martin hörte die Botschaft von Jesus, folgte seinem Ruf in die Nachfolge und wurde Christ. Keiner war glücklicher als ich. Dieser landwirtschaftliche Arbeiter war der Erste in einer langen Reihe von Menschen, die ich mit Christus bekannt machen durfte. Erste Früchte im Dienstauftrag des Herrn sind immer besonders wertvolle, kostbare Früchte und eine starke Ermutigung.

Die Jakob-Grimm-Schule

Ich bin meinem Vater überaus dankbar, dass ich trotz der widrigen Umstände, in denen meine Familie lebte, die höhere Schule besuchen konnte. In Rotenburg an der Fulda bestand ich zusammen mit meiner fast zwei Jahre jüngeren Schwester die Aufnahmeprüfung an der Jakob-Grimm-Schule. Die ersten Jahre auf dem Gymnasium gehörten für mich zu den schönsten. Das Lernen machte mir Spaß und ich war unter den Klassenbesten zu finden. Bei der guten Frau Rosenstock Englisch zu lernen, war für mich ein Vergnügen. Ich liebte Fremdsprachen – war ich doch mehrsprachig aufgewachsen –, Deutsch und Geschichte. Aber Zeichnen wurde für mich zu einem Albtraum. In der Mittelstufe versagte ich dann noch in Mathematik. Doch das hatte einen triftigen Grund. Unser wunderbarer Studienrat Claus wurde von einem seiner Kollegen ersetzt und danach ging es mit mir in diesem Fach rasant bergab. Bei unserem neuen Lehrer verstanden nur die besten Mathematiker seine Unterrichtsweise. Die Zahl der mangelhaften Klassenarbeiten wurde immer größer. Hatte ich die Lösung einer Gleichung nicht gleich verstanden und meldete mich, dann brüllte mich „Herr Chamber", wie wir ihn nannten, heftig an: „Wie kann man nur so blöd sein und einen so einfachen Rechenablauf nicht begreifen. Setz dich hin, du blöde Kuh und pass das nächste Mal besser auf!" Zu allem Unglück behielten wir diesen Lehrer über mehrere Jahre. Ich hatte regelrecht Angst vor ihm und einigen anderen Mitschülern erging es wie mir. Meine Lücken in diesem Fach wurden immer größer. Plötzlich tauchte in meinem Zeugnis ein „Mangelhaft" auf. Bei dieser Zeugnisvergabe war ich der unglücklichste Mensch. Gewiss, ich konnte diese schlechte Note durch andere gute Bewertungen in Deutsch, Religion, Englisch, Geschichte und Französisch ausgleichen, aber der Makel blieb mir und ich habe unter meinem Versagen arg gelitten. Ich wusste nicht, wie ich aus dieser Misere herausfinden sollte. Hätte ich über einen längeren Zeitraum Nachhilfestunden nehmen können, dann wäre ich wohl von der Fünf wieder heruntergekommen, aber dazu fehlte mir das Geld. Später sagte mir einmal mein Mann: „Es ist so schade, dass wir uns damals noch nicht kannten, ich hätte dir so gerne geholfen." Mein Mann hat nämlich einige Semester Mathematik studiert. Dieses Leistungstief wirkte sich bedrückend auf mich aus. Hinzu kam, dass ich immer mehr in der Landwirtschaft helfen musste, mir blieb wenig Zeit zum Lernen.

In der Oberstufe wurde Herr Studienrat Soeldner unser Mathematiklehrer. Er war ein ausgezeichneter

Pädagoge, aber mir fehlten doch die nötigen Kenntnisse aus der Mittelstufe und so behielt ich mein Mangelhaft in diesem Fach bis zum Abitur. Es war grausig. Noch heute träume ich zuweilen, ich müsste geprüft werden und verstünde die Aufgaben nicht.

In Geschichte bei Dr. Mitsch machte mir der Unterricht riesigen Spaß. Wenn er von Hannibal erzählte, dann sah ich seine 38000 Soldaten vor mir, wie sie im Kampf gegen die Römer die Alpen überquerten und dazu noch 37 Elefanten mitführten. Das war ein Kuriosum. Die römischen Soldaten gerieten in Angst und Schrecken und riefen: „Hannibal ante portas!" (Hannibal vor den Toren!)

Mein liebstes Fach war Deutsch. Die Literatur faszinierte mich. Als wir die Jungfrau von Orleans lasen, kannte meine Begeisterung für die Heilige Johanna keine Grenzen. Über sie habe ich wohl den besten Aufsatz meines Lebens geschrieben. Er wurde mit Sehr gut benotet und ich war stolz auf meine Leistung. Aber sonderbarerweise zeigte sich in meinem Lernvermögen eine große Abhängigkeit vom jeweiligen Lehrer. Ich schrieb sehr gute Noten, wenn mich die Lehrer im Unterricht mitreißen konnten und ich glitt in die Mittelmäßigkeit ab, wenn der zu behandelnde Stoff in langweiliger, öder Art vorgetragen wurde. Auch in Englisch, Französisch, Religion und Sozialkunde strengte ich mich mächtig an. Sie waren immer meine besten Fächer. In den naturwissenschaftlichen Fächern waren meine Leistungen aber mittelmäßig.

Auch in Bezug auf die Klassengemeinschaft erlebte ich Frohes und Enttäuschendes zugleich. Dadurch, dass ich mein Christsein ernst nahm, wurde ich bei meinen Klassenkameraden zum Außenseiter. Früher war ich der Mittelpunkt und Anführer in der Klasse, voller Ideen und Pläne. Nun aber fühlte ich mich ein Stück weit ausgegrenzt, weil ich an manchen Festen nicht teilnahm. Wahrscheinlich habe ich mir selbst zu enge Grenzen in meinem Christsein gesteckt. Mich hat oft die Angst beschlichen, ob ich denn in der Nachfolge Jesu treu bliebe. Dadurch verlor ich an Einfluss auf meine Mitschüler. Jedenfalls meinte ich dies. Erst nach dem Abitur sagte der eine oder andere zu mir: „Lotte, du warst uns doch ein guter Kamerad. Mit dir hätten wir Pferde stehlen können. Deine Haltung in Bezug auf deinen Glauben hat uns beeindruckt." Vielleicht wäre es gut für mich gewesen, sie hätten es mir während meiner Schulzeit gesagt. Das hätte mir mehr innere Sicherheit verliehen. Ich kämpfte oft einen heißen Kampf mit mir selber. Scheiterte ich in meinem Bemühen, ehrlich und aufrichtig zu sein, dann entschuldigte ich mich auch bei meinen Lehrern, aber es blieb doch immer ein bitterer Nachgeschmack auf meiner Zunge. Wie gerne hätte ich Gott zu Gefallen gelebt und es vermieden, schlecht hinter dem Rücken der anderen zu reden oder bei Klassenarbeiten doch mal auf das Heft des Nachbarn zu schielen, wenn mir die passende Vokabel fehlte. Ein Ausspruch von Dag Hammerskjöld gibt meine Situation sehr genau wieder. In seinen Tagebuchaufzeichnungen steht folgender Satz: „Du kannst nicht spielen mit dem Tier in dir, ohne ganz Tier zu werden, nicht mit der Lüge, ohne das Recht zur Wahrheit einzubüßen, nicht mit der Grausamkeit, ohne die Zartheit des Geistes zu verlieren. Wer seinen Garten rein erhalten will, darf keinen Fleck dem Unkraut überlassen." Das klingt wie hochgradige moralische Überlegenheit. Aber schon wenige Zeilen weiter lässt Dag Hammerskjöld den vernichtenden Zusatz folgen: „Du bist dein eigener Gott und wunderst dich, dass die Wölfe dich über die Öde des Wintereises jagen."

Ja, ich hätte auch gerne einen „sauberen Garten" gehabt, aber ich habe es einfach nicht geschafft. Ich habe oft auch unter meiner vorlauten, rechthaberischen Art gelitten und war darüber nie glücklich. Aber ich habe mich an das Wort Jesu gehalten: „Kommt alle zu mir, ich will euch die Last abnehmen! Ich quäle euch nicht und sehe auf niemand herab. Stellt euch unter meine Leitung und lernt bei mir; dann findet euer Leben Erfüllung. Was ich anordne, ist gut für euch und was ich euch zu tragen gebe, ist keine Last" (Matthäus 11,29). Dieser Lernprozess dauert heute noch an und ich bin froh, dass ich bei Jesus mein Leben lang Lernender bleiben darf. Und da, wo ich versage, darf ich meinen Herrn um Vergebung bitten. Ich weiß um die Angst, Gottes vernichtendes Urteil hören zu müssen, und ich bin manchmal sehr verzweifelt, aber ich begreife immer mehr, dass ich von Gottes großem Erbarmen leben darf. Er kann mich nicht loben, er vermag mich vielleicht noch nicht mal wirklich zu verändern. Mein Innerstes ist verdorben und ich empfinde die lähmende Macht des Bösen in mir; aber Gott will sich meiner erbarmen und darin besteht mein Glück.

Fünfzehn Bilder und ein Selbstbildnis

Bei meinem Abitur habe ich eine besonders schmerzliche Erfahrung gemacht. Ich hatte nicht damit gerechnet, dass wir am Ende unserer Schulzeit eine Zeichenmappe vorlegen müssten. Mindestens 15 Bilder, dazu noch ein Selbstbildnis, sollten darin enthalten sein. Nur wenige Wochen blieben mir. Wie sollte ich nun zu meinen „Kunstwerken" kommen, die von einer Prüfungskommission begutachtet werden sollten? Jetzt war für mich „Holland in Not". Ich geriet in Panik. Ganze Nächte saß ich vor meinem Zeichenblock und versuchte mich in dieser hohen Kunst. Wenn ich mir dann am Morgen die Bilder anschaute, schauderte mir davor. Meine jahrelange Faulenzerei rächte sich bitter. Ich war verzweifelt. In meiner Ausweglosigkeit bat ich meine Schwester, mir zu helfen. Sie hatte eine ausgesprochene Begabung für dieses Fach. Mit nur wenigen Strichen brachte sie Leben in meine Bilder und rückte die Perspektiven zurecht. Ich kann gar nicht sagen, wie dankbar ich für diese paar Federstriche und Farbtupfer war. Am Ende eines Monats hatte ich meine „Kunstwerke" einschließlich des „Selbstbildnisses" beieinander. Mir war zwar nicht ganz wohl zumute, als ich meine Mappe ablieferte, aber schließlich entschuldigte ich meinen Betrug damit, dass mir keine andere Wahl blieb. Eine Fünf im Reifezeugnis konnte ich mir nicht leisten. Mir genügte, dass ich schon in Mathematik recht wackelig stand. Was hätten mir da die guten Noten in Deutsch, Englisch, Französisch, Geschichte, Musik und Religion genützt?

Viele Wochen waren darüber vergangen. Längst hatte ich das Trauma des Zeichenunterrichts vergessen. Das Studentenleben in Marburg faszinierte mich. Es war an einem Abend. Wir saßen im Bibelkreis zusammen und lasen den ersten Johannesbrief. Zwei Verse wurden für mich bedeutungsvoll: „Wenn wir behaupten, ohne Schuld zu sein, so betrügen wir uns selbst und die Wahrheit ist nicht in uns. Wenn wir aber unsere Verfehlungen eingestehen, können wir damit rechnen, dass Gott treu und gerecht ist; er wird uns dann unsere Verfehlungen vergeben und uns von aller Schuld reinigen, die wir auf uns geladen haben."

Dieses Wort von Gott traf mich und machte mir meine Unwahrhaftigkeit bewusst. Mein Gewissen klagte mich an: „Lotte, du hast betrogen!" Unruhe packte mich. Plötzlich konnte ich in der darauffolgenden Nacht nicht mehr schlafen. Ich sprach mit unserem Leiter des Bibelkreises. Er riet mir, meinem Zeichenlehrer zu schreiben und alles offen darzulegen, ganz gleich, welche Konsequenzen ich zu tragen hätte. Ich zögerte erst lange, wusste ich doch, welche Folgen ein Betrug im Abitur nach sich ziehen könnte. Schließlich sagte ich mir: „Lotte, zum Schwindeln hattest du Mut, nun sei auch nicht zu feige, deine Lüge zu bekennen."

Unter viel Bangen schrieb ich meinem ehemaligen Lehrer, Herrn Bornscheuer, und erhielt postwendend Antwort: „Ich danke Ihnen für Ihr Vertrauen. Ich kann Sie sehr gut verstehen und verzeihe Ihnen von Herzen alle Verfehlungen. Über Ihre Aufrichtigkeit habe ich mich gefreut. Sie sollen nicht länger unter einem belasteten Gewissen leiden, sondern sich fröhlich Ihrem Studium widmen können. Für Ihren weiteren Weg wünsche ich Ihnen viel Erfolg und alles Gute."

Ich kann gar nicht sagen, wie glücklich mich diese wenigen Zeilen gemacht haben. Der Druck war verschwunden, weil ich wusste, ich bin mit Gott und den Menschen wieder im Reinen.

Eine wunderbare Klassenfahrt

Neben manchem Belastenden gab es in der Schule auch viele frohe Erlebnisse. Da waren die Klassenfahrten, die wir mit unserem Mathematiklehrer unternahmen. Mit dem Zug fuhren wir bis nach Innsbruck. Zum ersten Mal sah ich die Berge und konnte das Wunder kaum fassen. Ich wurde von der Schönheit und Größe des Bergmassivs fast erdrückt. In einer Jugendherberge waren wir untergebracht. Morgens früh zogen wir mit einem Rucksack auf dem Buckel los und stiegen die Höhen hinan. Meine Mutter hatte mir fast eine halbe Speckseite mitgegeben, denn mit Taschengeld war ich nicht besonders üppig ausgestattet. Speck und Brot, dazu frisches Quellwasser, gaben mir auf den Bergtouren Kraft. 2400 m hoch stiegen wir. Für mich war dies eine kolossale Leistung und ich habe mich mächtig anstrengen müssen, um mit meinen Klassenkameraden Schritt zu halten. Einen besonderen Reiz übten die Schneefelder auf mich aus. Beim Abstieg rutschte ich einfach auf dem Hosenboden den Hang hinunter. Das war ein tolles Vergnügen. Abends sank ich dann todmüde ins Bett. Aber am nächsten Morgen lockte wieder die Bergwelt. Für mich war es auch mal schön, mit meinem Klassenlehrer Kontakt zu haben, ohne dass dabei die Mathematik eine Rolle spielte. Er war mir wegen meiner schlechten Leistungen fast unnahbar geworden. Ich hatte einfach Angst vor ihm und schämte mich auch wegen meines Versagens. Auf unseren Wanderungen konnten wir uns wunderbar unterhalten.

Die schneebedeckten Gipfel übten eine ungeheure Faszination auf mich aus. Immer wieder wurde ich an folgendes Lied erinnert:

Du großer Gott, wenn ich die Welt betrachte,
die du geschaffen durch dein Allmachtswort,
wenn ich auf alle jene Wesen achte,
die du regierst und nährest fort und fort,
dann jauchzt mein Herz dir, großer Herrscher, zu:
Wie groß bist du! Wie groß bist du!

So lernte ich das Staunen über Gottes gewaltige Schöpfermacht.

Mein Abitur

Zu meinen Mitschülern gewann ich ein immer besseres Verhältnis. Wir hatten auf diesen Klassenfahrten viel Zeit, um miteinander zu reden. Ich spürte zwar, dass ich wegen meines Christseins nicht immer verstanden wurde, aber sie achteten mich doch in meiner Beziehung zu Gott. „Eigentlich bist du zu beneiden", gaben sie mir zu verstehen, aber ich blieb ein Außenseiter in der Klassengemeinschaft, weil ich meine Freizeit wegen der unterschiedlichen Interessen nicht mit ihnen teilen konnte. Kino, Kirmes und Klassenball waren nicht meine Welt. Meinen blinden Freundinnen opferte ich meine Zeit. Aber meine Fröhlichkeit, Entschiedenheit und mein Gottvertrauen verliehen mir doch eine positive Ausstrahlung. Morgens zum Unterrichtsbeginn sprach ich immer ein Gebet. Vor allen Dingen beim Abitur ermutigten sie mich: „Lotte, bete für uns!" An diesem Morgen sprach ich das Gebet von Bonhoeffer:

Von guten Mächten wunderbar geborgen
erwarten wir getrost, was kommen mag.
Gott ist mit uns am Abend und am Morgen
und ganz gewiss an jedem neuen Tag. Amen.

In meinem mündlichen Abitur wurde ich in Französisch und Musik geprüft. Ich hatte mich gut vorbereitet und war überglücklich, als ich mein Reifezeugnis in Händen hielt.

Sogar meine Mutter war stolz auf mich, als unsere Namen in der Zeitung abgedruckt wurden. Für sie war es nämlich schwer, dass ich so lange die Schulbank drücken musste. Sie hätte es manchmal lieber gesehen, wenn ich ihr mehr beim Holzfahren und in der Landwirtschaft geholfen hätte. Aus ihrer Sicht war dies verständlich, denn sie hat sich schrecklich im Wald und auf dem Acker abplagen müssen.

Mein Studium der Theologie

Nun stand meine Berufswahl an. Gott wollte ich dienen, das war mein Verlangen. Marburg wurde mein Studienort. Aber zunächst brauchte ich ein Zimmer. 1955 war der Wohnraum knapp bemessen. Wie sollte ich da zu einer Studentenbude kommen? Billig sollte sie außerdem noch sein. In Marburg kannte ich keinen Menschen, an den ich mich hätte wenden können. Aber ich wusste, dass es eine Stadtmission gab. Ich betete zu Gott, sagte ihm mein Anliegen und dann schickte ich eine Postkarte an diese Gemeinde.

Drei Wochen später erhielt ich die Antwort. Ein älteres Ehepaar war bereit, mich unter ihrem Dach aufzunehmen. Ich fuhr nach Marburg und suchte den Bienenweg 12. Nun stand ich vor dem großen, herrlichen Haus, das inmitten eines blühenden Gartens lag. Mir war so bang zumute. Nie, nie würde ich die Miete für ein Zimmer in solch herrlicher Wohnlage bezahlen können. Mein Vater konnte mir nur 50 DM pro Monat geben. Nein, dieses Zimmer würde ich nicht mieten können. Ich klingelte und stand ganz zaghaft an der Tür. Herr und Frau Kniese merkten wohl meine Angst und begrüßten mich besonders herzlich. Ja, sie wollten mich in ihr Haus nehmen. Ihre Tochter habe Marburg verlassen und sei nach Stuttgart verzogen. Eigentlich hätten sie nicht vorgehabt, dieses Zimmer zu vermieten. Aber nach jedem Gottesdienst habe der Prediger eine Ansage gemacht: Gläubige Theologiestudentin sucht ein preiswertes Zimmer. „Beim dritten Mal", fuhr Frau Kniese fort, „schubste ich meinen Mann an und flüsterte ihm zu: ‚Lass uns doch das Mädchen bei uns aufnehmen.' Sie sind uns wirklich herzlich willkommen!"

Auf meine Frage, was ich denn zahlen müsste, verlangten sie 30 Mark. Ja, diesen Betrag konnte ich aufbringen. Dann blieben mir noch 20 Mark für die Mensa. Erbsensuppe und Reis waren damals das billigste Essen und kosteten 50 Pfennig. Morgens und abends würde ich mich selbst versorgen, denn von zu Hause hatte ich einen ganzen Karton voll Lebensmittel mitgebracht: Eier, Speck, Wurst und Mehl.

Zum ersten Mal in meinem Leben würde ich ein eigenes Zimmer haben. Es war mit einem Bett, Schrank, Tisch, Stuhl und einer Kommode ausgestattet. Am Kopfende meiner Schlafstatt war ein Lämpchen angebracht. Ich kann gar nicht sagen, wie glücklich ich war. Ein Zimmer für mich ganz allein. Ich verstaute meine wenigen Sachen – wir lebten ja noch immer in großer Armut. Frau Kniese stand dabei, schubste wieder ihren Mann an und machte ihm ein Zeichen. „Fräulein Hannemann, 20 Mark für die Miete sind uns genug." Nur 20 Mark sollte ich für diese herrliche Studentenbehausung zahlen?

Ich hatte in dieser Familie wunderbare Christen gefunden. Sie nahmen mich auf, als wäre ich ihr eigenes Kind. Gott meinte es unwahrscheinlich gut mit mir. Am Sonntag wurde ich immer zum Mittagessen eingeladen und durfte noch eine Freundin mitbringen. Frau Kniese kochte so gut und reichlich, dass sie das Mittagsmahl damit abschloss: „Nicht wahr, Fräulein Hannemann, Sie nehmen sich der Reste an." So blieb mir noch meist für zwei Tage ein leckeres Essen im Kühlschrank. Wie oft fand ich, wenn ich nachmittags oder abends müde nach Hause kam, ein Schälchen mit Erdbeeren oder Pudding oder eine Flasche Saft auf meinem Tisch.

Zum ersten Mal kam ich auch in den Genuss eines richtigen Badezimmers. Dass Menschen mit mir ihr Bad teilten, hat mich schon verwundert. Zunächst wollte ich diese Freundlichkeit gar nicht annehmen und wies darauf hin, dass ich mit meiner Waschschüssel zufrieden sei. Aber Frau Kniese bestand darauf, dass ich vom Bad Gebrauch machte. Ich war so sparsam mit dem warmen Wasser, dass mir der Hauswirt am nächsten Samstag persönlich das Wasser in die Wanne einlaufen ließ. Nein, knauserig brauchte ich nicht mit dem Nass umzugehen.

Fuhren meine Vermieter in den Urlaub, dann fand ich auf meinem Tisch einen Zettel: „Bitte, Fräulein

Hannemann, essen Sie die Reste in der Speisekammer und im Kühlschrank auf. Es wäre schade, wenn sie verdürben." Ich gewann den Eindruck, dass so manche Köstlichkeit extra für mich eingekauft worden war. Mir ist es nie besser gegangen als zu dieser Zeit. Diese beiden alt gewordenen Christen waren wunderbare Menschen.

Kam ich abends vom Seminar oder von einer Veranstaltung der Studentenmission nach Hause, dann durfte ich immer noch einmal zu ihnen ins Wohnzimmer reinschauen. Es hat mir gut getan, dass sie sich danach erkundigten, wie es mir denn heute ergangen sei. Meine Prüfungstermine waren ihnen bekannt und ich war ihnen dankbar, wenn sie für mich beteten. Es war schon fast zur Normalität geworden, dass wir abends vor dem Schlafengehen noch ein Kapitel in der Bibel lasen und miteinander durch das Reden mit Gott den Tag beschlossen. In herzlicher Dankbarkeit erinnere ich mich an meine ersten Hauseltern und Vermieter.

Natürlich versuchte ich mich dankbar zu erzeigen. So fütterte ich oft ihre Hühner, pflückte die Beeren und säuberte die Gartenbeete. Ich war ja in einer kleinen landwirtschaftlichen Nebenerwerbsstelle groß geworden und mir waren solche Arbeiten gut bekannt und zudem machten sie mir Spaß.

Knieses wurden mir zu guten Freunden und ich konnte ihnen alles anvertrauen. Als ich mich in einen Studenten verliebte, waren sie die Ersten, die davon erfuhren. Ich fühlte mich nie allein gelassen und blieb so vor Heimweh bewahrt.

Die Studentenmission

In Marburg schloss ich mich der Studentenmission an. Es war Dr. Laubach, der mich in meine neue Aufgabe einwies. Er war damals Reisesekretär und besuchte die einzelnen Gruppen an den Universitäten. An einem Wochenende nahm er mich nach der Bibelarbeit beiseite: „Fräulein Hannemann, Sie sind für die jungen Mädchen in diesem Kreis verantwortlich. Noch sind es sehr wenige, aber vor Ihnen liegt ein großes Aufgabenfeld. Sie kennen Jesus, nehmen Sie sich der Studentinnen an. Beten Sie, Gott möge Ihnen einzelne Studentinnen aufs Herz legen. Laden Sie sie in die Veranstaltungen ein, damit sie das Wort von Gott hören können. Sprechen Sie mit ihnen über den Glauben an Jesus und wenn sie Christ geworden sind, dann ist die Nachbetreuung unbedingt wichtig. Begleiten Sie die jungen Menschen auf dem Weg der Nachfolge, indem Sie täglich mit ihnen einen Abschnitt aus dem Johannesevangelium lesen und mit ihnen beten. Vor allen Dingen sorgen Sie dafür, dass sie Anschluss an die Studentenmission gewinnen und sich selber dafür einsetzen, dass ihre Kommilitoninnen auch zu Jesus eingeladen werden. Unser Auftrag von Gott ist, die studentische Jugend zu Christus zu führen. Sie werden nämlich später wichtige Positionen in Staat und Gesellschaft einnehmen. Es ist unser Auftrag von Jesus, dass Menschen mit Gott versöhnt leben können und in den Himmel kommen."

Dies war eine klare und dringliche Anweisung. Ich habe diesen Rat befolgt und war erstaunt, wie wunderbar er in Erfüllung ging.

Morgens von sieben bis acht Uhr fand die Griechischvorlesung statt. Neben mir saß eine Theologiestudentin aus der Lüneburger Heide. Sie litt schrecklich unter Heimweh. Wir freundeten uns an, besuchten den Gottesdienst in der Stadtmission und gingen anschließend zu Knieses zum Mittagessen.

Einmal wagten wir in unserer Gruppe einen besonderen missionarischen Vorstoß. Wir luden Pfarrer Erich Schnepel aus Großalmerode zu einem Vortrag ein. Meinen Zehnten, das war der zehnte Teil meines Studiengeldes, hatte ich mir über einige Monate aufgespart und gab ihn bereitwillig, damit wir einen Hörsaal mieten konnten. Die Botschaft des Evangeliums erreichte auch meine Freundin. Sie hörte den Ruf Jesu und ging in die Sprechstunde von Pfarrer Schnepel, der im Kurhotel untergebracht war. Ich war wohl der glücklichste Mensch, als Traute ihre Entscheidung für Christus traf. Heute ist Traute Pfarrerin in Norddeutschland. Gott hatte überraschend schnell auf mein Beten geantwortet. Das gab mir Mut, für weitere Studentinnen zu beten und auch im zweiten Semester ereignete sich das Bekehrungswunder, als ich eine Studentin für Alte Sprachen zu einer Freizeit einlud und sie auch zum Glauben an Jesus kam. Ich war immer sehr eifrig im Einladen und gewann den Eindruck, dass einige fast Angst vor meinem missionarischen Tun bekamen. Sicher habe ich auch manchen Fehler gemacht und vielleicht war ich zu impulsiv. Später wurde ich behutsamer, aber die Freude, Menschen für Jesus zu gewinnen, ist mir bis heute eigen. Wer der Glut des Evangeliums zu nahegekommen ist, muss davon reden, dass Jesus neues Leben schenken will.

Der Partner fürs Leben

In mein erstes Semester fiel ein Ereignis, das mein Leben in eine andere Bahn lenkte. Davon könnte ich immer wieder erzählen, weil es mich so froh gemacht hat. Ich erinnere mich noch, als wäre es heute gewesen. Es war ein sonniger, schöner Tag im Mai. Vor der Universität stand eine alte große Linde, um ihren Stamm war eine Bank gebaut. Auf ihr hatte ich es mir bequem gemacht und versuchte, einige Verse aus dem Buch Josua vom Hebräischen ins Deutsche zu übersetzen. Es war eine mühevolle Plagerei. Die Sätze wollten sich einfach nicht aneinanderreihen lassen.

Neben mir saß ein junger Mann. Er war mir schon mal im Studentenbibelkreis begegnet. Er schien mich zu beobachten, denn plötzlich sprach er mich an: „Na, haben Sie Schwierigkeiten mit dem hebräischen Text? Kann ich Ihnen helfen?"

Für diesen Studenten aus dem höheren Semester war das Kapitel aus Josua überhaupt nicht schwer. Er übersetzte mir die Verse fließend herunter und fügte noch hinzu: „Sollten Sie wieder einmal mit einem Abschnitt nicht zurande kommen, helfe ich Ihnen gern."

Dieses Angebot nahm ich natürlich gerne an. So

traf ich mich regelmäßig mit diesem jungen Theologen in den Räumen der Studentenmission und übersetzte mit ihm Hebräisch. Ich wurde regelrecht in Hebräisch getrimmt. Jeden Tag kam ein neues Kapitel an die Reihe. Mir war das nur recht, denn ich wollte doch unbedingt die Prüfung schaffen. Fragte ich, was ich denn für die Nachhilfe bezahlen müsste, dann wehrte er ab und meinte: „Das können wir später klären."

Am 25. Juli war der Termin für die schriftliche Arbeit. Am Tag davor sollte noch einmal das Wichtigste wiederholt werden. Aber daraus wurde nichts. Ich saß dem Theologiestudenten gegenüber und fiel wie aus allen Wolken, als er zaghaft die Frage über die Lippen brachte: „Ich habe den Eindruck, Fräulein Hannemann, Gott hat uns beide zusammengeführt. Wollen Sie nicht meine Frau werden?"

In unsere Eheringe ließen wir später das Datum des 24.07.1955 eingravieren und das Wort, das wir uns für unseren gemeinsamen Lebensweg von Gott erbeten hatten: „Es sollen wohl Berge weichen und Hügel hinfallen, aber meine Gnade soll nicht von dir weichen und der Bund meines Friedens nicht hinfallen."

Dass ich am nächsten Tag, ganz zum Erstaunen der anderen Examenskandidaten, fröhlich und unbekümmert zur Prüfung erschien, muss ich sicherlich nicht erwähnen. Ich wusste ja: Falls ich durch das Examen fallen würde, ist es nicht so schlimm, ich heirate sowieso. Aber ich habe die Prüfung gut geschafft.

Nach fünf Semestern wurde ich durch meine Heirat mit Karl-Heinz Bormuth von der Studentin zur Hausfrau umfunktioniert. Mein Mann war schon lange mit seinem Studium fertig und unterrichtete an einem Gymnasium Englisch und Religion.

Unser gemeinsamer Lebensweg begann sehr armselig. An irdischen Gütern hatten wir beide nicht viel zu bieten. Aber ich hatte neben meinem Studium noch in einer Filiale der Francke-Buchhandlung für eine Mark Stundenlohn gearbeitet und mir etwas Geld für die Aussteuer verdient. Es war ein Aushilfsjob. Morgens hackte ich Kleinholz und schürte die Öfen. Ich reinigte den Laden und trug Zeitschriften aus. Wenn viel Kundschaft da war, durfte ich auch verkaufen.

Die Vorweihnachtszeit war für mich ein Höhepunkt. Ich hatte zwar keine große Ahnung, aber ich kannte für junge und alte Leute, für Kinder und Jugendliche einige Bücher und die pries ich mit großem Erfolg an. Ich konnte meine Kunden für Bücher begeistern und habe tüchtig verkauft. Oft wollten die Leute nur ein Buch erstehen, aber mit sieben gingen sie aus dem Laden. Die anderen Mitarbeiter schätzten mich, weil ich zu jeder Arbeit bereit war. An dieser Haltung hat sich bei mir bis heute nichts geändert, denn ich hatte schon zu Hause als junger Mensch gelernt zuzupacken, wo ich gebraucht wurde. Arbeit schändet nicht, heißt meine Devise. Heute muss ich schmunzeln, wenn ich an die Zeit in der Buchhandlung denke, denn im Verlag der Francke-Buchhandlung veröffentliche ich meine Bücher. So ändern sich die Zeiten und wir uns mit ihnen.

Aber eigentlich wollte ich von der Hochzeit erzählen und bin etwas abgeschweift. Unsere Trauung fand im kleinen Rahmen am 22. Juni 1957 statt. Nur unsere allernächsten Angehörigen nahmen daran teil. Pfarrer Theo Schnepel traute uns in den Räumen der Landeskirchlichen Gemeinschaft. Ich war so aufgeregt, dass ich nur den Trautext aus Jesaja 54,10 behalten habe. Von der Predigt weiß ich kein Wort mehr. Dieses Wort von Gottes wunderbarer Gnade ist in den sechzig Jahren unserer Ehe mit mir gegangen. Und wenn ich nach meinem Lieblingslied gefragt würde, dann wäre es auch ein Lied von der Gnade:

Gnade, die Jesus uns zugewandt,
die unsere Schuld und Sünde bedeckt,
strömet von Golgatha weit ins Land,
dort hat mein Heiland den Tod geschmeckt.

Hoffnungslos, trostlos und arm bist du,
einsam, von kalten Wogen umtost.

Hier ist die Hilfe, so greif doch zu!
Jesus gibt Zuflucht, gibt echten Trost.

Flecken der Sünde, tief eingebrannt,
was wäscht sie weg, vertilgt ihre Spur?
Sieh, Jesu Blut wird dir heut genannt,
hier ist die Rettung, die Hilfe nur.

Jesus, er starb doch an deiner statt,
darum kann Gott auch dir verzeihn;
nichts anderes macht deine Seele satt!
Willst du nicht heute begnadigt sein?

Refrain:
Gnade, Gnade, Gnade
vergibt dir und reiniget dich,
Gottes Gnade bringt
die Errettung für dich und für mich.

An Hochzeitsreise oder dergleichen Freuden war nicht zu denken. Das Referendargehalt betrug monatlich 348 DM. 100 DM bezahlten wir an Miete für unser kleines Heim hoch unterm Dach an meine Schwiegermutter. Wir hatten uns die kleine Puppenstubenwohnung mit einem Bekannten zusammen hübsch renoviert und mit gebrauchten Möbeln eingerichtet. Kühlschrank und Elektroherd kauften wir von meinem Ersparten. Dazu noch etwas Bettwäsche. Es war ein bescheidener, ja dürftiger Anfang und doch auch wieder eine bewegende, schöne Zeit. Wir wussten uns von Gott zusammengeführt und so hat mich in meiner Ehe nie die Angst überfallen, unsere Beziehung könnte gefährdet sein.

Unser Glück war vollkommen, als am 29. März 1958 unsere Tochter geboren wurde. Es war eine schwierige Geburt. Als mein Mann zu mir in den Kreißsaal kam, stammelte ich, noch mitgenommen von den Strapazen: „Karl-Heinz, ein hübsches kleines Mädchen ist geboren, aber es war furchtbar. Nie mehr will ich ein Kind." Danach folgten noch vier Söhne. Jedes meiner Kinder nahm ich aus Gottes guter Hand an.

Die verbrannten Briefe

Auch meine Schwiegermutter will ich nicht uner-
wähnt lassen, die als alleinerziehende Mutter ihren einzigen Sohn sehr liebte und aufs Engste mit
ihm verbunden war. Dass er einmal heiraten und
sein Leben mit einer Frau teilen würde, war in ihrem Lebensentwurf nicht vorgesehen und es muss
ihr wohl manch schlaflose Nacht bereitet haben, als
Karl-Heinz mich kennenlernte und wir Heiratsplä-
ne schmiedeten.

Nun hatten wir Hochzeit gefeiert und für meine
Schwiegermutter war es unerträglich, dass ihr der
Sohn nicht mehr ganz gehörte. Aber sie wollte retten, was noch zu retten war. So war sie es gewohnt,
abends, wenn ihr Sohn von der Universität nach
Hause kam, Tee zu kochen und belegte Brote auf
den Tisch zu stellen. Manchmal backte sie auch eine
Schwarzwälder Kirschtorte. So ließ sie den Abend in
einem langen Gespräch meist bis nach Mitternacht
ausklingen.

Nun war ich „junges Ding“, wie sie mich oft
nannte, in diese traute Zweisamkeit geplatzt und
meine Schwiegermutter hoffte, dieses Teestündchen
mit hinüberzuretten. So passierte es immer häufiger,
dass sie zu uns herauf rief: „Karl-Heinz, komm doch

bitte noch einmal zu mir herunter, wir müssen etwas sehr Wichtiges besprechen."

Mein Mann ging die Treppe herunter und kam nicht wieder zu mir herauf. Ich lag in meinem Bett, wartete Stunde um Stunde, wurde ärgerlich, dass ich den Abend ohne meinen Mann verbringen musste. Im Stillen fragte ich mich, was denn Mutter so oft zu nachtschlafender Zeit zu besprechen habe. Als dann Karl-Heinz nach Mitternacht in unserer Wohnung erschien, explodierte ich. Bei meinem Temperament ging es dabei nicht gerade lieblich zu. Es fielen hässliche, verletzende Worte. Mein Mann legte sich ins Bett und sagte keinen einzigen Ton. Das machte meinen Zorn noch größer, weil mein Reden ihn anscheinend nicht erreichte. Es war, als spräche ich gegen eine Wand. Ein, zwei Stunden lagen wir dann unruhig nebeneinander. Schließlich hielt ich es nicht länger aus. Ich zupfte meinen Mann am Ärmel und redete auf ihn ein: „Karl-Heinz, wir wollen Christen sein und schweigen uns an! Lass uns doch wieder miteinander reden. Wir wollen doch gut zueinander sein!"

Und dann haben wir bis zum Morgengrauen unsere Probleme hin und her gewälzt. Draußen stimmten schon die Vögel ihre Lieder an. Und dann fiel ein Wort in unserem Gespräch: Vertrauen.

Unser Miteinander sollte vom Vertrauen getragen sein. Wir wollten uns nicht durch trotziges

Schweigen verletzen und uns Wunden schlagen. Es war mir wichtig: Mein Mann und ich, wir gehören untrennbar zusammen. Keiner darf in unsere Beziehung negativ hineinwirken. Aber es war uns genau so wichtig, dass meine Schwiegermutter in unsere Liebesbeziehung mit eingeschlossen wurde.

Gewiss, solche Entschlüsse sind schnell gefasst, aber lassen sich nicht von heute auf morgen in die Tat umsetzen. So weiß ich um Siege, aber auch um Niederlagen. Mir hat die seelsorgerliche Begleitung durch einen Pfarrer geholfen, der mir riet, täglich für meine Schwiegermutter zu beten. Das würde unsere Beziehung zum Guten wenden.

Ehrlicherweise muss ich zugeben, dass ich in dieser Zeit lieber für einen Eskimo in Grönland und einen Indianer in Südamerika gebetet hätte als für meine Schwiegermutter. Aber ich wollte Gott gehorsam sein und befolgte den Rat meines Seelsorgers. Mit der Zeit hat sich unser Verhältnis entspannt, so dass ich sie später in unser Haus holte und bis an ihr Lebensende pflegte. Sie wurde fast 93 Jahre alt und war mir für alle Hilfe sehr dankbar.

Einmal schaute sie mich besorgt an, als ich sie fütterte und meinte: „Lotte, was wird denn nun mit den Briefen?" Ich wusste nicht, was sie damit sagen wollte. Erwartungsvoll blickte ich sie an. Sie aber schwieg. Erst nach ihrem Tod habe ich ihre Frage verstanden. In ihrem Nachlass fand ich einen Packen alter Briefe. Sie waren mit einem Goldband verschnürt und mit der Aufschrift versehen: Lotte. Mutter hatte die Angewohnheit, jeden Brief erst ins Unreine zu schreiben und dann den Antwortbrief dazu zu heften. In einer Nacht las ich die vielen Seiten und musste heftig weinen. So schrieb sie z.B. an ihren Bruder:

„Lieber Odo!
Jetzt kannst du nur meine Rettung sein. Stell dir vor, Karl-Heinz ist an ein Flüchtlingsmädchen geraten, an so eine Russenmagd aus Bessarabien. Weißt du eigentlich, wo Bessarabien liegt? Sieh zu, dass du diese Verbindung schnellstens wieder zur Auflösung bringst. Nie werde ich dieses junge Ding, das nichts ist und auch nichts hat, akzeptieren können. Es ist so arm wie eine Kirchenmaus und besitzt keinen Heller und Pfennig. So etwas passt doch nicht zu unserer Familie, wo du Oberregierungsrat am Patentamt bist und wir ein großes Haus besitzen. Sprich mit Karl-Heinz und treib ihm diese Mucken aus, er redet nämlich schon von Verlobung."

Neu wurde mir bewusst, wie schwer es ist, arm und ein Flüchtling zu sein. Es nützte mir nämlich gar nichts, dass ich wie Karl-Heinz Theologie studierte. Das Ganze ging mir sehr zu Herzen. Dann aber besann ich mich auf das Wesentliche. Ich hatte zu meiner Schwiegermutter im Laufe der Jahre ein gutes Verhältnis aufgebaut. Sollte mich dies nicht froh machen? Bitter wollte ich nicht werden und mich im Dickicht kleiner und großer Verletzlichkeiten verstricken. Ich wollte lieben und verzeihen. Denn wie könnte ich sonst im Vaterunser beten: „Und vergib uns unsere Schuld, wie wir unseren Schuldigern vergeben?" Ich zündete ein kleines Feuer an und verbrannte einen Brief nach dem anderen.

Heute hege ich gute Gedanken an meine Schwiegermutter und stelle Blumen auf ihr Grab. Ich ehre sie als Mutter, die meinem Mann das Leben geschenkt hat. 60 Jahre dürfen wir nun schon ein glückliches Paar sein und gemeinsam unserem Herrn Christus dienen.

Ein halbes Pfund Butter in der Manteltasche

1957, am Anfang unserer Ehe, gingen wir durch manche finanziellen Engpässe; aber das ist ja bei vielen jungen Familien der Fall, die sich eine Existenz aufbauen wollen.

Es gibt Menschen, die ich wohl ein Leben lang nicht vergessen werde. Dazu gehört ein kleines lediges Fräulein. Sie war Mitglied unserer Landeskirchlichen Gemeinschaft und wir trafen sie immer wieder bei den Gemeindeveranstaltungen. Mehrmals fand ich nach der Bibelstunde ein halbes Pfund Butter in meiner Manteltasche. Ich rätselte, wo diese Kostbarkeit nur herkam. Lange habe ich nicht gewusst, wer mir so viel Gutes zufügte. Erst nachdem wir Marburg längst verlassen hatten und die liebe alte Dame nicht mehr lebte, erzählte mir ihre Freundin, wer der Geber gewesen war. Fräulein Häuser war eine eifrige Christin. In ihrem Handeln ist sie mir zu einem Vorbild geworden. Regelmäßig besuchte sie die Gebetsstunden und Gottesdienste. Bei einem Professor hatte sie als Haushälterin gearbeitet und besaß sicher keine großen Reichtümer. Aber sie hatte wache Augen für ihre Mitchristen und ein liebendes Herz dazu. Von ihrer geringen Rente kaufte sie noch Butter für mich, damit mir in der Schwangerschaft nichts Lebenswichtiges fehlte. Als dann unsere Tochter Anne-Ruth geboren war, strahlte sie über das ganze Gesicht und bat, das Baby auf den Arm nehmen zu dürfen.

Liebende Menschen auf meinem Weg

Im Frauenkreis der Gemeinde war ich mit meinen 23 Jahren die Jüngste. Als unser erstes Kind geboren war, freuten sich die anderen Frauen sehr und es war, als hätten sie selbst Zuwachs erhalten. Ich wurde reich mit Babykleidung beschenkt: Strampler, Jäckchen, Hemdchen und Mützchen. Eines Tages stand die Leiterin vor mir und brachte mir einen teuren, großen Wäschetopf. Für meine ersten beiden Kinder habe ich jahrelang die Windeln darin gekocht. Ich fühlte mich Frau Räther innig verbunden. Sie war mir eine Mutter in Christus.

Und noch ein Name taucht in meiner Erinnerung auf: Prediger Willi Georgi. Er war meinem Mann ein rechter Seelsorger. Er war es auch, der Karl-Heinz schon als Student in den Predigtdienst eingeführt hat. Oft kam er noch abends nach einer Bibelstunde zu uns und besprach mit meinem Mann den Verlauf der nächsten Gemeinschaftsstunden.

Wie sehr sorgte sich Herr Georgi um unser Wohl! Wir lebten wirklich in ganz bescheidenen Verhältnissen. Zwei winzige Dachzimmer nannten wir unser Eigen. Unser Wohnzimmerchen war mit einem kleinen Balkon ausgestattet. Hier nahmen wir im Sommer die Mahlzeiten ein und mein Mann bereitete sich für seinen Unterricht vor. Oft stand dort unser Baby an der frischen Luft und ich trocknete auch draußen die Windeln. Eines Tages erschien unser Prediger mit einem Ballen Stoff unter dem Arm und sagte: „Ihr braucht unbedingt eine Markise. Euch können ja die Leute in die Suppe sehen. Außerdem ist es wichtig, dass euer Baby nicht dem Wind ausgesetzt ist." Ich war völlig überrascht. Herrn Georgi lag nicht nur unser geistliches Wohl am Herzen, sondern er kümmerte sich sogar um unsere Wohnmöglichkeiten. So stelle ich mir einen rechten Hirten der Gemeinde vor.

Eine besondere Überraschung erlebten wir mit unserem Prediger, als wir nach zwei Jahren Marburg verlassen mussten. Mein Mann hatte sein zweites Staatsexamen bestanden und wurde in einem Gymnasium als Assessor angestellt. Nun galt es umzuziehen. Außer einem Elektroherd und einem Kühlschrank besaßen wir nichts an Möbeln. Es fehlte uns auch an Deckbetten und Geschirr. Bisher hatten wir die beiden möblierten Studentenzimmer meiner Schwiegermutter bewohnt. Eines Abends klingelte Herr Georgi an unserer Tür. „Karl-Heinz, ich habe mir überlegt, wie ihr nun in Arolsen zurechtkommen sollt. Ihr seid ja so arm wie eine Kirchenmaus und ihr braucht dringend ein Schlafzimmer, einen Schreibtisch, Stühle und Kochtöpfe. Ihr kennt ja Familie Mayer aus unserer

Gemeinde. Sie sind Juden und haben unter dem Naziregime schrecklich leiden müssen. Aber sie haben den Holocaust überlebt. Für den Verlust ihres Besitzes haben sie vom Staat eine Entschädigung erhalten. Ich habe mit dem Ehepaar gesprochen und sie sind bereit, euch finanziell zu helfen. 3000 DM würden sie euch leihen. Damit könnt ihr euch das Nötigste für den Anfang kaufen. Mich würde es beruhigen, wenn ich euch nachts in warmen Federn wüsste."

3000 DM war für uns eine ungeheuer große Summe. Ich kam aus dem Staunen nicht mehr heraus. Ohne dass wir einen Schuldschein unterschreiben mussten, händigte uns Herr Mayer das Geld aus und fügte noch hinzu: „Natürlich ohne Zinsen."

Später haben wir es Familie Mayer gleichgetan. Für einen jungen Prediger, der seinen ersten Dienst antrat, kauften wir ein Auto. Nach etwa vier Jahren zahlte er uns das Geld in kleinen Raten zurück. Natürlich ohne Zinsen. So durften wir von der Liebe reifer Christen lernen.

Ein neuer Start in Bad Arolsen

Ich weiß es noch wie heute, wie ich in Bad Arolsen fast traumwandlerisch durch die Halle eines Möbelgeschäftes ging. Ich kam ja aus sehr armen Verhältnissen. Durch die Umsiedlung aus Bessarabien und die Flucht 1945 vor den Russen hatten meine Eltern ihr gesamtes großes Vermögen zweimal verloren. Wir hausten in der Nachkriegszeit mit unserer sechsköpfigen Familie in einer Küche mit Kammer. Und nun sollte ich mir ein nagelneues Schlafzimmer aussuchen. Das war mir unbegreiflich. Ich schaute mir die Möbel an und entschloss mich für ein helles Schlafzimmer in Birke. Noch heute, nach 60 Ehejahren, tut es uns gute Dienste. Nie würde ich mich davon trennen wollen, erinnert es mich doch an die Liebe von Herrn Georgi und an das jüdische Ehepaar, die uns beglückt haben.

Schwierig gestaltete sich 1958 in Bad Arolsen die Wohnungssuche. In der Nachkriegszeit war es nicht einfach, eine Bleibe zu finden. Als mein Mann sich in der Schule vorstellte, sagte man uns, dass wir in dieser Stadt höchstens ein Zimmer finden könnten. Verwöhnt waren wir ja nicht und ich wäre auch mit unserem Kind nach Arolsen mitgezogen, wenn wir nur ein Bett gehabt hätten. Aber im Stillen setzten wir unser Vertrauen auf Gott. Wenn Jesus nach der Auferstehung zu Gott ging, um uns im Himmel Wohnungen zu bereiten, dann kann er das auch auf der Erde für uns tun. Wir beteten und sprachen dann einen jungen Mann auf dem Wochenmarkt an: „Kennen Sie hier Menschen, die sich zum Bibellesen und Gebet treffen?" Etwas verdutzt schaute mich der Mann an, zögerte einen Augenblick und schickte uns dann in die Bahnhofstraße zum Saal der Freien evangelischen Gemeinde. Wir stellten uns beim Pastor vor und unterbreiteten ihm unser Anliegen. Die Begegnung war herzlich, wie es ja unter Christen sein sollte. Wir wussten sofort, dass wir nicht auf taube Ohren stoßen würden. Pastor Mevissen überlegte einen Augenblick und gab uns dann die Adresse einer Familie aus seiner Gemeinde. Frau Reuter vermietete immer Zimmer an Kurgäste. Nun war aber gerade die Saison zu Ende gegangen und wahrscheinlich könnte sie uns eine Bleibe geben. Eine halbe Stunde später wussten wir, dass unter ihrem Dach, Bahnhofstraße 8, unser neues Zuhause sein würde. Wir waren die glücklichsten Leute und dankten Gott für seine Hilfe. In Bad Arolsen verlebte ich die schönste Zeit meines Lebens, auch wenn sie nicht immer frei von Sorgen war.

Gottfried wird geboren

Im Rückblick läuft Gottfrieds Leben wie in einem Film an meinem inneren Auge vorüber. Wir haben uns dieses Kind, wie alle unsere fünf Kinder, von Gott erbeten. Es war erwünscht und wurde froh erwartet. Aber die Wochen und Monate vor seiner Geburt brachten mich in eine gewaltige Enge und Not. Immer wieder fragte ich mich: *Woher soll ich nur die Kraft nehmen, diesem Kind zum Leben zu verhelfen?* Meine Füße waren stark geschwollen und oft musste ich erbrechen. Und dann kam doch der Tag der Geburt. Barfuß kam ich in der Klinik an, weil ich schon lange nicht mehr in einen Schuh schlüpfen konnte. Der Arzt, die Hebamme und die Schwestern im Bad Arolser Krankenhaus waren sehr besorgt und mühten sich in rührender Weise um mich. Stunde um Stunde ließ ich die Wehen über mich ergehen, bis ich vor quälendem Schmerz schrie: „Ich kann nicht mehr, ich kann wirklich nicht mehr!" Ich sehe heute noch den ermutigenden Blick und das Zublinzeln der groß gewachsenen, blonden Krankenschwester vor mir, die mir mit ihrem Mienenspiel sagen wollte: „Nur noch ein bisschen Anstrengung, nur noch ein bisschen Durchhaltevermögen, dann haben Sie es geschafft." Ich habe diese freundliche, liebe, junge

Frau später nicht mehr wiedergesehen, sie war nur bei meiner Entbindung dabei, aber vergessen habe ich ihre Blicke und ihr Zunicken nicht. Sie hat mir in meiner Not beigestanden und Hoffnung vermittelt.

Gottfried wurde am 13. Juli 1959 so gegen 8 Uhr geboren. Eine Zangengeburt half ihm ins Leben hinein. Aber der Junge war von diesem Eingriff gezeichnet. An den Schläfen war das Köpfchen eingedrückt und blutunterlaufen. Als ich nach der Narkose das Kind zum ersten Mal in meinen Armen hielt, überkam mich Angst. Würde unser Sohn überleben? Gottfried war schwach und zudem stellte sich noch am dritten Tag eine Gelbsucht ein. Für ein Achtmonatskind hätte dies tödlich sein können. Ich habe in den Tagen des Wochenbetts viel gebetet und noch mehr geweint. Wenn mir der Säugling zum Stillen gebracht wurde, holte ihn die Kinderschwester nach 20 Minuten wieder ins Kinderzimmer zurück, ohne dass das Kind die nötige Trinkmenge zu sich genommen hatte. Der kleine Kerl war einfach zu schwach zum Saugen und schlief nach den ersten Zügen gleich wieder ein. Kein einziges Mal hörte ich das Baby schreien und seine Augen blieben vor Erschöpfung immer geschlossen. Was sollte bloß aus meinem Kind werden? Ich bat den Chefarzt, den Kleinen zu untersuchen. Aber seine Antwort war mir kein Trost: „Nun beruhigen Sie sich doch, gnädige Frau, ich habe schon schlimmere Fälle gesehen." Diese Antwort hat mich fast wütend gemacht und mich überfielen Bedenken, ob ich wohl unser Kind lebend nach Hause bringen würde. Das Wort aus Prediger 3 stand mir vor Augen. Dort heißt es u. a.: „Ein jegliches hat seine Zeit und alles Vornehmen unter dem Himmel hat seine Stunde: geboren werden und sterben, pflanzen und ausrotten, was gepflanzt ist, würgen und heilen, brechen und bauen, weinen und lachen, klagen und tanzen. Gott aber tut alles fein zu seiner Zeit und lässt ihr Herz sich ängstigen, wie es gehen soll in der Welt. Denn der Mensch kann doch nicht treffen das Werk, das Gott tut, weder Anfang noch Ende."

Geboren war mein Kind, aber es sollte nicht sterben. Leben sollte es! Doch als unser Sohn immer mehr an Gewicht abnahm, packte mich die Angst. Ich weinte Tag und Nacht.

Nach meiner Entlassung aus dem Krankenhaus fuhren wir sofort nach Marburg. Dankbar bin ich für eine ältere Diakonisse. In meiner Verzweiflung suchte ich Rat bei Schwester Else, als Gottfried nach sechs Wochen noch immer nicht das Geburtsgewicht von sechs Pfund erreicht hatte. Schwester Else arbeitete schon viele Jahre im Kinderheim Bethesda. Durch ihre lange Erfahrung hatte sie das rechte Gespür für Säuglinge. Sorgfältig untersuchte sie meinen Sohn und gab mir hilfreiche Ratschläge, wie es mit Gottfried besser werden könnte. „Ihr Baby wird es schaffen", ermutigte sie mich. So flößte ich nach ihrer Weisung dem Jungen alle zwei Stunden die Milch mit einem Löffelchen ein. Mit einem nassen Schwamm strich ich ihm immer wieder über das Gesicht, sodass er aus seiner Schläfrigkeit herausgeholt wurde. Es war ein zeitaufwändiges Unternehmen, bis das Kind die paar Gramm endlich getrunken hatte. Doch der Erfolg blieb nicht aus. Der Junge erreichte auf diese Weise nach etwa sieben Wochen sein Geburtsgewicht und von da an ging es aufwärts mit ihm. Außerdem ging ich jeden Tag mehrere Stunden mit dem Baby spazieren. Die frische Luft tat ihm wohl und so kehrten nach und nach seine Lebensgeister wieder zurück. Gottfried entwickelte sich sogar zu einem stämmigen, lebhaften Kerlchen. Nach elf Monaten war er so kräftig, dass er sein Ställchen, das auf einer Wiese vor unserem Haus stand, umwarf und im Gras herumkrabbelte.

Zur Namensgebung unseres Kindes muss ich noch erwähnen, dass wir lange nach einem passenden Namen gesucht haben. Mein Mann wollte seinen ersten Sohn Johannes Samuel nennen, weil ein Freund von ihm so hieß. Ich war aber mit diesem Namen nicht einverstanden. Er schien mir zu altertümlich zu sein. In den fünfziger Jahren waren die biblischen Namen noch ungebräuchlich und ich fürchtete, das Kind könnte wegen dieses ausgefallenen Namens später gehänselt werden. Da ich aber meinem Mann eine Freude machen wollte, erklärte ich mich nach langem Zaudern mit seiner Namenswahl einverstanden. Vielleicht könnten wir auf diese Weise sogar die alten, bedeutungsreichen, schönen Namen der Bibel ins Bewusstsein der Menschen rufen. Aber dann ereignete sich etwas Unvorhergesehenes. Mein Mann kam gerade in dem Augenblick ins Krankenhaus, als ich die schmerzhaftesten Wehen durchzustehen hatte und in den Operationssaal gefahren wurde. Er hat mächtig mit mir gelitten. Als es dann darum ging, den Namen des Kindes anzugeben, beschwor mich mein Mann: „Lotte, sag du, wie das Kind heißen soll. Du hast die Schmerzen gehabt und deshalb sollst du entscheiden. Ich bin mit allem einverstanden."

Ich habe nachgedacht und darüber gebetet und wählte dann den Namen Gottfried aus. Gewiss, dies war auch kein gängiger Name, aber ich verband damit den Wunsch, dass dieses Kind allezeit im Frieden Gottes ruhen möge. Leicht habe ich es meinem Sohn mit diesem Namen nicht gemacht. Ich glaube, dass er sich manchmal dieses Namens geschämt hat. Seine Klassenkameraden und Freunde nannten ihn Gogo. Mir aber ist Gottfried ein schöner, verheißungsvoller Name.

Unser guter Nachbar Malek

Ein besonderes Geschenk war unser neu erbautes Haus, in das wir 1960 einzogen. Gewiss, wir haben sehr sparen müssen und in den ersten Jahren haben wir uns verschiedene Verbote auferlegt. So durften keine Süßigkeiten, keine Kleider, keine Schuhe und auch keine Bücher gekauft werden. Aber dieser Verzicht hat sich gelohnt. Unsere drei ersten Kinder, die wie Orgelpfeifen heranwuchsen, hatten viel Freiraum in der Wohnung und dazu einen herrlichen Garten. Einmal habe ich Gottfried lange suchen müssen. Das Kind war wie vom Erdboden verschluckt. Ich lief von Haus zu Haus und fragte Nachbarn und Bekannte, ob sie nicht unseren Sohn gesehen hätten. Er war ja erst zweieinhalb Jahre alt. „Gottfried, Gottfried!", rief ich, so laut ich konnte, und rannte bis zum nahe gelegenen Wald. Keine Spur war zu entdecken. Als ich völlig atemlos und aufgeregt zu Hause wieder ankam, kroch der kleine Kerl gerade unter einem Strauch hervor, unter dem er ein Häufchen Staub gesiebt hatte. Er war so in sein Spiel versunken gewesen, dass er mein Rufen gar nicht gehört hatte. Ich war erleichtert. Nichts ist für eine Mutter schlimmer, als wenn sie eines ihrer Kinder suchen muss.

Wie wichtig es auch für Kinder ist, gute, freundliche Nachbarn zu haben, erfuhren wir durch Herrn Malek. Gottfried liebte Onkel Malek und wurde auch geliebt. Oft stand er mit seinem Schäufelchen und roten Eimer dabei, wenn der Nachbar Mörtel mischte. Er half mit seinen kleinen Händchen tüchtig mit und durfte manchmal mit seiner Schubkarre Sand holen. Dabei kam der kleine Mann sich so wichtig und unersetzlich vor, als könnte die Garage nur mit seiner Hilfe erbaut werden. Stolz berichtete mir der tüchtige Maurer: „Mama, wenn der Onkel Malek mich nicht hätte, könnte er nie und nimmer sein Haus fertig bauen."

War unser Sohn auf Nachbars Grundstück, dann konnte ich unbesorgt meiner Hausarbeit nachgehen. Ich wusste mein Kind in guter Obhut.

Nur einmal hörte ich Herrn Malek laut schimpfen. Aus den Wortfetzen, die an mein Ohr drangen, war mir klar, dass sich sein Ärger gegen Gottfried richtete. Schnell lief ich aufs Nachbargrundstück. Der Zorn des Nachbarn war grenzenlos. Er schnaubte vor Wut und sein Jähzorn war ihm ins Gesicht geschrieben. Unter seinen ergrimmten Blicken brachte ich das Kind erst mal in Sicherheit. Verstört und ängstlich hockte der kleine Kerl in unserer Küche. Er verstand nicht, warum der liebe Onkel Malek so böse auf ihn war.

Später erfuhr ich den Grund für seinen Zornesausbruch. Unser Nachbar war dabei, sich unter viel Mühen und Fleiß seinen Garten anzulegen. Für Hunderte von Mark hatte er sich Blumenzwiebeln aus Holland schicken lassen und sie nach Farben und Sorten in die Erde gesteckt. Jede Tulpe, jeden Krokus und jede Staude kennzeichnete er mit verschiedenfarbigen Stäbchen, damit er im Frühjahr wüsste, was er noch an Blumen dazupflanzen müsste. Unser Sohn hatte Gefallen an den bunten Stäbchen gefunden und war so sehr von den roten, gelben, blauen, grünen und weißen Stäbchen fasziniert, dass er über die frisch bepflanzten Beete tapste, die Stäbchen herauszog und sie auf einem Häufchen nach Farben sortierte. „Guck mal, Onkel Malek, was ich für schöne Türmchen gebaut habe! So viele schöne, bunte Stöckchen! Soll ich dir auch welche geben? Willst du auch einen Turm bauen?"

Ich begriff Herrn Maleks Wutausbruch sofort. Seiner Frau aber bin ich von Herzen dankbar. Auf sein Schreien und Schimpfen hin kam sie aus der Küche gerannt, sah das Malheur und versuchte, ihren Mann zu beschwichtigen: „Komm, Erich, nimm's nicht so schwer. Der Kleine hat es doch bloß gut gemeint. Es ist auch nicht so schlimm. Du wirst staunen, wenn alles im Frühjahr zum Blühen kommt. Lass dich überraschen! In der Natur vertragen sich die Farben miteinander."

Ganz neu begriff ich, welch ein Geschenk gute

Nachbarn sind. Die Liebe Onkel Maleks zu Gott-fried blieb aber trotz des Vorfalls erhalten.

Mir ist Luthers Auslegung zur vierten Bitte im Va-terunser bedeutungsvoll, wo er zum täglichen Brot auch die guten Nachbarn rechnet. Frau Malek hatte Recht behalten. Als das Frühjahr anbrach, blühte es in ihrem Garten auf das Herrlichste: Tulpen, Hya-zinthen, Krokusse und Schneeglöckchen verwandel-ten die braune Erde in ein Meer von Blüten. Jedes Mal, wenn ich aus dem Schlafzimmerfenster schau-te, musste ich an Gottfrieds bunte Stöckchen in sei-ner Faust denken.

Freud und Leid im Kinderleben

Die ersten Jahre in Bad Arolsen mit unseren Kindern waren überaus reich und voller Überraschungen. Unsere zwei Ältesten verlebten eine glückliche Zeit. Vor dem Haus war die Erde hoch aufgeschichtet worden. Kullerberg nannten Anne-Ruth und Gottfried ihr kleines Paradies. Im Winter diente ihnen der kleine Hügel zum Schlittenfahren, im Sommer wurden Schlammburgen gebaut und Höhlen hineingegraben. War ein Fest geplant, dann wurde der ganze Berg mit Gänseblümchen und Löwenzahn der nahen Wiese geschmückt. Zu Ostern versteckten wir dort die bunten Eier. Das war immer ein besonderes Vergnügen und gerne sehe ich mir auf Fotos noch einmal das fröhliche Treiben von damals an. Manchmal waren unsere beiden so mit Gras und Schlamm bedeckt, dass ich erst genauer hinsehen musste, wen ich eigentlich vor mir hatte: Anne-Ruth oder Gottfried. Dann hörte ich meinen Mann sagen: „Ich werde noch mal eine Maschine erfinden, die unsere zwei packt, sie auf eine Waschstraße stellt, ihnen mit Greifern die Kleider auszieht, sie mit einem Strahl warmen Wassers abspritzt, mit lauer Luft abtrocknet und ihnen die Schlafanzüge anzieht. Am Ende der Waschstraße kommen sie dann geschniegelt und gebügelt hervor und können sich gleich an den Abendbrottisch setzen."

Besonders groß war die Freude, als unsere Kinder ein Dreirad geschenkt bekamen. Familie Buck aus der Freien evangelischen Gemeinde brachte uns eines Tages das Rädchen. Auf der Terrasse wurde Radfahren zum Vergnügen für unsere Rangen. Anne-Ruth lenkte das Gefährt und Gottfried saß auf dem Gepäckträger. An den Nachmittagen fuhr ich mit Kinderwagen und Dreirad in den wunderschönen Alleen Bad Arolsens spazieren. Kein Auto störte unsere Fahrten. Inzwischen war nämlich Nummer drei, unser Matthias, in der Pyrmonter Straße angekommen. Ob Familie Buck ahnte, wie sehr sie uns mit diesem roten Rädchen beglückt hat? Das Rädchen war unverwüstlich und hat ganz wesentlich zur Freude unserer Kinder beigetragen.

Düster überschattet wurde die Zeit in Bad Arolsen von schweren Erkrankungen. Eine Lungenentzündung und ein lang anhaltender Keuchhusten brachten unsere Kinder an den Rand des Todes. Die Erstickungsanfälle vor allen Dingen in den Nachtstunden waren grausam. Kurz vor Ausbruch des Keuchhustens war mein Mann gerade nach Österreich zu einer Jugendfreizeit gefahren, die er leitete. Ich konnte ihn überhaupt nicht erreichen, denn die Hütte in den Bergen hatte kein Telefon. In den kritischen Nachtstunden stand mir ein türkischer Student zur Seite, der als Untermieter bei uns wohnte. Er trug ein Kind auf dem Arm und ich das andere, wenn der Hustenanfall die Kleinen schrecklich keuchen und japsen ließ. Ich war kurz vorher mit unseren beiden Großen noch zu einem Zirkusfest gegangen, als sich die ersten Anzeichen dieses furchtbaren Hustens ankündigten. Vorzeitig verließ ich die Veranstaltung und brachte meine beiden Patienten zu Bett. Ich selbst hatte mich auch bei den Kindern angesteckt und so husteten wir zu dritt um die Wette. Außerdem war ich wieder schwanger und litt unter starker Übelkeit. Mir wurde von Freunden geraten, mit den Kindern ins Gaswerk zu gehen und dort die heilenden Dämpfe einzuatmen. Das sollte Linderung für die schweren Hustenanfälle bringen. Voller Begeisterung sagten die Kinder zu Bekannten auf der Straße: „Jetzt gehen wir ins Gastwerk!" Damit meinten sie wohl ein Gasthaus. Sie waren dann doch sehr enttäuscht, als wir in einem alten, schmutzigen, windschiefen Schuppen landeten. Dort wurde für uns eine Grube aufgedeckt und wir atmeten die Ammoniakdämpfe ein.

Diesen alten, düsteren Schuppen gestaltete ich zu einem kleinen Paradies um. Ich saß auf einer Holzbank, rechts und links ein Kind im Arm und begann, die herrlichsten biblischen Geschichten zu erzählen. Ich malte den Kleinen Hanna vor Augen, die so traurig war, weil sie kein Kind bekam. Ach, wie bangten Gottfried und Anne-Ruth mit dieser verzweifelten Frau, die vor Gott in langen Gebeten ihr Herz ausschüttete. Würde der Herr sie erhören und ihr einen Sohn schenken? Und dann war die Freude überwältigend, als Hanna Samuel das Leben schenkte.

Wie litten sie mit Daniel in der Löwengrube! Ein Staunen überkam sie, weil Gott den wilden, schrecklichen Löwen den Rachen verstopfte und Daniel unbeschadet aus dieser grausamen Grube herauskam. Über Monate sangen sie dann fröhlich immer wieder das Lied: „Fest und treu wie Daniel war", das ich ihnen vorgesungen hatte.

Am spannendsten war die Geschichte von der Stillung des Sturmes. Die Jünger waren aufs Meer hinausgefahren, als plötzlich ein gewaltiger Wirbelwind losbrach. Die Wellen schlugen ins Boot, die Ruder zerbrachen, der Wind heulte, sodass die Jünger in Todesgefahr gerieten. In ihrer Verzweiflung weckten sie Jesus auf, der hinten im Boot schlief. Sie schrien laut: „Herr, hilf uns, wir gehen unter!" Da hat sich der Heiland aufgerichtet und hat laut in den Sturm hinausgerufen: „Schweig und verstumme!" Da wurde es auf dem Wasser ganz still. Befreit atmeten die Jünger auf und freuten sich, dass sie einem solch mächtigen Herrn nachfolgen durften. Er hatte Gewalt über Wind und Wetter.

Durch das Erzählen der biblischen Geschichten

wurden die Aufenthalte im Gaswerk zu Höhepunkten im Leben unserer Kinder. Schon morgens beim Aufstehen fragten sie: „Gehen wir heute wieder ins ‚Gastwerk‘?“ Von August bis weit ins neue Jahr dauerte die Husterei an. Als die Kinder längst gesund waren, musste ich sie immer wieder ermahnen: „Hört endlich auf zu husten!“ So sehr hatten sie sich an den Keuchhusten gewöhnt.

Die biblischen Geschichten blieben nicht ohne Wirkung auf unsere zwei. Bei der allabendlichen Säuberung in der Wanne ließen sie den Wind aufheulen und ruderten so kräftig mit den Armen, dass das Wasser über den Wannenrand hinausplatschte und das Bad in eine Seenlandschaft verwandelte. In der Küche nebenan hörte ich, wie Gottfried laut rief: „Da hat sich der Heiland aufgerichtet und hat laut in den Sturm hinausgeschrien: ‚Wind, schweig und verstumme!‘ Da wurde es ganz still.“ So haben unsere Kinder früh das Vertrauen zu Gott gewonnen.

Der Kampf um einen Namen

Im Mai des Jahres 1963 wurde unser drittes Kind geboren. Anne-Ruth war noch immer so bewegt von der Geschichte der tief betrübten Hanna und ihrem ergreifenden Gebet, das auf so wunderbare Weise schnell erhört wurde, dass sie sich auf meinen Schoß setzte und sagte: „Mama, wir nennen unser Brüderchen Samuel. Er soll auch ein guter Knecht Gottes werden. Wir bringen ihn dann in den Tempel. Wenn er ein bisschen größer geworden ist, besuchen wir ihn. Jedes Jahr kommen wir zu ihm und bringen ihm auch ein schönes, neues Kleidchen mit, immer ein bisschen größer."

Anne-Ruth war untröstlich, als ihr kleiner Bruder nicht Samuel, sondern Matthias genannt wurde. Zweimal war also das Bemühen gescheitert, den Namen Samuel in unsere Familie einzuführen. Zudem hatte die Namensgebung bei Matthias noch ein besonderes Nachspiel. Es ist ernst und lustig zugleich: Der Junge sollte mit dem Namen „Karl-Heinz Matthias" ins Stammbuch eingetragen werden. Karl-Heinz heißt nämlich mein Mann und ich wollte ihm mit dieser Namenswahl eine Freude machen. Den Rufnamen Matthias hatten wir gemeinsam ausgesucht. Er stammt aus dem Hebräischen und bedeutet „Gabe Gottes". Als eine solche hatten wir dieses dritte Kind empfangen. Voller Freude hatten wir auch meinen Eltern seine Geburt mitgeteilt.

Es waren vielleicht 14 Tage vergangen, als mich der Brief meines Vaters erreichte. Darin schrieb er:

„Nun bin ich doch sehr enttäuscht. Ich werde auch keine weitere Bitte an euch richten. Ich hatte doch sehr gehofft, dass ihr bei eurem dritten Kind den Namen meines Vaters, Friedrich, oder meinen Namen, Albert, berücksichtigen würdet. Aber es scheint euch wohl nicht viel zu bedeuten, unseren Wunsch zu respektieren."

Ich fühlte mich durch diesen Brief verletzt und fing bitterlich zu weinen an. Gewiss, Vater hatte bei seinen Besuchen gelegentlich erwähnt, dass Albert und Friedrich schöne, bedeutungsvolle Namen seien. Aber er hatte nicht ausdrücklich gesagt, dass wir eins unserer Kinder so nennen sollten. Mir war auch nicht die Sitte meiner Vorfahren bekannt, die immer einem ihrer Söhne den Namen ihres Vaters oder Großvaters gaben.

Als mein Mann am Mittag von der Schule nach Hause kam und meine verweinten Augen sah, fragte er: „Was ist denn mit Mama los?" Daraufhin erzählte Anne-Ruth: „Papa, der Opa hat einen bösen Brief geschrieben und deshalb weint die Mama." Wir verstanden die Reaktion meines Vaters nicht und waren betroffen. Wir hatten uns doch immer gut mit ihm verstanden und nun war er verärgert. In meiner Not sprach ich mit unserer Nachbarin. Sie wusste gleich Rat: „Gehen Sie doch aufs Standesamt und beantragen Sie eine Namensänderung. Das ist auf alle Fälle möglich. Erklären Sie dem Beamten Ihre Lage und er wird Ihnen keine Schwierigkeiten machen."

Mein Mann schlug vor, dass wir unseren Sohn nicht „Karl-Heinz Matthias" nennen sollten, sondern ihm den Namen „Karl Albert Matthias" gaben. Als wir die Namensänderung beantragten, wurde mein Mann nach seinem Einkommen gefragt. Danach wurden die Gebühren auf 37,50 DM festgelegt.

Heute lachen wir über diese Episode. Aber damals hat mir Vaters Brief doch viel Kummer bereitet. Als dann später Opa zu Besuch kam – Matthias war gerade drei Jahre alt –, fragte er ihn: „Sag mir, mein Junge, wie heißt du?" Ohne mit der Wimper zu zucken, antwortete der kleine Kerl: „Heute heiße ich Albert." Mein Vater musste schmunzeln.

Viel später gab es noch einmal eine peinliche Situation mit dem Namen. Als unser Sohn sein Abitur bestanden hatte und der Direktor des Gymnasiums den Abiturienten ihre Zeugnisse feierlich vor der Schulgemeinde aushändigte, rief er ihn auf: „Karl Bormuth." An „Matthias" war unser Sohn gewöhnt, auf „Albert" hätte er zur Not noch reagiert, aber mit „Karl" wusste er überhaupt nichts anzufangen. Verblüfft schaute der Direktor in die Runde, weil keiner der Abiturienten aufstand, um das Zeugnis in Empfang zu nehmen. Wir mussten ihm erst einen Wink geben, dass er damit gemeint sei. Seine Klassenkameraden brachen in schallendes Gelächter aus, als er endlich nach vorne ging und der Direktor ihm sein Zeugnis überreichte.

Dies war wohl das einzige Mal, dass er Karl genannt wurde.

Kontakte zum Goethe-Institut

Eng verbunden mit ausländischen Studenten wuchsen unsere Kinder heran. Diese wohnten in unserem Haus, als sie zum Sprachstudium im Goethe-Institut ihren Unterricht wahrnahmen. Die ersten Ausländer kamen aus Somalia. Ich bereitete unsere Kinder auf die neuen Mitbewohner vor, denn zu der Zeit gab es noch wenig Farbige in Deutschland. „Die beiden Männer, die heute zu uns kommen, haben eine dunkle Haut. Sie sind so schwarz wie das eine eurer Püppchen. Aber sie werden sehr lieb zu euch sein und wir wollen sie auch gern haben. Ihr braucht euch nicht zu fürchten, auch wenn sie ganz anders aussehen als wir. Geht jetzt auf die Wiese vor dem Haus und pflückt einen schönen Strauß Blumen, die stellen wir ihnen in einer Vase auf ihr Zimmer. Das ist dann eine Überraschung für sie."

Gespannt warteten Gottfried und Anne-Ruth auf unsere Gäste. Es gab überhaupt keine Schwierigkeiten. Als Mohamed, so hieß einer der Studenten, am Abend einen Brief einwerfen wollte, begleiteten die Kinder ihn zur Post. Später haben mir die Studenten gesagt, wie sehr sie sich über die liebevolle Aufnahme in unserem Haus gefreut hätten. Sogar die Kinder wären lieb und freundlich zu ihnen gewesen und hätten sich gleich auf ihren Schoß gesetzt. Mohamed und Hassan fühlten sich zur Familie zugehörig. Sie sagten sogar Papa und Mama zu uns, obwohl wir nur wenige Jahre älter waren als sie.

Mit unseren neuen Mietern war auch die Frage des Babysittings gelöst. Wenn wir am Donnerstagabend zur Bibelstunde gehen wollten, konnten wir beruhigt unser Haus verlassen. Wir wussten unsere beiden in bester Obhut.

Sonntags begleiteten uns die jungen Männer zum Gottesdienst. Wir setzten uns hinten auf die letzte Bank und übersetzten ihnen die Predigt ins Englische. Wir schenkten ihnen auch Neue Testamente und christliche Traktate. Es fiel uns nicht schwer, ihnen Christus zu bezeugen. Wenn ich unseren Kindern die Gute-Nacht-Geschichte aus der Kinderbibel vorlas, saßen sie mit an den Bettchen und hörten zu. Manchmal übte ich mit ihnen Deutsch, indem ich Texte aus der Kinderbibel von Anne de Vries wählte. Das war gutes und doch einfaches Deutsch. So machten die Studenten Fortschritte in der fremden Sprache und wurden zugleich in den Reichtum des biblischen Wortes eingeführt. Die Afrikaner waren aufs Herzlichste mit uns verbunden.

Als wir Weihnachten zu meinen Eltern fahren wollten und ich sie fragte, was sie denn in den Ferien machen wollten, erklärten sie mir ganz spontan: „Mami, wir fahren mit dir." Für meine Eltern war

Gastfreundschaft von jeher äußerstes Gebot. Es war ihnen schon in meinem Heimatland Bessarabien ein Vorrecht gewesen, Fremde unter dem eigenen Dach aufzunehmen. So fuhren wir mit unseren Kindern und den beiden Afrikanern nach Breitenbach zu meinen Eltern und verbrachten trotz räumlicher Enge wunderschöne Festtage.

An einen Studenten erinnere ich mich in besonderer Weise. Er hieß Nosa Omoregi, kam aus Nigeria und wollte in Deutschland Medizin studieren. Auch er nannte uns Papi und Mami. Anne-Ruth, Gottfried und Matthias betrachtete er als seine kleineren Geschwister. Mit Nosa verband uns auch eine herzliche geistliche Gemeinschaft. Er stammte aus einer angesehenen Familie. Sein Vater hatte in Nigeria eine hohe Stellung in der Regierung inne, seine Mutter war Lehrerin und eine bewusste Christin. Er selbst hatte eine klare Hinwendung zu Jesus erlebt und so war es ihm ein Anliegen, seinen Mitstudenten im Institut von Jesus zu sagen. Oft fuhr er sonntags mit meinem Mann über Land und gab Zeugnis in kleinen und großen Versammlungen, wie er seinen Gott erlebte. Wir hatten Nosa lieb gewonnen. Er war wie einer von uns.

An einem Nachmittag kam Nosa vom Sprachstudium nach Hause. Er sah schrecklich traurig aus. „Nosa", fragte ich ihn, „was ist mit dir los? Ist etwas passiert?" Ohne ein Wort zu sagen, ging er an mir vorbei in sein Zimmer. Ich verstand unseren Studenten nicht. Was war ihm nur zugestoßen? Gerade seine Fröhlichkeit, ja fast Unbekümmertheit hatte uns an ihm so gefallen. Ich wartete etwa eine Stunde und ging dann die Treppe zu ihm hoch. Leise öffnete ich die Tür. Nosa lag auf der Erde. Das war seine Haltung, wenn er betete. Jetzt durfte ich ihn nicht stören. Behutsam ging ich die Stufen wieder hinunter. Erst gegen Abend erschien Nosa bei mir in der Küche. Noch immer waren ihm seine Angst und Verzagtheit anzusehen,

„Nosa, was ist denn geschehen? So rede doch.“

„Mami, ich kann nicht bleiben in Deutschland. Mein Direktor ist böse zu mir. Mein Geld von Bank in London ist noch nicht gekommen. Er hat gesagt: ‚Herr Omoregi, Sie nicht können bleiben in Goethe-Institut, wenn Sie nicht bezahlen Ihr Geld.‘ Mami, ich brauche auch ein Praktikum. Wenn ich will studieren in Deutschland, ich muss vorher arbeiten in Krankenhaus. Aber kein Doktor will mich nehmen. Ich bin Schwarzer. Was soll ich machen? Ich sehr traurig.“

Ich überlegte einen Augenblick und sagte ihm dann: „Nosa, dieses Problem kann ich für dich lösen. Ich gehe jetzt gleich mit dir zu Dr. Schmidt. Er ist ein Freund unserer Familie und mit seiner Frau habe ich zusammen in Marburg studiert. Er leitet im Krankenhaus die Abteilung Gynäkologie und

Geburtshilfe. Ich werde mit ihm reden und ich bin fest davon überzeugt, dass er dir eine Praktikumsstelle gibt. Anschließend machen wir uns auf den Weg zum Direktor deines Instituts. Sag mir: Wie viel Geld brauchst du? Ich werde es für dich bezahlen und später gibst du es mir zurück. Wir möchten dir gerne helfen. Morgen gehe ich zur Bank und hebe diesen Betrag vom Sparbuch ab."

Nosas Gesicht hellte sich etwas auf und wir gingen gleich los. Wir hatten an diesem Tag auf der ganzen Linie Erfolg. Dr. Schmidt gewährte unserem Studenten einen Praktikumsplatz auf seiner Station und der Direktor wollte noch nicht einmal mein Geld annehmen. Er meinte, das dulde das Prestige seiner Schule nicht, dass Vermieter für ihre Mieter noch die Studiengebühren aufbrächten. Herr Omoregi habe wohl zu voreilig gehandelt und ihn falsch interpretiert.

An diesem Abend war Nosa der glücklichste Mensch und schon am nächsten Tag kaufte er sich einen weißen Kittel. Drei Wochen später erreichte mich dann ein Brief von seiner Mutter aus Lagos:

„Liebe Frau Bormuth,
Nosa ist mein erstgeborener Sohn. Bevor er nach Deutschland zum Studium ging, habe ich vor Gott auf dem Fußboden gelegen und ihm meinen Sohn anvertraut. Ich wollte so gern, dass er in eine christ-

liche Familie kommt. Gott hat mein Gebet erhört.
Meine Angst war groß, dass mein Junge in Deutsch-
land seinen Glauben verlieren und in schlechte
Hände kommen könnte.
Wie dankbar bin ich meinem Herrn. Sie sorgen
auch gut für Nosa. Vielen Dank, dass Sie ihm einen
Praktikumsplatz verschafft und ihm auch das Geld
für die Studiengebühren gegeben haben. Im Glau-
ben an unseren großen Gott grüße ich Sie,
Ihre Josephine Omoregi"

Ich habe mich sehr über diese Zeilen gefreut und
war zugleich erstaunt, denn so ganz stimmte doch
die Sache nicht.

„Nosa, ich habe dir doch gar nicht das Geld vor-
gelegt."

„Mami, das ist aber so, als wenn du mir das Geld
geben hast."

Als er nach einem halben Jahr sein Sprachstudium beendet hatte – er war ein überaus begabter
junger Mann –, folgte unweigerlich die Trennung.
Wir mussten Abschied von ihm nehmen. Er flehte
mich regelrecht an, ihn doch nach Mainz zu begleiten, wo er sein Medizinstudium beginnen sollte.
„Mami, du musst mit mir gehen. Mami, ich tragen
deine Tasche und bezahlen deine Reise."

Mein Einwand, dass ich in den nächsten 14 Tagen unser drittes Kind erwartete und eine Fahrt mit

der Bahn zu riskant sei, versuchte er zu entkräften. „Mami, du musst nicht haben Angst, ich dir helfen, wenn Baby kommt. Ich arbeiten bei Dr. Schmidt, ich weiß, was tun, wenn Kind kommt."

Ich musste insgeheim schmunzeln. Auf diese ärztliche Kunst wollte ich mich natürlich nicht einlassen. Nosa musste schon allein an seinen neuen Studienort reisen. Wir hatten ihm bei einer christlichen Familie ein Zimmer besorgt und ihm auch geholfen, alle schriftlichen Formalitäten bei der Einschreibung an der Universität zu erledigen. Es wurde ein wehmütiger Abschied. Die Tränen liefen ihm die Wangen herunter. Sobald er zehn Schritte gegangen war, drehte er sich um und winkte mir zu. Ich selber musste mir das Nass aus den Augen wischen. Als er an der Straßenbiegung angekommen war, wo er nach links zum Bahnhof hätte gehen müssen, bog er nach rechts in den Kindergarten ab. Mittags erzählten dann Anne-Ruth und Gottfried, dass er mit einer großen Tüte Süßigkeiten zu ihnen gekommen sei, um sich von seiner lieben Schwester und seinem kleinen Bruder zu verabschieden. Jedes Kind in der Gruppe wurde mit Schokolade bedacht. Die Kindergärtnerin war von so viel Liebe und Herzlichkeit berührt.

Menschen, die man nicht vergisst

Ich möchte mir ein verstehendes Auge und ein dankbares Herz für all die Menschen bewahren, die meiner Familie wohl getan haben. Empfangene Liebe weckt Gegenliebe, sie öffnet aber auch eine neue Perspektive für Menschen in Not. Unsere Kinder sind in einem Haus aufgewachsen, dessen Türen weit offen standen, und sie sind selbst mit viel Freundlichkeit bedacht worden. Manchmal blättere ich gerne in Fotoalben und dabei wird so manche Erinnerung an liebende Menschen lebendig. Wir wären mit unseren Kindern arm dran, wenn wir nur für uns selbst lebten. Es gelingt mir heute nicht mehr, all die Namen derer aufzuzählen, die in selbstloser Liebe meine Kinder auf ihrem Weg begleiteten. So will ich wenigstens zwei Menschen erwähnen: Frau Wehmeyer und Frau Sachewitz.

Frau Wehmeyer war eine ehemalige Chinamissionarin, eine Mutter in Christus. Sie wird sicher im Himmel zu den großen, angesehenen, bewährten Menschen im Reich Gottes gerechnet werden. Selbstlos und hingebungsvoll hat sie ihrem Herrn viele Jahre in China gedient und für Missionarskinder in Shanghai in rührender Weise Mutterstelle vertreten. Später musste sie mit ihrer großen Familie wie alle Missionare aus politischen Gründen China verlassen. Der Kommunismus duldete keine fremden Christen im Land. Ihre Hingabe an Christus kam auch mir zugute. Wenn ich einmal wegen einer Grippe das Bett hüten musste oder wenn ein Arztbesuch oder ein Behördengang anstand, war Frau Wehmeyer immer zur Stelle und hütete unsere Kinder. Sie hat sie geliebt wie ihre Eigenen. Zärtlich nannten die Kinder sie „Tante Wehmelein". Bei ihr holte ich mir Rat, wenn ich Schwierigkeiten in der Erziehung hatte. War mir das Herz schwer und geriet ich in Anfechtungen, dann konnte ich bei Frau Wehmeyer meine Not in Worte fassen und wir beteten zusammen. Sie war mir eine rechte Seelsorgerin. Aus Dankbarkeit für ihre wunderbare Hilfe versorgten wir sie mit Bohnen, Kartoffeln, Möhren und Salat aus unserem großen, fruchtbaren Garten.

Auch an Frau Sachewitz denke ich in dankbarer Verehrung. Sie betreute eine Gruppe im Kindergarten. Darüber hinaus kam sie oft zu uns. In unserem Hausbibelkreis war sie uns ein treuer Gast und eine liebe Mitarbeiterin. Wie oft hat sie mir im Haushalt beigestanden, wenn mir die Arbeit über den Kopf wuchs oder wir Besuch bekamen.

Beide Frauen sind schon lange zu Christus heimgegangen. Sie waren für mich leuchtende Vorbilder, was Nachfolge Jesu bedeutet. Ihr Glaube war im Wort der Bibel fest gegründet.

Unser neues Haus

In allen unseren Aktivitäten für Gott war uns unser neu erbautes Haus eine große Hilfe. Da unsere gute Frau Reuter ihre Zimmer wieder brauchte, mussten wir unbedingt für eine neue Bleibe sorgen. Mein Vater riet uns zum Bau eines Eigenheims. Wer schon einmal selbst gebaut hat, weiß, wie viele Schwierigkeiten dabei zu bewältigen sind. Aber wir haben Gottes wunderbare Durchhilfe erlebt. Ein Architekt in der Freien evangelischen Gemeinde, Herr Kröling, verhalf uns in kürzester Zeit zu einem Grundstück und hat auch dann die Planung und Durchführung des Hausbaus übernommen.

Schon seit Beginn unserer Ehe haben wir uns an das Wort aus Maleachi 3,10 gehalten, das von dem Segen spricht, den Gott auf das Opfer des Zehnten legt. Dort heißt es: „Bringet den Zehnten ganz in mein Kornhaus und prüfet mich, ob ich nicht des Himmels Fenster auftue und Segen herabschütte die Fülle."

In Bad Arolsen hatten wir damals den Zehnten vom Gehalt meines Mannes einige Monate aufgespart, um eine größere Summe beim nächsten Besuch der Marburger Mission zu überbringen. Nun kommt man ja beim Bauen öfter in Bedrängnis. Wir hatten Schwierigkeiten mit der rechtzeitigen Auszahlung eines Darlehens. Ich schlug meinem Mann vor: „Nimm doch erst einmal das Geld vom Opfer, später können wir es ja wieder für die Mission zurücklegen." Mein Mann aber lehnte dieses Ansinnen ab: „Was Gott gegeben ist, ist gegeben und wird nicht mehr angerührt." Unsere Lage blieb gespannt. Als ich an einem Abend von der Bibelstunde nach Hause kam, erzählte mir mein Mann: „Während du fort warst, habe ich eine interessante Stelle in der Bibel gelesen. Sie steht in den Chronikbüchern und lautet: ‚Der Herr hat noch mehr, das er dir geben kann, denn dies.' (2. Chr. 25,9) Ich bin jetzt ganz beruhigt und weiß, dass Gott uns aus dieser Notlage heraushelfen wird." Ich war recht pessimistisch.

Zwei Tage später erhielten wir von meinem Vater einen Brief zum Geburtstag meines Mannes. Neben seinen Grüßen und Glückwünschen hatte er mit Bleistift am unteren Rand des Briefbogens noch einen Satz hinzugefügt: „Karl-Heinz, wenn du noch Geld für euren Hausbau brauchst, ich habe 1000 DM für euch gespart." Es war genau die Summe, die wir im Moment dringend benötigten. Für uns wurde dieser Brief zu einem Gotterleben. Es war, als habe Gott sein Himmelsfenster aufgetan und Segen in Fülle herabgeschüttet. Wir wussten, dass wir jetzt getrost weiterbauen können. Wir dankten Gott und schrieben natürlich auch meinem Vater einen liebevollen Dankesbrief. Ich fragte mich jetzt zu Recht, wie ich nur an Gottes Liebe hatte zweifeln können.

Noch ein Geldwunder ist mir in Erinnerung. Zu unserer Gemeinde gehörte auch ein Fabrikant. Mein Mann hatte schon öfter geschäftliche Telefonate in Englisch für ihn geführt. Durch unseren Architekten, der ja auch zu dieser Gemeinde gehörte, hatte der Unternehmer von unserem Hausbau erfahren. Eines Tages sagte er zu meinem Mann: „Bruder Bormuth, wenn Sie Geld brauchen, ich kann Ihnen 5000 DM leihen." Darüber waren wir verblüfft und machten dankbar von dem Angebot Gebrauch. Als mein Mann später dem Unternehmer den letzten Schuldbetrag brachte und ihn nach den Zinsen fragte, winkte er ab: „Sie haben uns in der Gemeinde mit Ihren Predigten und mir persönlich mit den englischen Telefonaten sehr geholfen. Die Sache ist erledigt."

In nur neun Monaten wurde unser schönes Haus fertig gestellt. In der Zeit des Bauens fuhr ich jeden Tag mit dem Kinderwagen zum Grundstück und überwachte den Fortgang. Fehlte eine Firma, die eigentlich am Bau sein sollte, dann telefonierte ich mit ihr. Ich drängte darauf, dass wir bald einziehen könnten. Am 31. Mai 1960 war es dann so weit. Freunde halfen uns bei unserem Umzug, so dass wir keinen Möbelwagen in Anspruch nehmen brauchten. Gewiss, es fehlte noch die Haustür und im Obergeschoss

waren noch keine Fliesen gelegt und außer im Schlafzimmer auch noch keine Tapeten angebracht. Vor allen Dingen fehlten die Fußböden. Aber das störte uns
gar nicht. Die nächsten 14 Tage klang mir das Häm-
mern und Sägen wie Melodie in meinen Ohren. Jeder
Handwerker bemühte sich, schnell fertig zu werden.
Ob wohl jemand meine Freude nachempfinden kann,
als wir die erste Nacht im neuen Haus schliefen? Endlich hatten wir nach äußerster Bedrängnis und Enge
ein Eigenheim. Ich hätte den ganzen Tag jubeln können.

„Ein Bethaus allen Völkern"

Am Tag des Einzugs lautete die Losung: „Dies Haus soll ein Bethaus heißen allen Völkern." (Jes. 56,7) Buchstäblich haben wir die Wahrheit dieses Bibelwortes erlebt. Noch heute denke ich dankbar an diese Zeit zurück.

Von einigen unserer ausländischen Freunde habe ich ja schon erzählt. Seit wir in Bad Arolsen wohnten, war es uns ein Anliegen, den Studenten des Goethe-Instituts das Evangelium zu verkündigen. Uns aber war es untersagt, im Institut einen englischen Gottesdienst zu feiern mit der Begründung, dass die Studierenden weder politisch noch religiös beeinflusst werden sollten. Also blieben uns die Türen zum Institut verschlossen.

Aber eines Tages rief der Direktor bei uns an und fragte, ob wir ein bis zwei Zimmer vermieten könnten. Dieser Bitte kamen wir gerne nach. Ich weiß noch genau, dass ich mir von der ersten Mieteinnahme einen Staubsauger gekauft habe. Eines Tages erwartete das Goethe-Institut etwa 50 junge Leute aus Asien. Uns wurde gesagt, dass ihre Ankunft spät in der Nacht erfolgen könnte, da sie mit dem Schiff am Morgen in den Marseiller Hafen eingelaufen waren und sie nun ein Bus hierher bringen würde. Es war eine stürmische, regnerische Nacht. Als endlich so gegen zwei Uhr die Klingel läutete, standen ein Lehrer der Sprachschule, der Busfahrer und zwei junge Chinesen vor unserer Tür. Ich begrüßte die späten Besucher und bat sie herein. Die beiden Studenten zogen sofort beim Betreten der Wohnung die Schuhe aus und verbeugten sich mit großer Höflichkeit. „Jetzt stehen die Kerle schon in Strümpfen da, anstatt mir zu helfen, die schweren Überseekoffer ins Haus zu schleppen", schimpfte der Busfahrer. Es war ein Glück, dass die beiden ihn nicht verstanden. Ich beruhigte den Fahrer, holte meinen Mann und mit vereinten Kräften schafften wir die sieben Kisten und einen Sack mit Konserven in den Flur. Etwas verloren standen wir zwischen den hoch aufgetürmten Überseekisten.

„Das ist Herr Cheng", stellte uns der Lehrer einen der neuen Mitbewohner vor. „Und das ist Herr Wang."

„Ich nicht Herr Cheng, ich bin Herr Chua", kam es etwas zaghaft über die Lippen des einen Chinesen.

„Und ich nicht Herr Wang, ich bin Herr Tan", fuhr der andere fort.

Verdutzt schaute der Lehrer drein. „Da muss eine Verwechslung vorliegen, also müssen wir alles rückgängig machen." Der Busfahrer wurde wütend und war von diesem Vorschlag nicht erbaut.

„Lassen Sie doch die beiden Herren hier", versuchte ich einzulenken. „Sie sehen doch, wie müde und erschöpft die beiden jungen Leute von der Reise sind. Im Übrigen ist es mir egal, ob die Studenten Cheng, Wang, Tan oder Chua heißen. Wenn der Direktor auf einer Verlegung besteht, kann das morgen noch erfolgen." Der Lehrer erklärte sich damit einverstanden und der Busfahrer verschwand schnell hinter dem Steuer.

„Welches Tag ist heute?", fragte mich zögernd Herr Tan, der in Singapur schon ein halbes Jahr Deutsch gelernt hatte.

Ich schaute auf die Uhr. „Heute ist schon Sonntag."

„Wo ist Kirche?", kam es zaghaft über seine Lippen.

Ich traute meinen Ohren kaum und fragte ihn auf Englisch, ob er Christ sei. Unser Gast nickte und holte aus der Jackentasche eine kleine zerlesene Bibel.

Träumte ich nun oder war das wahr? Schon seit vielen Monaten hatte ich gebetet, Gott möchte uns doch eine Möglichkeit geben, die ausländischen Studenten, die aus fast 100 Nationen in unsere Stadt gekommen waren, mit dem Evangelium zu erreichen. Und nun stand mitten in der Nacht ein junger Asiate vor mir, durchgefroren und hundemüde und fragte mich, wo er einen Gottesdienst besuchen könnte.

„Wir sind auch Christen und ich freue mich ungemein, Sie mit in unsere Gemeinde zu nehmen. Trinken Sie schnell noch eine Tasse Tee und versuchen Sie dann, ein wenig zu schlafen. Früh um acht Uhr werde ich Sie wecken und wir gehen gemeinsam in den Gottesdienst. Wird uns Herr Chua auch begleiten?", fragte ich.

„Ja", kam die Antwort aus seinem Munde.

Aber mein Staunen sollte noch größer werden. Als wir vom Gottesdienst nach Hause gingen, begegnete uns hier und da eine Gruppe junger Leute, die gemeinsam mit unseren Chinesen in der Nacht angereist waren. Etwas verloren gingen sie durch die Hauptstraße unserer Kleinstadt, wo sich die Geschäfte befanden, um sich etwas zum Essen zu kaufen. Aber enttäuscht blieben sie vor den verschlossenen Ladentüren stehen. Aus ihren Heimatländern waren sie es gewohnt, dass die Geschäfte auch sonntags geöffnet waren.

„Kommen Sie doch mit uns", lud ich sie ein. An ihrem Lächeln konnte ich erkennen, dass sie froh waren, in der Fremde mit einem Menschen in Englisch reden zu können. Immer wieder stießen wir auf zwei oder drei junge Männer, die ratlos mit knurrenden Mägen vor den Schaufenstern standen. Es dauerte gar nicht lange, bis wir etwa von 25 Studenten umgeben waren, die aus Indien, Korea, Pakistan und anderen asiatischen Ländern kamen. Wir waren so mit ihnen ins Gespräch vertieft, dass ich erst vor unserer Haustür merkte, was ich angerichtet hatte. Es wurde mir ganz mulmig zumute. Was sollte ich für diese 25 hungrigen Münder kochen? Wir waren ja noch eine junge Familie mit nur zwei kleinen Kindern und besaßen keine Kühltruhe oder größere Vorräte im Keller wie heute. Aber ich ließ mir meine Verlegenheit nicht anmerken. Irgendeine Lösung würde mir schon einfallen. Zunächst musste ich für alle eine Sitzgelegenheit schaffen. Mein Mann holte die Matratzen aus den Betten und brachte alle Stühle aus Keller und Küche herbei. Dann stellten wir einen großen Topf mit Wasser auf die Herdplatte und schütteten sämtlichen Reis hinein, den wir vorrätig hatten, egal, ob es Milchreis oder Langkornreis war. Außerdem brühte ich drei große Kannen Tee auf. Aus den Schränken holte ich sämtliches Geschirr, das wir besaßen und deckte im Wohnzimmer, Arbeitszimmer und in der Küche die Tische. Aus der Speisekammer trug ich Brot, Kuchen, Fischkonserven, Käse, Marmelade, Honig, Wurst und was ich sonst noch finden konnte herbei. Dazu kochte ich die restlichen sechzehn Eier aus dem Kühlschrank. Unser Sonntagsbraten wurde in ganz dünne Scheiben zerschnitten und mit viel Soße verlängert. Ich kann nicht sagen, ob unsere Gäste von meiner Kochkunst begeistert waren. Jedenfalls blieben nur leere Schüsseln zurück und an den Tischen kam ein reges

Gespräch in Gang, das bis in den späten Nachmittag andauerte.

Als sich unsere Freunde zum Gehen rüsteten, schlug ich ihnen Folgendes vor: „Es war für uns sehr interessant, mit Ihnen bekannt zu werden und etwas über Ihr Land und Ihre Kultur zu erfahren. Wir sind uns heute Nachmittag ein Stück näher gekommen. Mein Mann und ich würden uns sehr freuen, wenn wir Sie wieder als unsere Gäste begrüßen könnten. Gern sind wir auch bereit, von dem zu erzählen, was uns bewegt. Wie wäre es, wenn wir uns am nächsten Samstag wieder bei uns treffen könnten?" Mein Vorschlag wurde begeistert aufgenommen.

Das war der Beginn einer regen Missionsarbeit. An diesem Nachmittag wurde ein Bibelkreis für ausländische Studenten geboren. Regelmäßig trafen sich über zwanzig Studenten in unserem Wohnzimmer. Wir tranken Tee, aßen Plätzchen oder Kuchen, unterhielten uns, sangen aus amerikanischen Choralbüchern, die uns ein Armeepfarrer zur Verfügung gestellt hatte, und bezeugten, was Jesus Christus für unser Leben bedeutete. Gute seelsorgerliche Gespräche fanden oft bis in die Nachtstunden statt. In dieser Zeit haben wir auch sehr viele Bibeln verteilt.

Aus Briefen erfuhren wir, dass Gottes Wort nicht ohne Wirkung geblieben war. So schrieb ein afrikanischer Arzt: „Ich war blind für Christus, nun aber sind meine Augen für ihn offen." Eine Inderin bekannte: „Ich suchte die Wahrheit, fand sie in Gott und ich danke Ihnen für das Neue Testament."

Dass unser Freund und Bruder, Herr Tan, tüchtig zu dem Bibelkreis eingeladen und die Leute auch bei Regen und Frost in unser Haus gebracht hat, sollte ich unbedingt erwähnen. Gott wusste, warum diese Verwechslung geschehen musste. Durch Herrn Tan fanden wir Eingang in die Sprachschule und Menschen, die bisher von Christus unberührt waren, hörten das Evangelium. Ich aber konnte nur staunen, wie Gott auf unser Rufen hin geantwortet hat. Über eine längere Zeit blieben wir in Kontakt mit Herrn Tan, der in Darmstadt studierte. Heute ist er Professor für Elektrophysik an der Universität in Singapur.

Ich liebte diese neue Aufgabe an den Studierenden und immer wieder schenkte es Gott, dass Ausländer unter der Verkündigung meines Mannes zum Glauben an Jesus fanden. Natürlich erforderte dies auch meinen ganzen Einsatz. Ich versuchte immer, auch etwas Leckeres auf den Tisch zu stellen. Mal war es ein Obstsalat, mal eine Quarkspeise, mal ein Pudding oder aber Apfelstrudel. Einige junge Leute brachten auch in einem Beutel ihre schmutzige Wäsche mit und während wir dem Evangelium zuhörten, lief in der Küche die Waschmaschine, eine Constructa, auf die ich so stolz war. Sie war mein unentbehrlichstes Haushaltsgerät, denn nun musste ich nicht mehr jeden Tag die Windeln in einem Topf auf dem Küchenherd kochen. Ich gewann dadurch mehr freie Zeit. Wenn die Abschlussprüfung im Goethe-Institut nahte, habe ich mit einigen Ausländern den Lernstoff wiederholt. Das Lehrbuch kannte ich mit der Zeit schon auswendig.

Einmal jedoch war ich sehr niedergedrückt. Als ich nach einem Studentenbibelkreis am nächsten Morgen das Zimmer wieder herrichten wollte, sah ich über unser schönes Parkett einen hässlichen Kratzer quer durchs ganze Zimmer. Zwei junge Männer hatten aus dem Nebenzimmer eine Couch hereingeschoben, um mehr Platz zu schaffen, und ein herausragender Nagel war der Übeltäter. Ich war darüber traurig. Als mein Mann von seinem Unterricht nach Hause kam, jammerte ich ihm vor: „Karl-Heinz, sieh nur, wie unser neuer Fußboden aussieht. Ich weiß nicht, ob wir immer das junge Volk hier zu uns einladen sollen."

Mein Mann nahm mich in den Arm und lachte: „Lotte, dieser Riss bekümmert dich! Du solltest froh sein, wenn auf unserem Fußboden die Spuren der Heiligen zu sehen sind."

Ich atmete tief durch, gab meinem Mann recht und sagte nur: „Wir machen weiter."

Neben dem Studentenkreis am Samstagabend versammelte sich am Donnerstag eine Gruppe meist junger Menschen, diesmal Deutsche, zum Bibelstudium. Außerdem gründeten wir einen Chor und sangen bei besonderen Geburtstagen, im Krankenhaus und auch bei Beerdigungen. Zwei unserer Sängerinnen spielten hervorragend Gitarre und hatten ausgezeichnete Stimmen. Unsere Auftritte konnten sich sehen lassen und immer öfter wurden wir zu Festlichkeiten eingeladen.

Axel, unser langjähriger Freund

Eines Tages sagte ein junger Bauer zu meinem Mann: „Herr Bormuth, das nächste Mal bringe ich den Erpresser zum Hausbibelkreis mit." Als mir mein Mann dies mitteilte, war ich aus dem Häuschen! Ich klagte ganz entsetzt: „Karl-Heinz, das geht nicht, das kannst du nicht erlauben. Denk doch daran, wir haben zwei kleine Kinder. Wir können doch nicht einen Mann unter unser Dach holen, der gerade einen Fabrikanten erpresst und mit dem Tod seiner Kinder gedroht hat. Eine hohe Geldsumme sollte dieser hinterlegen. Außerdem stand in den Erpresserbriefen, der Fabrikant könne schon die Särge für seine Kinder bestellen, wenn die Polizei eingeschaltet würde."

In Schlagzeilen war über diesen Fall in allen Zeitungen berichtet worden. Die Bevölkerung war aufs Höchste erregt. Die Familie des Fabrikanten wurde unter Polizeischutz gestellt. Eltern ließen ihre Kinder nicht mehr unbeaufsichtigt auf den Spielplatz. Zweimal war die Geldübergabe gescheitert. Beim dritten Mal hatte die Polizei einen Bauwagen auf das Feld gestellt, wo in der Nähe der Geldkoffer abgelegt worden war. Sie hatte eine elektrische Leitung vom Bauwagen bis zum Geldkoffer gelegt. Würde er berührt, dann schrillte im Bauwagen eine Klingel auf und die Polizei war alarmiert. So geschah es denn auch in einer Nacht. Auf das Signal hin sprangen zwei Beamte aus dem Wagen und ließen Leucht-kugeln in die Luft hochgehen. Es wurde plötzlich taghell. Der Erpresser rannte wie ein Hase quer-feldein durch die Wiesen und Felder, sprang über Weidezäune und warf sich jedes Mal sofort in den Schnee, wenn eine Leuchtkugel hochstieg. Wieder konnte er entkommen. Aber diesmal hatte er deut-liche Spuren hinterlassen. An einer Hecke war der Mann hängen geblieben und ein Stück aus dem Pul-lover war dabei herausgerissen worden. Außerdem konnte man seine Körpergröße auf Grund des Ab-drucks im Schnee und auch das Profil seiner Stiefel erkennen. In einem kleinen Dorf verlief sich dann die Spur. Dort herrschte unter der Bevölkerung große Aufregung. Sollte der Verbrecher etwa aus ihrer Mitte kommen? Jeder männliche Dorfbewoh-ner musste auf dem Bürgermeisteramt erscheinen. Schriftproben wurden genommen und außerdem wurden Körperlänge und Schuhgröße der Bauern festgehalten. Ein junger Mann geriet in Verdacht, weil er überaus nervös war und versucht hatte, sei-ne Unterschrift mit ungelenker Hand zu verstellen. Eine Hausdurchsuchung wurde angeordnet und dabei entdeckte die Kripo den zerrissenen Pullover. Der Mann wurde festgenommen und in Handschellen abgeführt. In diesem Dorf herrschten Zorn, Wut und Empörung. Es kam zur Gerichtsverhandlung. Der Täter war geständig und wurde zu einer hohen Haftstrafe verurteilt. Man erlaubte ihm jedoch, da keine Fluchtgefahr bestand, noch die Ernte einzubringen und erst im Winter seine Strafe anzutreten.

In dieser Zeit zwischen der Gerichtsverhandlung und der Einweisung ins Zuchthaus sollte nun Axel zu uns in den Hausbibelkreis kommen. Ich war wirklich darüber entsetzt und bangte um unsere Kinder. Mein Mann beruhigte mich: „Lotte, wenn wir diesen straffällig gewordenen jungen Mann nicht aufnehmen, wo soll er dann hingehen? Hab keine Angst, wir wollen Gott vertrauen." Ich lenkte ein, blieb aber sehr aufgeregt, als der Bibelkreis begann. Jeden Gummistiefel und jedes Spielzeug unserer Kinder räumte ich in den Keller. Es sollte so aussehen, als wären wir ein kinderloses Ehepaar.

Nie und nimmer hätte man hinter diesem groß gewachsenen, schönen, freundlichen Bauern einen Sträfling vermutet. Er fügte sich gut in den Kreis ein. Besonders gefiel ihm die Schar junger Mädchen, die zur Gitarre Jesuslieder sangen. Keiner ahnte, wer sich hinter unserem neuen Besucher, der sich mit Axel vorgestellt hatte, verbarg. Dies blieb unser Geheimnis. Jeden Donnerstag war er unser Gast. Wir luden ihn auch sonntags in unsere Familie ein, denn wir ahnten, ja wir wussten es, wie einsam und verachtet er in seinem Dorf leben musste. Die Menschen spuckten vor ihm aus, wenn sie ihm auf der Straße begegneten, oder sie beschimpften ihn mit hässlichen Worten: „Du Schuft, du Verbrecher, du Erpresser!"

Um unsere Kinder hatten wir schon lange keine Angst mehr und Axel war gerne bei uns. Über seine Straftat sprachen wir nicht mit ihm. Das war sicher auch gut so; denn er musste erst mal mit sich selbst ins Reine kommen.

Aber dann kam der dritte Januar. Noch spät am Abend klopfte er an unsere Tür: „Morgen muss ich nach Kassel in den Zwehrener Weg." Die Einwohner von Kassel sagen scherzhaft: „Dies ist die längste Straße der Welt. Viele, die diesen Weg gegangen sind, kehrten nicht wieder zurück." Denn dort befand sich die Justizvollzugsanstalt. Axel war unheimlich bedrückt. Für einen jungen Bauern wie ihn, der die Natur und Freiheit liebte und in ihr bisher gelebt hatte, musste der Gedanke an eine enge, kahle Zelle unausstehlich sein. An diesem Abend sprachen wir zum ersten Mal offen über seine Schuld, redeten aber auch über Gottes großes Vergeben.

Axel berichtete uns: „Ich wollte mit dem Geld doch nur den Hof meines alten Onkels auf den neuesten Stand bringen. Alle Bauern in unserem Dorf hatten sich schon Trecker und andere moderne Maschinen angeschafft und die Pferde verkauft. Und wir wurstelten immer noch nach uralten Methoden auf den Feldern herum. Wir wurden zum Gespött der anderen Landwirte. Mein Onkel, bei dem ich schon seit meinem 14. Lebensjahr eine Bleibe gefunden habe, ging nie auf meine Vorschläge ein. Er ist ein alter Geizkragen. Noch nicht einmal in die Krankenversicherung zahlte er für mich ein und keinen Pfennig Lohn ließ er mir zukommen. Fast zehn Jahre arbeite ich schon auf dem Hof, ohne einen Pfennig Geld dafür zu bekommen. Er vertröstet mich immer damit, dass ich ja einmal sein Erbe sein werde. Solange meine Tante noch lebte, war es noch einigermaßen erträglich. Aber seit ihrem Tod ist es mit dem Alten nicht mehr auszuhalten. Ich weiß, es war ein böses Vergehen, dass ich mit Hilfe eines Erpresserschreibens zu Geld kommen wollte. Aber dies sollte ja nur eine Drohung sein. Nie und nimmer hätte ich den Kindern des Fabrikanten etwas angetan. Wie konnte ich nur so naiv sein und töricht handeln? Jetzt bin ich als Verbrecher abgestempelt und werde einige meiner besten Jahre im Knast zubringen müssen. Ich war dumm, wirklich dumm.

Ihnen, Familie Bormuth, möchte ich danken, dass Sie mich liebevoll in Ihren Hauskreis aufgenommen haben. Zum ersten Mal habe ich hier von Gott gehört. Ich habe mir jetzt auch eine Bibel gekauft. Ich werde sie ins Gefängnis mitnehmen. So viel Zeit werde ich in meinem Leben nie wieder haben wie in Kassel. Danke! Danke!"

So, nun lagen die Karten offen auf dem Tisch. Wir standen für unseren schuldig gewordenen Freund ein. Ich schenkte ihm einen Bibelleseplan und zeigte ihm, wie er damit umgehen konnte. Außerdem versprachen wir, ihn regelmäßig im Gefängnis zu besuchen. Wir lasen an diesem Abend noch gemeinsam ein Gotteswort, beteten miteinander und verabschiedeten uns dann von unserem Freund.

Schon eine Woche später reisten wir nach Kassel und saßen ihm gegenüber. Ein Seelsorgeausweis verschaffte uns Zugang zu ihm und im Büro des Gefängnispfarrers, einem Studienfreund meines Mannes, konnten wir ungestört mit ihm reden.

Ich erinnere mich noch genau an unser erstes Bibellesen. Es war der angegebene Tagestext von der Begegnung Jesu mit der Ehebrecherin in Johannes 8. Die Pharisäer schleppten eine Frau, die beim Ehebruch ertappt wurde, zu Jesus und verlangten, dass sie nach dem Gesetz gesteinigt würde. Jesus schwieg lange, sagte dann aber diesen bedeutungsvollen Satz: „Wer ohne Sünde ist, der werfe den ersten Stein." Tief beschämt machten sich die Pharisäer aus dem Staub. Jeder musste an seine eigene Schuld denken. Dann aber ging Jesus auf die Frau zu, richtete sie auf und sprach ihr diese wunderbaren Worte zu: „Frau, wo sind deine Verkläger? Hat dich niemand verdammt?"

„Herr, niemand", antwortete sie. Daraufhin sagte Jesus: „So verdamme ich dich auch nicht. Gehe hin und sündige hinfort nicht mehr!"

Das ist Jesu einzigartiges Handeln. Von Liebe und Erbarmen ist es geprägt.

Axel machte ich dann deutlich: „Im Grunde sitzen wir alle im gleichen Boot und jeden von uns müsste das Verdammungsurteil Gottes treffen, ob er nun mit dem Bürgerlichen Gesetzbuch in Konflikt gekommen ist oder nicht. Aber das ist Jesu große Tat: Er verzeiht uns und rechnet uns unsere Sünde nicht an."

Dann beteten wir noch mit Axel, gaben ihm einige christliche Bücher und am Automat der Anstalt zogen wir ihm noch eine Tafel Schokolade und ein Getränk. Über mehrere Jahre fuhren wir mindestens zweimal im Monat nach Kassel und die Freude bei unserem Freund war jedes Mal groß. Seine Haftzeit dauerte deshalb so lange, weil er über die Saat- und Erntemonate Hafturlaub bekam, um die Felder zu bestellen und das Getreide in die Scheunen einzufahren.

Einmal fand im Juli in der Nähe seines Heimatortes eine Zeltmission statt. Wir fuhren dorthin und luden Axel zu dieser Veranstaltung ein. Nach einem Vortragsabend stand ich draußen vor dem Zelt an einen Baum gelehnt und sprach mit ihm: „Axel, es wäre jetzt an der Zeit, dass Sie Christus Ihr Leben anvertrauen."

Er schaute zu mir auf. „Frau Bormuth, wie kann ich es wagen, zu Gott zu kommen? Sie wissen doch, was ich getan habe."

Da erinnerte ich ihn wieder an Jesu große Tat der Vergebung und bat ihn, den Schritt über die Linie zu Christus hin zu wagen.

Er willigte ein und ich begleitete ihn bis zum Verkündiger ins Zelt zurück. Ein langes seelsorgerliches Gespräch folgte. Dieser Abend wurde für Axel zu seinem schönsten Erlebnis. Er bekannte seine Schuld vor Gott und wurde ein innerlich erneuerter Mensch. Dankbar drückte er mir die Hand.

Nach seiner Entlassung aus der Haft ging er auf den Hof des Onkels zurück. Aber die Begegnung mit den anderen Dorfbewohnern wurde für ihn zu einem Spießrutenlaufen. Auch sein Onkel hatte sich in keiner Weise zum Guten hin verändert. Im Stall standen immer noch die Pferde und die verrosteten Gerätschaften Egge, Pflug und Sämaschine lagen bei Wind und Wetter draußen hinter der Scheune.

Eines Tages erhielt ich einen Brief, den Axel aus Düsseldorf geschrieben hatte. Darin teilte er mir mit, dass er den Entschluss gefasst hätte, seinen Heimatort zu verlassen und von Hamburg aus zur See zu fahren. Für mich bedeutete diese Nachricht Alarmstufe eins. Ich zögerte nicht lange und rief eine Diakonisse an, die in dieser Stadt ihren Dienst tat: „Schwester Ingrid, nehmen Sie sich auf meine Kosten ein Taxi und fahren Sie in die Goethestraße zu einem Mann namens Axel. Machen Sie ihm unmissverständlich klar, dass er sofort zu Familie Bormuth nach Marburg kommen möchte. Er würde dringend erwartet. Kaufen Sie ihm eine Fahrkarte und setzen Sie ihn in den nächsten Zug. Ihre Auslagen erstatten wir Ihnen später."

Noch am gleichen Abend stand Axel mit seinem Rucksack vor unserer Tür. Ich deckte ihm erst einmal den Tisch und richtete ihm ein Bett. Am nächsten Morgen besprachen wir, wie es mit ihm weitergehen sollte. Wir schlugen ihm vor, dass er zunächst bei uns bleiben sollte, bis wir für ihn eine Arbeitsstelle gefunden hätten. In der Zwischenzeit würde ich ihn erst einmal neu einkleiden. Dies war überhaupt nicht schwer; denn wir hatten Freunde, die uns mit gut erhaltener Kleidung aushalfen. „Fast sehe ich nicht mehr so aus wie ein Bauer, sondern mehr wie ein Professor", lachte er, als er sich mit seinen neuen Kleidern im Spiegel betrachtete. Was wäre aus diesem zarten Glaubenspflänzlein geworden, wenn ihm der raue Wind des Seemannslebens entgegengeblasen hätte? Meine Angst war berechtigt.

Schon nach acht Tagen hatte ich auf einem Gut in unserer Nähe eine Stelle für ihn gefunden. In einer netten Hausgemeinschaft fand er eine freundliche Bleibe und gute Versorgung zugleich. Die Arbeit machte ihm Spaß und er fühlte sich zum ersten Mal in seinem Leben anerkannt und geachtet.

Eines Tages besuchte er mich und besprach mit mir, ob er nicht seinen Meister in der Landwirtschaft machen sollte. Ich ermunterte ihn dazu, fügte aber zugleich an, dass er auch bis zum Schluss durchhalten müsste, wenn er diese nicht geringen Strapazen auf sich nehmen würde.

Zuerst war er begeistert und nutzte jede freie Minute zum Lernen. Klug war er. Aber dann stellte sich mit der Zeit doch eine gewisse Lustlosigkeit ein. Ich versuchte dem entgegenzuwirken, indem ich ihn bat, an seinen freien Tagen zu uns zu kommen und gemeinsam mit mir zu lernen. Mir kam zugute, dass ich aus der Landwirtschaft stamme und Bauernblut in meinen Adern habe. Außerdem hatte ich viel von meinem Vater gelernt, der Professor für Landwirtschaft war. Natürlich hätte ich meine Zeit auch mit angenehmeren, leichteren Dingen zubringen können, als mich mit Fruchtfolge, Schweinemast und Düngeproblemen auseinander zu setzen. Aber ich hatte es mir zum Ziel gesetzt, ihn bis zum Landwirtschaftsmeister zu bringen. Mir machte mit der Zeit das Lernen sogar Spaß. Gemeinsam gingen wir im Buch die angegebenen Lektionen durch und mein Mann beschaffte uns noch zusätzlich Bücher aus der Bibliothek. Fleißiges Lernen war nun angesagt. Axel bestand seine Prüfung und an dem Tage, als er mir sein Diplom zeigte, war

mir zumute, als hätte ich selbst den Landwirtschaftsmeister geschafft. In der Familie feierten wir sein gutes
Examen.

An einem Januarmorgen rief mich Axel an, ich
solle unbedingt mit meinem Mann am Abend zu
ihm kommen. Den Anlass seiner Einladung verriet
er mir nicht. Axel hatte Kaffee gekocht und Kuchen
gekauft. „Heute wollen wir ein Fest feiern." Etwas
fragend schauten wir ihn an. „Seit dem 1. Januar
ist meine Straftat getilgt und aus dem polizeilichen
Führungszeugnis gestrichen. Sollte ich mich irgendwo um eine neue Stelle bemühen, könnte ich ohne
Bedenken mein polizeiliches Führungszeugnis vor-
zeigen. Ich bin frei, wirklich frei!"

In dieser Nacht konnte ich lange keinen Schlaf
finden. Ich ging in meinen Gedanken all die Jahre
zurück bis an den Abend, als Axel zum ersten Mal
in unseren Hauskreis gekommen war. Ich dankte Gott, dass er ihn in seine Gemeinschaft geführt
und bis dahin in seiner Nähe gehalten hatte. Wenn
der Herr die Fesseln der Sünde sprengt, dann müssen sie fallen. Wir dürfen tief durchatmen und die
Nähe Jesu erleben. In tiefer, bewegter Ergriffenheit
können wir darüber nur staunen. Es geht uns wie
Petrus, der ausrief: „Herr, wohin sollen wir gehen?
Du hast Worte des ewigen Lebens und wir haben erkannt und geglaubt, dass du bist Christus, der Sohn
des lebendigen Gottes." Gibt es etwas Größeres, als

in der Gemeinschaft mit dem gewaltigen Gott leben zu können?

Es folgte nun die Zeit, in der Axel den Rücken frei hatte und er sich unter den Schönen des Landes umschaute. Hatte er ein junges Mädchen im Visier, dann bat er mich, einen Kaffeetisch mit Kuchen und Torten zu richten. Er wollte mit seiner angehenden Freundin vorbeikommen und ich sollte beurteilen, ob sie auch zu ihm passe. Zweimal musste ich Torten backen, ohne dass die Begegnung zu einem Ziel geführt hätte. Als er dann Christina kennenlernte, fragte er nicht, ob mir diese junge Frau gefiele. Er machte Nägel mit Köpfen, verliebte sich in sie und die beiden heirateten. Mein Mann nahm an der Hochzeit teil und hielt eine Rede. Zwei Kinder wurden ihnen in einer glücklichen Ehe geschenkt.

An einem Abend besuchten wir Axel. In seinem Ort fand gerade eine Veranstaltung von ProChrist statt. Er führte mich nach vorne in den Saal und zeigte auf zwei Posaunenbläser, einen Jungen und ein Mädchen. „Das sind meine Kinder", strahlte er über das ganze Gesicht. Mir wurde es warm ums Herz. In Axel hatten wir einen guten Freund gefunden. Er stand zu uns, wenn wir ihn brauchten.

Einmal hatten wir in unserem Keller ein verstopftes Abflussrohr. Das Wasser stand zentimeterhoch auf dem Fußboden und es roch schrecklich im Haus. Mein Mann war gerade dienstlich unterwegs und ich fühlte mich recht hilflos in dieser Situation. Ich rief Axel an und schon eine Dreiviertelstunde später stand er vor unserer Tür. In der Hand hielt er eine Spirale, mit der er das verstopfte Rohr durchstoßen wollte. Er musste sich mächtig anstrengen, aber nach zwei Stunden kam er mit seiner Erfolgsmeldung zu mir in die Küche: „Das Wasser fließt wieder ab." Watte hatte sich im Rohr verfangen. Als ich ihm einen Geldschein zustecken wollte, nahm er ihn nicht an. „Frau Bormuth, wollen Sie mich beleidigen?"

Bis heute sind wir mit Axel und seiner Familie verbunden und ich danke Gott für diese Freundschaft. Diese positive Entwicklung nach seiner schweren Straftat hat mich ermutigt, nie nein zu sagen, wenn mich Menschen um Hilfe baten. Oftmals scheiterte ich auch in meinem Bemühen und es gab Menschen, denen ich nicht helfen konnte.

Aber die Zahl der Erfolge war größer. So könnte ich Seite um Seite füllen und erzählen, wie Menschen bei Gott Heimat und Geborgenheit gefunden haben.

Die Berufung ins Diakonissenmutterhaus

Fünfeinhalb wunderschöne Jahre haben wir in Bad Arolsen, dieser idyllisch gelegenen kleinen Stadt mit ihren herrlichen Alleen und dem Schloss der Fürsten zu Waldeck, erlebt. In dieser Zeit wurden uns zwei Kinder geschenkt und wir waren eine dankbare, glückliche Familie. Wir hatten in Bad Arolsen eine lebendige, christliche Gemeinde gefunden und auch viele Freunde in den umliegenden Orten des Waldecker Landes, in denen mein Mann Bibelstunden und Predigten hielt. Nie hätten wir mit dem Gedanken geliebäugelt, aus dieser wunderschönen Stadt wegzuziehen.

Dann aber erreichte uns eines Tages die Berufung meines Mannes in den vollzeitlichen Dienst im Deutschen Gemeinschafts-Diakonieverband und zwar in das Mutterhaus Hebron in Marburg-Wehrda. Mein Mann sagte dem Schuldienst nicht leichten Herzens ade. Mein Vater war darüber empört: „Wie könnt ihr hier weggehen! Karl-Heinz ist Beamter auf Lebenszeit. Solch eine Stellung gibt man nicht einfach auf und geht zu Diakonissen." An der Stelle mussten wir uns Vater widersetzen; denn wir wollten Gott gehorsam sein und seinem Ruf folgen, koste es, was es wolle. Zum 1.4.1964 siedelten wir nach Marburg um. Die Kinder trauerten Bad Arolsen nach, da sie ihr Spielparadies und alle ihre Freunde zurücklassen mussten. Wehmütig dachten sie an die wunderbaren Bad Arolser Alleen, in denen sie so ungestört über viele Kilometer mit ihren Rädchen hatten fahren können. Wie oft hatte ich dort mit ihnen auf der Bank gesessen und ihnen aus Bilderbüchern vorgelesen. Wenn der Herbst kam und die bunten Blätter von den Bäumen fielen, dann tobten sie darin herum und schaufelten Berge von Laub zusammen. Das war immer ein wahres Vergnügen. Sie würden auch die Besuche bei Familie Brost – Frau Brost stammte auch aus meinem Heimatort Sofiental in Bessarabien – vermissen, wo es immer guten Kaffee und Kuchen gab. Wie manches Mal haben wir von dort aus den Reitturnieren zugesehen, wenn die Pferde über die Hindernisse sprangen. Ich liebe Pferde über alles und bin früher selbst geritten. Hinter Brosts Garten war nämlich ein großer, freier Platz, auf dem jedes Jahr im August neben dem Reitturnier auch der Arolser Viehmarkt mit seinen vielen Buden und Karussells stattfand. Das war immer ein Festtag für die Kinder, weil Papa ihnen Popcorn, Eis und Zuckerwatte kaufte. Wenn wir an den Ständen einen Luftballon geschenkt bekamen, überfiel mich jedes Mal die Angst, ob wir ihn auch heil nach Hause bringen würden. Meist zerplatzte er im Gewühl der vielen Besucher oder entriss sich ihren Kinderhändchen. Dann setzte das laute Geschrei ein, warum nun der bunte Luftballon in die Wolken flog.

Aber alles Schöne hat einmal ein Ende und auch mir fiel der Abschied von Bad Arolsen nicht ganz leicht. Aber ich hatte ein volles Ja für die Berufung meines Mannes in den vollzeitlichen Dienst. Als ich die Tür unseres Hauses zum letzten Mal zuschloss, wollte mich Wehmut überfallen. Entschlossen stieg ich ins Auto und sagte mir im Stillen: „Herr, ich danke dir für den Reichtum und das frohe Erleben in der Vergangenheit. Jetzt will ich erwartungsvoll meinen Blick nach vorne richten. Wie gut, dass du mich mit meiner Familie auf allen Wegen begleitest."

Vom eigenen Haus zogen wir in eine Dienstwohnung. Sie war wunderschön hergerichtet und hatte zudem noch einen Garten mit einem herrlichen Sandplatz. Bis der Möbelwagen kam, blieben wir im Mutterhaus. Die Schwestern hatten uns liebevoll ein Zimmer hergerichtet. Ein Strauß Blumen stand auf dem Tisch, Obst und Fruchtsäfte auf dem Teewagen. Unsere zwei Großen waren außer Rand und Band von all dem neuen Erleben. Sie stürzten sich gleich auf Äpfel und Orangen, so als hätten sie noch nie etwas zu essen bekommen. Dabei fiel die Saftflasche um und der Sprudel ergoss sich über den Teppich. Matthias war gerade im Krabbelalter. Nichts war vor ihm sicher. Er zog an Kabel und Tischdecken und hatte sich die Stehlampe zum Spielzeug erkoren. Ich war dem ausgelassenen Treiben hilflos ausgeliefert und beschloss, unsere wilden Rangen schnellstens ins Bett zu bringen. Aber da gingen das Geschrei und der Tumult erst richtig los. Gottfried war auf die Idee verfallen, Seesturm und Pirat zu spielen. Die großen und kleinen Kissen dienten als Wurfgeschosse. Das schöne Zimmer glich nach nur einer Stunde einem wüsten Schlachtfeld. So etwas hatten die lieben Diakonissen in ihren geheiligten Hallen wohl noch nicht erlebt. Mir war ganz elend zumute und ich machte mir Vorwürfe, warum ich kein Spielzeug mitgebracht hatte. Aber gerade in diesem Augenblick klopfte es an die Tür. Schwester Frieda Lange, eine der leitenden Schwestern, wie ich später erfuhr, muss wohl der Herr Jesus selbst auf den Weg gebracht haben, um mir beizustehen. Mein Stoßgebet war schnell erhört worden. Sie kam, sah und siegte. Sie nahm Anne-Ruth und Gottfried an die Hand und schlug ihnen vor: „Kinder, wir gehen mal in die Küche." Dieses Angebot wurde mit viel Hallo begrüßt und ich konnte erst einmal tief durchatmen. Ruhe kehrte ein, so dass ich Matthias zum Schlafen bringen und ein wenig Ordnung schaffen konnte.

Arme Schwester Frieda! Auf was hatte sie sich da eingelassen! Gottfried war von den langen Gängen im Mutterhaus fasziniert. Er nahm Anlauf, sauste los, ließ sich plötzlich auf die Knie fallen und rutschte so meterweit auf dem blank gebohnerten Fußboden. In der Küche gab es ein großes Staunen. Es wurden gerade Waffeln gebacken. „Tausende von Waffeln, so viele Waffeln, nichts als Waffeln! Gibt es im Mutterhaus immer so viele Waffeln?", staunten die beiden. Die Küchenschwestern hatten ihren Spaß an unseren lebhaften Rangen. Als die beiden nach einer Stunde wieder bei mir erschienen, hatten sie sich auf den langen Fluren ausgetobt und waren satt von den herrlichen Waffeln. Ich aber war noch lange mit dem Gedanken beschäftigt, was wohl die Schwestern gedacht haben mögen, welch unmögliche Familie sie sich zur Mitarbeit in ihr Mutterhaus an Land gezogen hätten. Schuldgefühle stiegen in mir auf. Als mein Mann gegen Abend mit dem Möbelwagen eintraf, war dies mein erstes Wort: „Karl- Heinz, bring uns schnellstens in die neue Wohnung, auch wenn sie noch ganz leer ist. Wir schlafen auch auf dem Fußboden. Mir tun die armen Schwestern leid und du dazu. Wir haben einen denkbar schlechten Eindruck im Mutterhaus hinterlassen. Ich konnte es nicht ändern, denn die Kinder waren übermüdet und von den vielen neuen Eindrücken wie von der Tarantel gestochen. Der Umzug hat sie zu sehr in Unruhe versetzt."

Mein Mann beruhigte mich: „Reg dich nur nicht auf! Jetzt kann alles nur besser werden. So wie ich die Schwestern kenne, werden sie viel Verständnis für lebhafte Kinder haben. In weiser Voraussicht habe ich die Betten und Matratzen ganz zuletzt aufladen lassen. Im Nu werden wir uns eine Lagerstatt einrichten."

So schliefen wir gleich die erste Nacht im Oberweg 19. Schwester Frieda wurde aber von unseren Kindern sehr geliebt. Sie hat ihnen nicht nur Waffeln geschenkt, sondern auch Bonbons und Schokolade und dazu ihr ganzes liebendes Herz. Über mehrere Jahre hat sie unsere Familie treu umbetet. Nun ist sie schon lange beim Herrn in der oberen Welt. Ob sie wohl vom Himmel herniedersieht und sich freut, dass ihre Flurläufer und wilden Piraten den Weg des Glaubens gehen und Boten Jesu Christi geworden sind?

Unsere neue Behausung war wunderschön, aber sie hatte einen Nachteil: Wir wohnten nun nicht mehr allein im Haus. Im Miteinander mit den anderen Hausbewohnern kam es öfter zu Konflikten mit den Kindern. Inzwischen war Nummer vier geboren worden. Vor allen Dingen vertrug sich unser Matthias nicht immer mit seiner gleichaltrigen Freundin, der zart besaiteten Silke, die über uns wohnte. Mal spielten sie fröhlich miteinander und waren unzertrennlich, dann aber gerieten sie wegen eines lumpigen Bausteins in Streit. Bei einer solchen Gelegenheit hat Matthias Silke gekratzt und sie sogar in die Hand gebissen. Ich war darüber entsetzt. In solch einer Situation schweigen Mütter natürlich nicht. Es kam zu Differenzen, denn wenn Löwen ihre Jungen verteidigen, wedeln sie auch nicht nur mit dem Schwanz. Ich konnte Silkes Mutter verstehen. Mehr als mich für das Verhalten meines Sohnes zu entschuldigen, konnte ich nicht tun. In stillen Stunden dachte ich dann: „Ach, wären wir doch bloß in Bad Arolsen geblieben!" Ich geriet in Gefahr, die Freude an der Berufung meines Mannes für Gott zu verlieren. Anstatt mich dem Heute zu stellen, schwelgte ich in meinen Gedanken in der Vergangenheit: Wie war das doch in Bad Arolsen so schön!

Aber Gott stellte sich mir kräftig in den Weg. Das Lesen der Bibel am frühen Morgen, die Gemeinschaft mit anderen Christen, die Gebetsstunden, der verständnisvolle Zuspruch und die Zurechtweisung meines Seelsorgers waren wirkungsvolle Mittel, um mich aus dem Selbstmitleid und den Träumereien wieder auf die rechte Spur zurückzuholen. „Es sind die kleinen Füchse, die den Weinberg verderben", heißt es in der Bibel. Dieser Wahrheit des Alten Testaments musste ich recht geben. So bin ich – Gott sei Dank – nicht bei den kleinen Plänkeleien und Streitigkeiten wegen der Kinder hängengeblieben, sondern habe mich immer wieder ausgesöhnt. Heute ist das kleine Mädchen vom Oberweg 19 eine tüchtige Pfarrfrau. Die Freundschaft zwischen Silke und Matthias ist über viele Jahre erhalten geblieben. Sie haben zusammen studiert und Matthias hat sogar an Silkes Hochzeit teilgenommen. Im Blick auf ihre kleinen Streitereien von damals konnten sie scherzhaft sagen: „Wie konnten wir uns früher nur so oft zanken! Vielleicht verstehen wir uns deshalb heute so gut, weil wir unsere Konflikte schon im Sandkasten ausgetragen haben."

Jesusbekenntnis im Alltag

Etwas ratlos stehe ich vor einem riesigen Häuserblock des Studentendorfes in Marburg und suche eine Bekannte, Dorothea May. Namen über Namen lese ich an den Klingelknöpfen herunter, bis ich endlich den richtigen entdeckt habe. Über 1500 junge Menschen wohnen auf diesem Berg vor den Toren unserer Stadt.

Plötzlich werde ich von der Frage umgetrieben: Wer mag sich wohl hinter all den Namen verbergen und wer bringt diesen jungen Leuten das Evangelium? In dieser Nacht kann ich lange nicht einschlafen. Immer wieder kreist die Zahl von 1500 hoffnungsfrohen Studenten in meinem Kopf herum. „Herr", bete ich, „zeig mir konkret, wo ich hier mit anpacken kann. Ich will deinem Befehl gehorsam sein."

Ehe der Morgen anbricht, hat Gott mit mir geredet. Mein Auftrag heißt nicht: Geh ins Studentendorf, sondern: Kümmere dich um die Studenten, die in deiner allernächsten Nähe wohnen, in dem kleinen Ort Wehrda bei Marburg. Schreib ihnen einen Brief, schick ihnen ein Johannesevangelium, besuch sie und lade sie zum Bibelkreis ein.

Bekannte helfen mir beim Zusammenstellen der

Adressen. Nun sitze ich viele Stunden des Tages in meiner Küche und schreibe Briefe, fünfzig an der Zahl. Um mich herum spielen unsere vier noch kleinen Kinder. Ab und zu schaue ich nach ihnen, koche das Essen, stelle die Waschmaschine an und spüle das Geschirr. In diesen zwei Wochen verrichte ich nur das Notwendigste in der Wohnung. Es ist gut, wenn man als Hausfrau flexibel ist und sich auch hier und da einmal das sonst übliche Programm von Gott durchkreuzen lässt.

Immer wenn ich einen Stapel Briefe geschrieben habe, wickle ich ein Johannesevangelium in Seidenpapier, binde ein rotes Schleifchen darum (denn es ist gerade Adventszeit) und verteile diese Päckchen auf meinen Spaziergängen mit den Kindern vor allen Dingen an Studenten aus dem ersten Semester.

Ich werde fast überall freundlich empfangen. Zwar sind die Gesichter etwas erstaunt, aber abgewiesen werde ich von keinem. Im stillen Gebet segne ich die Empfänger und bin insgeheim gespannt, wer wohl zum nächsten Hausbibelkreis kommen wird.

Es ist zum Freuen, wie kurze Zeit später einer nach dem anderen den Weg zu uns findet. Jedes einzelne Gesicht ist mir ein Geschenk von Gott und eine Gebetserhörung. Nur ein junger Mann scheint etwas ärgerlich zu sein und fragt in ziemlich barschem und erregtem Ton: „Wie sind Sie eigentlich an unsere Adressen gelangt, Frau Bormuth?" – „Ach, nun kommen Sie doch erst mal herein in die gute Stube, Herr Völker" (so möchte ich ihn hier nennen). „Machen Sie sich mit den anderen Gästen bekannt, und wenn es Ihnen hier bei uns gefällt, sind Sie uns jederzeit herzlich willkommen."

Dreizehn neue Besucher sitzen mit in der Runde und hören die Botschaft von Gottes rettender Liebe, die in seinem Sohn Jesus Christus deutlich wird. Unser großes Wohnzimmer platzt fast aus allen Nähten. Jeder Hocker und jede Fußbank wird hereingeschleppt. Sogar das Bügelbrett dient als Sitzgelegenheit. Nach der Bibelarbeit plaudern wir noch bei Tee und Weihnachtsplätzchen und tauschen uns aus über Probleme des Glaubens.

Ob sie wohl alle das nächste Mal wiederkommen werden? Diese Frage bewegt mich. Dass gerade der kritische, etwas abweisende Herr Völker zu unseren regelmäßigen Teilnehmern gehört, ist mir ein Beweis für Gottes Macht. Er findet Kontakt zu anderen jungen Christen und sucht bei ihnen Antwort auf die Frage nach einem sinnerfüllten Leben. Wir haben unsere wahre Freude an dem angehenden Psychologen.

Eines Abends schellt es noch nach zehn Uhr an unserer Tür. Innerlich aufgewühlt und erregt steht unser Freund vor mir: „Bitte, Frau Bormuth, helfen Sie mir. Ich muss noch unbedingt mit einem Menschen sprechen, ich möchte mich bekehren."

„Hat das Gespräch nicht Zeit bis morgen? Es ist doch schon recht spät, Herr Völker", versuche ich ihn von seinem Nachtgespräch abzubringen. Aber der junge Mann lässt sich nicht abweisen. Also hänge ich mich ans Telefon und bemühe mich, zu nachtschlafender Zeit einen Seelsorger aus dem Bett zu trommeln. Es ist mir zwar unangenehm, aber mir bleibt keine andere Wahl.

Am nächsten Morgen erfahre ich dann, wie fruchtbringend das „Nachtgespräch" verlaufen ist, und dabei werde ich an Nikodemus erinnert. Herr Völker hat nach einem klaren, offenen Schuldbekenntnis sein Leben an Jesus Christus ausgeliefert. Ich kann gar nicht sagen, wie glücklich ich bin. Ganz gleich, welche Arbeit ich zu verrichten habe, ich singe beim Schuheputzen, beim Bügeln, beim Kartoffelschälen ein Lied nach dem andern und kann die Engel im Himmel gut verstehen, die sich freuen, wenn ein Sünder zum Frieden mit Gott findet. Gott hat wieder einen Menschen von der Finsternis ins Licht geführt, wie es im Neuen Testament heißt. Gibt es Größeres?

Das Semester neigt sich dem Ende zu und unser neuer Bruder in Jesus verlässt die Stadt, um an einer anderen Universität weiterzustudieren. Mir aber bleibt die Freude, dass er sich auch am neuen Studienort mit in die Schar der Jünger Jesu einreiht, die von dem einen Ziel bestimmt werden, Menschen in die Nachfolge Jesu Christi zu führen. Sonst höre ich nichts weiter von ihm. Die Verbindung zu ihm besteht nur noch in der Fürbitte. Im Übrigen halte ich Ausschau nach neuen Studenten.

Es mögen wohl fünf bis sechs Jahre vergangen sein, da begegnet mir in einer fremden Stadt nach einem Gottesdienst ein junger Mann. Er bleibt vor mir stehen und schaut mich durchdringend an.

„Sie sind doch Frau Bormuth", spricht er mich an. Ich nicke etwas verlegen. „Ihr Gesicht kommt mir auch bekannt vor, aber ich weiß nicht, wer Sie sind", entschuldige ich mich. „Na, denken Sie doch mal scharf nach – an die Zeit im Hausbibelkreis an Ihrem Wohnort", ermuntert mich mein Gegenüber. Jetzt dämmert es bei mir. „Sie sind Herr Völker!" Wir begrüßen uns herzlich.

Da wir beide etwas Zeit haben, nutzen wir die Gelegenheit und gehen im Park spazieren. Dabei erfahre ich Näheres aus seinem Leben.

„Als ich damals so spät abends bei Ihnen erschien", erzählt er mir, „erfüllte ich die Bitte meines Großvaters, der ein bewusster Christ war. In einem für mich bedeutungsvollen Gespräch hatte er zu mir gesagt: ‚Junge, wenn die Stunde kommt und Christus dich in seine Nachfolge ruft, zögere die Entscheidung nicht hinaus. Triff sie sofort. Es könnte vielleicht sonst zu spät sein. Der Teufel liegt auf der Lauer und will uns von diesem wichtigsten Schritt unseres Lebens abhalten.' Verstehen Sie jetzt, Frau Bormuth, warum ich so beharrlich darauf bestand, noch am selben Abend mit einem Seelsorger zu sprechen?"

Ich nicke nur still und bin tief bewegt von Gottes machtvoller Führung im Leben dieses jungen Akademikers. Heute steht Herr Völker im gesegneten Dienst für Gott.

Die Schulzeit beginnt

In Marburg begann für Anne-Ruth und Gottfried ein neuer Lebensabschnitt: Sie wurden eingeschult. Anne-Ruth ging sehr ordentlich mit ihren Büchern und Heften um und arbeitete konzentriert für den Unterricht. Gottfried war zwar hoch begabt, lernte aber nur dann, wenn es ihm Spaß machte. Manchmal musste ich ihm sogar den Ranzen nachtragen. Ihn faszinierte ein Bächlein in der Nähe mehr als das ABC des Schulalltags. Oft vergaß er darüber auch das Heimkommen und ich machte mir Sorgen, wo denn das I-Männchen geblieben sei. „Mama, Mama, die Kinder haben mich auf dem Weg aufgehalten", entschuldigte er sein Tun. Gewiss, dies stimmte, denn er war nicht der Einzige, der von diesem Bächlein angezogen wurde.

Von da an war es nun über viele Jahre meine Hauptbeschäftigung, mich nachmittags um die Hausaufgabenbetreuung meiner Kinder zu kümmern. Diese Aufgabe wurde besonders in der Zeit erschwert, als durch die Umstellung des Schuljahrbeginns Kurzschuljahre eingeführt wurden. Was die Lehrer aus Zeitmangel nicht schafften, mussten die Eltern nachholen. Und bei Kindern und Eltern floss so manche Träne. Bürokraten, die keine Ahnung von Kindererziehung haben, müssen eine solche Umstellung des Schuljahrbeginns vom Frühjahr auf den Herbst beschlossen haben.

Das erste Diktat, das Gottfried in einem solchen Kurzschuljahr schreiben musste, wurde für Mutter und Sohn zu einem Fiasko. Dreizehn Mal habe ich die schweren Worte mit ihm üben müssen. Immer wieder füllten wir die Zeilen mit „Tannenspitzen, Weihnachtsbaum, Wunderkerzen, Christkind und Lametta". So sehr wir uns auch mühten, es schlich sich doch immer wieder der Fehlerteufel ein. Als die Lehrerin Gottfried das Diktatheft mit der Note drei minus aushändigte, riss er vor ihren Augen die Seite heraus, zerknüllte sie und warf sie in die Ecke. Mit einer so schlechten Note hatte er bei seinem großen Fleiß und Arbeitsaufwand nicht gerechnet. Die Lehrerin war schockiert und rief mich am Nachmittag an. Ihre Beschwerde stieß bei mir auf taube Ohren. Es ist ein Unding, wenn ein Schulanfänger nach nur sieben Monaten Unterricht ein solch schweres Diktat schreiben soll. Nach einem längeren Gespräch gab sie mir sogar recht. Die Rechtschreibung blieb über Jahre Gottfrieds und auch mein Problem. Seitenweise haben wir Diktate geschrieben. Im Gymnasium hatte Gottfried einen sehr verständnisvollen Deutschlehrer. Als ich ihn mal um Rat fragte, wie viele Diktate ich denn noch üben sollte, winkte er energisch ab: „Frau Bormuth, hören Sie bloß auf,

Ihren Jungen mit Diktaten zu Hause zu quälen. Sie vermiesen ihm damit die Freude am Lernen. Sorgen Sie dafür, dass Ihr Sohn gute Bücher in die Hände bekommt. Durchs Lesen wird die Rechtschreibschwäche mit der Zeit ausgemerzt." Vollständig ist das aber nie gelungen.

Jahre später ergab sich ein Erlebnis zum Schmunzeln. Nach dem Abitur stellte Gottfried beim Kreiswehrersatzamt einen Antrag auf Kriegsdienstverweigerung. Er begründete dies vor allem mit seiner Überzeugung als Christ. Als der Offizier dann mit ihm ein Gespräch über seine christliche Haltung führte, meinte er: „Sie haben ja sehr gute Gründe angeführt, die ich auch akzeptieren kann. Aber dass Sie als Abiturient Bibel mit ‚ie' schreiben, verstehe ich nicht. Was sagt denn Ihr Vater als Theologe dazu?"

Gottfrieds Antwort war treffend: „Meiner Mutter habe ich mit meiner Rechtschreibung auch schon Kummer bereitet. Aber ist dies denn so wichtig, ob ich Bibel mit ‚i' oder ‚ie' schreibe? Die Hauptsache ist, ich lese darin und glaube an ihre Botschaft. So denkt auch mein Vater."

Mit dieser Antwort gab sich der Prüfer zufrieden.

Auch in Mathematik musste ich meinen Kindern helfen. Dieses Fach war für mich schon während meiner Schulzeit ein Problem. Eines Tages bat mich meine Tochter, eine schwere Zinseszinsaufgabe mit ihr zu lösen. Am nächsten Tag kam sie nach Hause und klagte: „Mama, heute hat mich der Lehrer so richtig zusammengestaucht. Er hat mich heftig angeschrien, wie ich nur so dumm sein könnte. Die Aufgabe stimme hinten und vorne nicht und sei schon im Ansatz falsch. Mama, ich habe Herrn Müller nicht gesagt, dass du die Aufgabe gerechnet hast."

Mir blieb nur ein Schmunzeln. Oder hätte ich mich darüber ärgern sollen? Mathematik ist und bleibt nun mal meine Schwachstelle. Dieses Fach hat mir mein Abiturzeugnis kräftig versaut. In Sprachen war ich gut, aber in Naturwissenschaften ein Versager. Was ich in solchen prekären Situationen über meinen Mann dachte, will ich nur andeuten: *Sind das eigentlich nur meine Kinder oder sind es nicht vielmehr unsere Kinder? Müsste sich mein Mann nicht auch um die Aufzucht unseres Nachwuchses kümmern?* Es verdross mich besonders, dass mein Mann einige Semester Mathematik studiert hatte. Eine Zinsaufgabe oder eine Gleichung mit zwei Unbekannten hätte er im Handumdrehen lösen können, ich aber quälte mich damit herum.

Griechisch als vierte Fremdsprache

Zu einer besonderen Klippe wurde für unseren Sohn der Griechischunterricht. Mein Mann hatte das altsprachliche Gymnasium Philippinum in Marburg besucht. Unsere Kinder gingen zur gleichen Schule. Vom 9. Schuljahr an wurde dort auch Griechisch angeboten. Meine Tochter war begeistert von dieser neuen Sprache, aber Gottfried waren die zusätzlichen sechs Stunden in der Woche zu viel. Viel lieber hätte er sich auf dem Fußballplatz getummelt. Doch alle unsere Kinder sollten diese alte Sprache lernen, darauf bestand mein Mann.

Gottfried war clever, suchte nach einem Ausweg und dachte: *Wenn ich mich dem Griechischunterricht verweigere und schlechte Noten schreibe, nehmen mich meine Eltern bestimmt wieder in die alte Klasse zurück.* Aber an dem Punkt blieben wir standhaft und sagten klipp und klar: „Bleibst du in diesem Schuljahr hängen, musst du die Klasse wiederholen."

Diese Mahnung schlug wie eine Bombe bei ihm ein. Sitzen bleiben wollte er auf keinen Fall. Er setzte sich auf den Hosenboden und lernte wie nie zuvor in seinem Leben. Die nächsten Arbeiten wurden daraufhin sehr gut benotet. Darauf sagte sein Lehrer: „Gottfried, ich verstehe dich nicht. Mal schreibst du drei Fünfen hintereinander und dann wieder zwei Einser."

Gottfried lachte nur und freute sich über seine guten Resultate. Als er nach fünf Jahren Griechischunterricht sein Abitur in Händen hielt, war er überaus glücklich. Das bestandene Graecum erleichterte ihm den Beginn seines Theologiestudiums. Im Nachhinein war er für die unnachgiebige Haltung seiner Eltern dankbar.

Der nächste Umzug

Der Deutsche Gemeinschafts-Diakonieverband ist ein großes, weit verzweigtes Werk. Zu seinen elf Diakonissenmutterhäusern im In- und Ausland gehören Schulen, Krankenhäuser, Sanatorien, Altenheime, Buchhandlungen und Missionseinrichtungen. Da der Staat in den sechziger Jahren forderte, dass die Unterrichtsschwestern eine gründliche staatlich anerkannte Ausbildung erhalten sollten, wurde mein Mann beauftragt, zu diesem Zweck in Marburg eine Krankenpflegehochschule zu gründen. Außerdem sollte er dem Direktor des Gesamtwerkes zur Hand gehen. Damit wurde 1968 wieder ein Umzug fällig.

Wir verließen unsere Wohnung in Wehrda und zogen nach Marburg in die Stresemannstraße, wo sich die Hauptverwaltung des DGD befand. Die neue Wohnung war wieder herrlich und vor allen Dingen wunderbar groß. Sehr bald fanden unsere Kinder neue Freunde und es herrschte ein lustiges, frohes Treiben in Haus und Garten. Nur wenn ich nicht zu Hause war, sollten keine fremden Kinder mitgebracht werden. Einmal kam ich von der Frauenstunde am Nachmittag zurück und hörte schon von weitem lauten Kinderjubel. Als ich unsere Tür öffnete, kam mir unsere Tochter schon entgegen:

„Mama, schimpf bitte nicht. Draußen fing es an zu regnen, deshalb mussten wir hier drinnen unser Spiel ‚Räuber und Gendarm‘ fortsetzen."

In der Wohnung sah es aus wie bei Hempels unter dem Sofa. Angela steckte in der Bettenkiste, Christoph saß auf dem Kleiderschrank und Julia hatte sich hinter dem Regal in der Speisekammer versteckt. Die Rasselbande wollte ihr Spiel genießen, ich aber war davon überhaupt nicht erbaut. Trotzdem wollte ich sie nicht in ihrem frohen Treiben stören und bat sie nur, etwas leiser zu sein und Klavier und Schreibtisch zu verschonen.

Gute Freunde sind für Kinder ungemein wichtig. Nie kommt dann bei ihnen Langeweile auf, sondern sie werden zu immer neuen Spielideen angeregt.

In der Etage unter uns wohnten Missionarsfamilien, die ihren Heimaturlaub in Deutschland verbrachten. Sie kamen aus Japan, Thailand und Taiwan. Dadurch wurden unsere vier zu ganz neuen Spielarten angeregt. Im Garten standen drei sehr hohe Kiefern. Eines Tages schaute ich wie zufällig aus dem Fenster und entdeckte vier Jungen in den Wipfeln dieser Bäume. Sie waren in Thailand geboren und hatten dort das Klettern gelernt. Schnell und geschickt wie kleine Äffchen kletterten sie in den Ästen herum. Meine Kinder standen unter den Bäumen und füllten eilig Tannennadeln und Erde in Plastiktüten, die dann an einem langen Seil hochgezogen wurden. Mit voller Wucht warfen die Kletterer die Tüten herunter. Sie platzten auf und eine Wolke von Staub breitete sich im Garten aus.

Nebenan auf dem Wäschetrockenplatz hingen die weißen Gardinen der Schwestern. Ich hielt den Atem an und lief blitzschnell die Treppe hinunter, um dem abenteuerlichen Spiel ein Ende zu bereiten. Zum Glück wehte der Wind gerade aus der anderen Richtung, sodass die Vorhänge weitgehend verschont blieben. Ich hörte noch, wie die Jungen aus den Bäumen ihren Freunden unten zuriefen: „Eure Mutter muss uns auch alles verbieten! Jetzt dürfen wir noch nicht einmal unsere Staubbomben werfen."

Von den Missionarskindern lernten unsere Kinder, dass man Kaulquappen, Würmer und Käfer essen kann. Mich schauderte es bei diesem Gedanken. Manchmal tummelten sich bis zu fünfzehn Kinder im Garten. Ich hörte einmal, wie zwei Damen auf der Straße stehen blieben, dem munteren Spiel zuschauten und eine von ihnen sagte: „Hier ist das neue Kinderheim."

In diesem Haus entwickelten sich Freundschaften, die über viele Jahre andauerten. Als wir den fünfzigsten Geburtstag meines Mannes feierten, bedankten sich unsere Kinder besonders dafür, dass unser Haus auch immer für ihre Freunde offen war.

Ein idyllisches Häuschen in Cappel

Eines Tages entschlossen wir uns, diese herrliche Wohnung aufzugeben und uns ein Eigenheim zu kaufen. Den Anlass dazu lieferte eine unfreundliche Nachbarin.

An einem lauen, sonnigen Frühlingstag saß ich mit meinem Flickkorb im Garten. Unser Sechsjähriger spielte mit seinem kleinen roten Auto und ahmte die Fahrgeräusche nach. Plötzlich riss Frau Müller, so will ich sie hier nennen, ihr Fenster auf und goss einen ganzen Eimer Wasser über meinen Sohn. Matthias erschrak, schrie laut: „Mama, Mama" und kam mir in die Arme gerannt.

Als die Nachbarin mich erblickte, meinte sie entschuldigend: „Ich wollte doch nur meine Blumen auf der Fensterbank gießen." Ich fühlte mich durch diesen Vorfall tief verletzt. An keiner Stelle sind Mütter so empfindlich wie da, wo es um ihre Kinder geht. Ich eilte die Treppe hoch, lief in mein Schlafzimmer und weinte bitterlich. Als mein Mann am Abend von der Arbeit kam, erzählte ich ihm von dem Vorfall und bestürmte ihn mit der Bitte: „Karl-Heinz, lass uns nicht länger in dieser Wohnung bleiben. Wir müssen ausziehen. Wir werden Frau Müller nicht ändern können. Sie bringt kein Verständnis für Kinder auf."

Von da an bemühten wir uns, wieder zu einem eigenen Haus zu kommen. Einige Monate später ergab sich die Möglichkeit, im Stadtteil Cappel ein kleines Holzfertighaus zu kaufen. Eigentlich war der Wohnraum zu knapp bemessen für unsere große Familie. Aber uns gefiel das herrliche Grundstück von 1200 Quadratmetern. Unser Vorgänger hatte neben dem Haus einen Sandplatz mit Wippe, Schaukel und Karussell angelegt. Daneben lag das Gartenland und dazu noch ein großer Rasenplatz, der von Obstbäumen, Birken, Kiefern und Ziersträuchern umrandet war. Als unsere Kinder dieses Paradies sahen, brachen sie in Jubel aus: „Papa, das musst du unbedingt kaufen!"

Von nun an wurde Fußball hinter unserem Haus gespielt. Das hatte noch den Vorteil, dass wir fast nie den Rasen mähen mussten und unsere Söhne Dribbelkünstler wurden. Gewiss, wir mussten uns räumlich einschränken. Das Wohnzimmer war zugleich auch das Arbeitszimmer meines Mannes. Aber da er Frühaufsteher ist, konnte er morgens dort arbeiten, wenn es im Haus noch ganz still war. Tagsüber war er sowieso in seinem Dienstzimmer oder gab in einem der Institute Unterricht. Hier in Cappel sagte sich unser fünftes Kind, ein Nachkömmling, an.

Als ich eines Tages die Wiege im Wohnzimmer aufstellte, reagierte mein Mann ärgerlich und brummte vor sich hin: „So, jetzt kann ich meinen Schreibtisch verkaufen."

Sicher war es etwas ungeschickt von mir, gerade in diesem Raum die Wiege zu präsentieren, aber ich freute mich so sehr auf unseren Nachzügler, dass ich schon zwei Monate vor der Geburt die Wiege herrichtete und sie als Schmuckstück ins Wohnzimmer stellte. Das Baby aber bekam später seinen Platz in unserem Schlafzimmer.

Daniel wird geboren

Am 5. Februar 1973 war es dann so weit, dass Daniel das Licht der Welt erblickte. Die „family" war darüber sehr beglückt. Als mein Mann die Kinder beim Wecken mit der Nachricht überraschte, dass sie in der Nacht einen kleinen Bruder bekommen hätten, brachen sie in Jubel aus und vollführten Freudensprünge in ihren Betten. Schon sehr früh riefen sie Oma und Opa, Freunde und Bekannte an und riefen laut in den Hörer: „Wir haben ein Baby, ein wunderschönes Baby, einen kleinen Bruder!"

Meine Eltern reisten sofort an und übernahmen die Versorgung der Familie, während ich mich im Krankenhaus von den Strapazen der Geburt erholen konnte. Als ich dann entlassen wurde, gab es einen triumphalen Empfang und Gottfried bettelte: „Mama, erlaube mir doch bitte, dass ich meinen kleinen Bruder einmal in die Schule mitnehmen darf. Ich will ihn meinen Lehrern und Schulkameraden zeigen."

Natürlich konnte ich seinen Wunsch nicht erfüllen. Aber über die wunderbare Gabe dieses Kindes konnten wir als Familie nur staunen. Ich liebe den Bibelvers, den meine Mutter jedes Mal zitierte, wenn wieder ein Enkel geboren war: „Kinder sind eine Gabe Gottes und Leibesfrucht ist ein Geschenk." Von ihrem Sparbuch hob sie dann immer einen größeren Betrag ab und bei der Taufe wurde die Summe noch verdoppelt. Gewiss, ich war mit meinen 39 Jahren keine junge Mutter mehr und es gab Bekannte, die mich unverblümt fragten: „Na, haben Sie denn die Pille vergessen? Sie haben doch schon vier Kinder und jetzt noch ein fünftes!"

Auf solch törichtes Gerede konnte ich nur antworten: „Wir haben uns auf unser Baby gefreut. Wir wollten gerne noch ein Kind und sind jetzt glücklich."

Dieses Glück war meinem Mann schon im Entbindungszimmer anzumerken. Beim Anblick des Neugeborenen umarmte er mich und rief immer wieder aus: „Lotte, wir haben ein Kind, ein wunderschönes Kind! Der Junge hat einen Theologenblick. Schau nur, welch klugen Kopf er hat."

Ich war zwar noch sehr mitgenommen von der Geburt, aber ich konnte es doch nicht lassen, meinem Mann zu verstehen zu geben, dass die Falten in der Stirn und das Blinzeln seiner Äuglein wohl daher rührten, dass ihn die hellen Lampen im Kreißsaal mächtig störten. Ich fügte noch an: „Karl-Heinz, wenn alle Theologen mit solch einem verkniffenen Gesichtsausdruck herumlaufen sollten, wäre es schlecht um unsere Kirche bestellt." Aber 20 Jahre später durften wir zu unserer Freude feststellen, dass mein Mann mit einem prophetischen Blick ausgestattet war. Daniel ist wirklich Theologe geworden, hat promoviert und ist heute Pfarrer in einer Kirchengemeinde.

Daniels erste Bibel

Früh habe ich angefangen, unseren Kindern biblische Geschichten zu erzählen und ihnen zur Nacht aus der Kinderbibel vorzulesen. Als Daniel acht Jahre wurde, wünschte er sich von seinem Bruder eine eigene Bibel. Ich war zunächst etwas skeptisch, ob der Übergang von der Kinderbibel zur Erwachsenenbibel in diesem Alter nicht zu früh sei. Aber es stellte sich bald heraus, dass Daniel ein eifriger Bibelleser wurde. Als ich ihm einen Bibelleseplan zur Hilfe an die Hand geben wollte, lehnte er ab: „Weißt du, Mama, ich habe mir das alles genau überlegt. Ich werde jeden Tag fünf Kapitel lesen und dann lerne ich bald die ganze Bibel kennen." Das war ja ein gewaltiges Ziel für den kleinen Knirps. Nach einer Zeit kam er jedoch zu mir und sagte: „Mama, ist das schlimm, wenn ich die vielen fremden Namen wie Isaschar, Sebulon, Benjamin oder Naphtali einfach abkürze und lese: Isa, Sebu, Ben, Naph?"

Ich antwortete ihm: „Nein, das kannst du gerne tun. Diese hebräischen Namen sind ja auch schwer auszusprechen."

Nachdem Daniel die fünf Bücher Mose durchgelesen hatte und bei Josua gelandet war, unterbreitete er mir den Vorschlag: „Ich werde ab jetzt jeden Tag nur drei Kapitel lesen, dann darüber nachdenken und in einem Satz das Wichtigste aufschreiben."

Dazu habe ich ihn ermuntert. Über die Jahre hat er Seite um Seite mit seinen wichtigen Erkenntnissen gefüllt. Manchmal musste ich schmunzeln, wenn da zu lesen war:

Zank dich nicht mit deinen Brüdern!
Hilf deinem Papa!
Gib Gott ein Opfer!
Teile deinen Tag gut ein!
Bete für deine Lehrer!
Liebe Gott und die Menschen!
Ärgere dich nicht, wenn du abtrocknen sollst!
Sei gewissenhaft und putz deine Zähne!
Hab keine Angst, Gott ist doch da!

Als ich merkte, wie schwer sich das Kind tat, die Geschichten aus dem Alten Testament zu verstehen, kaufte ich ihm doch den „Guten Start", einen Bibelleseplan für Kinder, der ausgewählte Texte der Bibel auslegt. „Mama", erklärte er mir schon nach ein paar Tagen, „der ‚Gute Start' ist wirklich ein guter Start für mein Leben." Daniel gewann große Freude am Bibellesen und es wurde ihm ein Anliegen, auch seine Freunde zum Lesen der Bibel zu ermutigen. In den Ferien lud er sich immer einen Freund um neun Uhr ein und machte ihn mit dem Reichtum der Bibel bekannt. Nach einer Woche musste ich dann den zweiten „Guten Start" bestellen. Schließlich waren es sechs Bibellesepläne, die mir regelmäßig zugestellt wurden; denn jeder seiner Freunde wurde mit dem Bibellesen vertraut gemacht.

Einmal hörte ich ein lautes Toben im Zimmer nebenan und dazwischen Daniels Stimme: „Dieter, komm sofort vom Schrank herunter und Stephan, hör auf, den Ball an die Wand zu werfen! Wir wollen jetzt die Bibel lesen und dazu muss es ruhig sein." Die Zwillinge sind bis heute seine besten Freunde geblieben. Gerne begleiteten ihn seine Kameraden auch in die Jungschar und später in den Jugendkreis.

Die letzten Jahre mit Vater

Nachdem meine Eltern die Landwirtschaft aufgegeben hatten, folgten für sie noch ein paar schöne Jahre. Vater erhielt inzwischen seine Pension aus der Zeit, da er Professor war, und so konnten die Eltern auch einige Reisen unternehmen. Einmal fuhren sie ans Schwarze Meer. Das Baden in den stürmischen Fluten erinnerte meine Eltern an die herrliche Zeit, als sie jedes Jahr die Sommermonate in Budaki, einem rumänischen Badeort, verbrachten. In dieser Zeit hatten die Studierenden ihre Semesterferien. Wir wohnten dann in einem Sommerhaus ganz in der Nähe des Strandes. Vater brauchte vor allen Dingen viel frische Luft und die Bewegung im Freien. Außerdem arbeitete er an wissenschaftlichen Forschungsaufgaben.

Als Pensionär hat er regelmäßig lange Spaziergänge mit meiner Mutter unternommen. Wenn er bei uns zu Besuch war, habe ich ihn gerne begleitet. Wie sehr liebte er unseren Wohnort Cappel, der ringsum von herrlichen Wäldern umgeben ist. Diese letzten Jahre, in denen er sich nicht mehr auf den Feldern abquälen musste, waren eine überaus schöne Zeit.

Eines Tages aber erhielt ich die Nachricht, Vater habe starke Schmerzen im Unterbauch. Er ging zum

Arzt. Die Diagnose ließ Darmkrebs vermuten. Vater begab sich sofort ins Krankenhaus nach Kassel und wurde operiert. Ich eilte an sein Krankenbett. Es bestand wenig Hoffnung, dass der Krebs in den Griff zu bekommen sei. In der Leber hatten sich schon Metastasen angesiedelt. Während des Besuches bei ihm musste ich Stärke zeigen. Zusammen mit meiner Tochter sangen wir ihm sein Lieblingslied und beteten mit ihm.

Jesu, geh voran
auf der Lebensbahn.
Und wir wollen nicht verweilen,
dir getreulich nachzueilen.
Führ uns an der Hand
bis ins Vaterland!

Soll's uns hart ergehn,
lass uns feste stehn
und auch in den schwersten Tagen
niemals über Lasten klagen;
denn durch Trübsal hier
geht der Weg zu dir.

Rühret eigner Schmerz
irgend unser Herz,
kümmert uns ein fremdes Leiden,
o so gib Geduld zu beiden;

richte unsern Sinn
auf das Ende hin!

Ordne unsern Gang,
Jesu, lebenslang.
Führst du uns durch raue Wege,
gib uns auch die nöt'ge Pflege.
Tu uns nach dem Lauf
deine Türe auf.

Ich ahnte, dass Vater wohl sterben müsste. Das Gespräch mit dem behandelnden Arzt ließ keine Zweifel aufkommen. In diesen Tagen ließ ich mich von dem Wort der Bibel leiten: „Befiehl dem Herrn deine Wege und hoffe auf ihn, er wird's wohlmachen." (Psalm 37,5)

In dieser so schmerzhaften Herausforderung lernte ich, Gott zu vertrauen. Ich dankte ihm für die mehr als vier Jahrzehnte, in denen ich einen liebenden Vater an meiner Seite haben durfte. In der schrecklichen Vorahnung seines Todes war es mir zumute, als ob Gott seine Hand freundlich auf meine Schulter legte und mir zusicherte: „Ich, dein himmlischer Vater, bin dir ganz nahe. Ich tue jetzt vor deinen Augen eine wunderbare Tat. Ich werde das Leben deines Vaters vollenden und ihn in meine neue Welt hineinnehmen. Ich werde ihm die Tränen aus den Augen wischen und allem Leid, allem Schmerz, allem Geschrei ein Ende setzen. Glaube und fasse es: Ich meine es unendlich gut mit dir und deinem Vater. Nach diesem irdischen Lauf öffne ich ihm die Tür zum Himmel und dein Vater wird das schauen dürfen, was kein Auge gesehen und kein Ohr gehört hat." Diese Tröstung war für mich kaum zu begreifen. Sie gab mir Kraft, mich von meinem Vater zu verabschieden. Die Hoffnung der Auferstehung aber bleibt.

Scholastikas Baby

Eines Tages klingelte plötzlich das Telefon. Der Direktor des Sprachinstituts war am Apparat. „Frau Bormuth, vor mir sitzt eine Afrikanerin aus Tansania mit ihrem Kind. Ich weiß nicht, wo ich sie unterbringen soll. Das Semester an der Universität in Marburg hat gerade begonnen und weit und breit ist kein Zimmer mehr zu finden. Sie sind für mich der letzte Ausweg. Es handelt sich um eine junge Mutter mit Säugling. Könnten Sie uns nicht helfen?"

Ich überlegte kurz und konnte eine positive Antwort geben. Aber der Herr am anderen Ende der Leitung schien noch nicht befriedigt zu sein. Er druckste ein wenig herum und rückte dann mit seiner Bitte heraus: „Wären Sie auch bereit, das Kind tagsüber zu betreuen? Wir stehen nämlich noch vor einer weiteren Schwierigkeit. Diese Studentin erhält ein Stipendium, um ihre Doktorarbeit in Pharmazie zu schreiben. Für das Kind erhält sie keinen Pfennig. So ist es ihr nicht möglich, ihren Sohn in einen Kinderhort zu geben. Ihre finanziellen Mittel sind sehr begrenzt."

So kam Scholastika mit ihrem Baby in unser Haus. Das kleine Kerlchen wurde im Nu der Liebling der Familie. Sogar die Freunde unserer Kinder waren begeistert. Sie wollten ihn am liebsten zum Fußballtraining mitnehmen und ihren Kameraden zeigen. Über seinen Namen war ich allerdings sehr erschrocken. Baruti bedeutet nämlich Schießpulver. Sein Großvater war ein Stammeshäuptling.

Aber es gab auch Stunden, in denen ich meinte, der neuen Aufgabe nicht gewachsen zu sein. Afrikanerkinder sind es gewohnt, in ein buntes Tuch gebunden ständig auf dem Rücken der Mutter herumgetragen zu werden. So brüllte der kleine Kerl aus Leibeskräften, wenn ich ihn vom Arm nahm und ihn in sein Bettchen setzte; denn irgendwann musste auch ich einmal daran denken, Essen zu kochen und die Küche zu kehren. Baruti brachte es auch fertig, unseren bisherigen Lebensrhythmus völlig auf den Kopf zu stellen. An Mittagsschlaf, ohne den ich meinte, nie auskommen zu können, war überhaupt nicht mehr zu denken. Stattdessen fuhr ich mit dem Kinderwagen durch die Gegend. Dabei blieb es nicht aus, dass mich verächtliche Blicke trafen. Eine Dame blieb auf dem Bürgersteig stehen, schaute zuerst den Kleinen und dann mich an und meinte mit aggressivem Unterton: „Ja, ja, man sieht es dem Kind an, dass es eine weiße Mutter hat. So ganz schwarz ist es doch nicht."

Manchmal war ich nach einem Tag mit Baruti so erledigt und müde, dass ich voller Sehnsucht nach der Uhr schaute und es nicht abwarten konnte, bis es endlich 19 Uhr war. Denn zu dieser Zeit kam seine Mutti nach Hause. Vor allen Dingen ging mir sein lautes Schreien auf die Nerven. Zu schnell hatte ich vergessen, wie laut unsere Rangen brüllen konnten. In solchen Situationen half mir das Wort Jesu: „Wer ein solches Kind aufnimmt in meinem Namen, der nimmt mich auf." Und so sagte ich öfter laut vor mich hin: „Herr, ich nehme dich jetzt in diesem Kinde auf." Diese Zusage Jesu gab mir neue Kraft und machte mich gelassen.

Heute kann ich Gott danken für die Freude, die er mir mit diesem Kind gegeben hat. Wenn die großen dunklen Augen des Afrikanerbabys mich anschauten und es sich wohlig in meinen Arm kuschelte, war ich glücklich. Unter diesem Blick wurde die Last leicht. Sie verwandelte sich sogar in Wonne.

Darüber hinaus machte mir Gott noch ein besonderes Geschenk. Er gab mir die Möglichkeit, Scholastika mit dem Evangelium bekannt zu machen. Auf ihrem Nachttisch lag ein Neues Testament in Englisch. Bereitwillig besuchte sie mit unserer Familie die Gottesdienste unserer Gemeinde. Wir übersetzten ihr die Predigt und erläuterten ihr im persönlichen Gespräch, dass Jesus Christus uns mit Gott versöhnt. So betete ich um Scholastikas Errettung.

Ich traute es Gott zu, dass er diese intelligente, junge Frau hineinführen konnte in die Gemeinschaft mit ihm. Das wäre dann eine Zugabe Gottes, die nur in der Anbetung vor ihm ihren rechten Ausdruck fände.

Trösten, trösten

Einmal fragte mich meine Tochter: „Mutti, was ist eigentlich deine Hauptaufgabe?" Spontan kam es mir über die Lippen: „Trösten, trösten." Und das fing schon sehr früh an.

Unser Jüngster hatte ein kleines Häschen. Susi hieß das quicklebendige Tier. Im Sommer spielte er mit seinem Hasen auf dem Rasen und im Winter hatte er ihn im Gartenhaus untergebracht. Daniel sorgte mit viel Liebe für sein Haustier und ging nie schlafen, ohne seinem Liebling noch einmal Futter gebracht und ihm Gute Nacht gesagt zu haben. Er besorgte immer frischen Klee, Löwenzahn und Heu und stutzte ihm seine Krallen. Den Stall mistete er regelmäßig aus.

An einem kalten Januartag kam Daniel ganz aufgeregt zu mir. „Mama, ich glaube, Susi ist krank. Sie liegt in der Ecke und frisst nicht mehr. Sie hat Durchfall."

Ich schaute mir das Tier näher an. Es sah wirklich ganz elend aus. „Daniel, ich glaube, Susi ist nicht mehr zu retten, sie wird wohl eingehen."

Mein Sohn hörte meine Worte und verschwand in seinem Zimmer. Er warf sich aufs Bett und fing fürchterlich an zu schluchzen und zu weinen. Sein kleiner Körper wurde regelrecht vom Schmerz geschüttelt.

Jetzt erst merkte ich, was ich mit meinen unbedachten Worten angerichtet hatte. Ich musste nun handeln, um meinen Jungen aus seiner Traurigkeit herauszuholen. Zunächst brachte ich Susi in die Küche und bereitete ihr in einem Badewännchen eine Liegestatt. Dann behandelte ich den Hasen, so wie ich meine Kinder behandelt habe, wenn sie unter Durchfall litten. Ich löste Kohletabletten in einer Tasse auf und flößte dem Häschen die Flüssigkeit mit einer Spritze ein. Dann rieb ich einen Apfel und fütterte Susi damit. Bei all meinem Tun ging mir Daniel zur Hand. Ja, wir beteten für das kranke Tier und ließen es über Nacht in der Küche schlafen.

All das hatte meinen Sohn beruhigt, er wusste seine Susi gut versorgt.

Am nächsten Morgen kam ich in die Küche. Längst hatte der Hase sein „Krankenbett" verlassen und hopste munter über Tisch und Bänke. Meine Küche war zu einem Hasenstall umfunktioniert. Überall hatte Susi ihre Spuren hinterlassen. Aber das störte mich gar nicht. Mein Ziel hatte ich erreicht. Das Häschen war am Leben geblieben und mein Sohn war glücklich darüber. Gern half er mir dann, die Küche wieder sauber zu machen.

Mir wurde deutlich, dass Trösten oft ein bedachtes, aber auch schnelles Handeln erfordert. Ein trauriges Kind darf man in seinem Schmerz nicht allein lassen.

In ähnlicher Weise erging es auch unserem Johannes. Er erlebte einen rabenschwarzen Tag. Als ich einmal vom Unterricht nach Hause kam, merkte ich sofort, dass irgendetwas nicht stimmte. Heulend saß unser Fünfjähriger am Fenster. Schnell sprang ich die Treppe hinauf, immer zwei Stufen auf einmal. „Johannes, was ist mit dir los? Warum weinst du? Sag, was ist denn passiert?" Ich versuchte, den kleinen Kerl zum Reden zu bringen. Aber vor lauter Schluchzen kriegte er kein Wort heraus. „Bist du mit dem Rad gestürzt? Hast du irgendetwas angestellt? So rede doch! Ich muss wissen, was geschehen ist." Behutsam strich ich dem Buben übers Haar, wischte ihm die Tränen aus den Augen und versuchte, ihn zu beruhigen.

„Mama, ich kann's nicht bezahlen. Niemals kann ich das bezahlen. Ich kann es wirklich nicht bezahlen!", stieß er verzweifelt hervor.

Nach und nach erfuhr ich, was sich ereignet hatte. Johannes hatte mit seinen Freunden versucht, von einer kleinen Anhöhe Hagebutten auf die Straße zu werfen. Jeder strengte sich dabei mächtig an, denn er wollte mit dem weitesten Wurf Sieger werden. Im Eifer des Gefechts hatte Johannes in seiner Hosentasche aus Versehen mit den Früchten einen kleinen Stein erwischt. Ausgerechnet in dem Augenblick, als er ihn warf, musste ein fabrikneuer Opel vorbeifahren. Es machte hörbar „klick" und das Unglück war geschehen. Das Steinchen hatte die vordere Wagentür getroffen.

Zornig stieg der Fahrer aus und untersuchte den Schaden. An einer Stelle war der Lack in der Größe von einem Fliegendreck abgesplittert. Der Fahrer packte den kleinen Übeltäter am Kragen und schleppte ihn bis zu unserem Haus. „Das musst du bezahlen, du Schlingel!", schimpfte er. „Der Schaden wird dich teuer zu stehen kommen; denn das Auto ist ganz neu. Warte nur, deine Eltern werden dich übers Knie legen."

Zu allem Unglück war ich gerade nicht zu Hause. Ärgerlich schrieb sich der Fahrer unseren Namen und die Adresse auf. Das Kind blieb allein zurück und zitterte vor Angst. Es war nur gut, dass ich kurz darauf nach Hause kam. Es war schwer, Johannes zu beruhigen. Immer wieder rief er schluchzend aus: „Ich kann das nicht bezahlen!"

Ich nahm den Blondschopf in den Arm und versuchte, ihn zu trösten. „Du brauchst nichts zu bezahlen", versicherte ich ihm, „dein Papa bezahlt alles." Plötzlich verstummte das Weinen und die Tränen versiegten. Der Satz schien Wunder gewirkt zu haben. Ein paar Seufzer erschütterten noch den kleinen Körper und dann wurde das Kind ruhig. Den Kopf an meine Seite gelehnt, saß Johannes bei mir auf der Eckbank. Fest hielt ich ihn in meinen Armen. Ich weiß nicht mehr, wie lange wir so still dagesessen haben. Es tut einer Mutter wohl, ein getröstetes Kind an sich zu drücken.

Wenn Stürme losbrechen

Als ich längst selbst eine Familie hatte, bewegten mich noch immer die biblischen Geschichten aus dem Evangelium.

Es war an einem Mittwochvormittag. Mit meinem Sohn hatte ich noch schnell eine Tasse Kaffee getrunken, bevor er zur Vorlesung musste. „Mutter, jetzt muss ich mich aber beeilen, sonst komme ich noch zu spät zur Universität", verabschiedete er sich von mir. Eine halbe Stunde später klingelte es an meiner Tür. Zwei Polizisten standen auf der Treppe: „Sind Sie Frau Bormuth?" Ich nickte. „Ihr Sohn ist soeben schwer verunglückt. Wir haben ihn mit dem Notarztwagen in die Chirurgie bringen lassen." Wie gelähmt stand ich da. Ich konnte keinen klaren Gedanken fassen.

Dann aber kamen meine Kinder. „Komm, Mama, wir fahren dich schnell zur Klinik, zieh deinen Mantel an!" Und schon ging es zur Klinik. Wie versteinert blickte ich auf die große weiße Glastür, die zum Operationstrakt führte. Über ihr hing eine Uhr. Jeden Ruck des Zeigers nahm ich wahr. Ich sah, wie Ärzte und Schwestern hin und her liefen und mir wurde bewusst: Hinter dieser Glastür liegt dein Sohn. Wird er überleben? Angst kroch mir den Rücken hinauf. Ich konnte noch nicht einmal beten. Und plötzlich war's wie in Kindertagen, als stünde Großmutter neben mir. Ich hörte ihre Stimme und vernahm ihre Worte: „Da hat sich mitten im Sturm der Heiland aufgerichtet und laut in den Sturm hinausgerufen: ‚Schweig und verstumme!‘ Da wurde es ganz still." Mir wurde klar: Jesus sitzt auch in meinem Boot, das schrecklich von hohen Wellen gerüttelt und geschüttelt wird. Er vermag den drohenden Wasserwogen zu gebieten und sie müssen sich legen. Ich befahl meinen Sohn den Händen Jesu Christi an und vertraute auf ihn: Er allein kann ihn vor dem Tod bewahren und ihn wieder heilen. Ich wurde ruhig, obwohl die alte Situation noch da war. Aber die Gewissheit konnte mir keiner nehmen: Jesus sitzt in meinem Boot. Das ist ein Segen, den Großmutter mir mit ihren wunderbaren biblischen Geschichten vermittelt hat.

Zwei Stunden später trat ein schottischer Arzt auf mich zu. „Frau Bormuth, gehen Sie in die Kirche und stiften Sie drei Kerzen, Ihr Sohn wird überleben!" Bei diesen Worten wurde es mir ganz warm ums Herz.

Liebeskummer

Einer unserer Söhne studierte in Heidelberg. Ich wusste, dass es ihm nicht gut ging. Vor mir lag eine Fahrt nach Stuttgart und ich musste in Heidelberg umsteigen. Ich telefonierte mit ihm und wir verabredeten ein kurzes Treffen auf dem Heidelberger Bahnhof. Dann packte ich eine große Tasche mit allerlei Köstlichkeiten, die sich ein Student nicht leisten würde: Kaffee, Schinken, Dauerwurst, selbst gekochte Marmelade, Tannenhonig aus dem Schwarzwald, Nüsse und Marzipan. Schließlich backte ich noch einen Kuchen, den ich mit Schokoladenguss überzog. Beim Backen war mir ein kleines Missgeschick passiert. In der Mitte war der Teig etwas zusammengefallen und der Kuchen hatte ein Loch. Ich war drüber etwas missgestimmt, aber mein Mann schaute sich den Kuchen an und meinte etwas verschmitzt: „Das Problem ist gut zu beheben. Wir nehmen einen Hunderter, rollen ihn zusammen, packen ihn in Folie und stecken ihn in das Loch. Für unseren Sohn wird das Loch noch die größte und schönste Überraschung sein."

Als ich in Heidelberg ankam, stand unser Sohn schon mit seinem Fahrrad und dem Rucksack auf dem Rücken da und erwartete mich auf dem Bahnsteig. Er entdeckte mich sofort und half mir, die schwere Tasche aus dem Intercity zu heben. Auf einer Bank tranken wir schwarzen Tee, den unser Student in einer Thermoskanne mitgebracht hatte. Dabei erzählte er mir, warum seine Beziehung zu Susanne gescheitert war.

Wir hatten nur zwanzig Minuten Zeit, aber ich merkte, wie wohl unserem Sohn das Gespräch tat. Er konnte sich einiges von der Seele reden. Ich übergab ihm dann die Tasche, wies auf den Kuchen hin, auf dem die Verzierung mit den Schokoladenherzen etwas verrutscht war, und sagte mit einem Blinzeln im Auge: „Siehst du, so ist es auch mit der Liebe. Im Laufe eines Lebens kann sie ins Rutschen kommen. Aber schau jetzt nach vorne!"

Wie im Nu war der Aufenthalt vergangen. Als ich in den Zug nach Stuttgart einstieg, rief mir unser Sohn noch zu: „Mama, wann musst du wieder einmal in Heidelberg umsteigen?" Er winkte mir noch lange nach, bis der Zug in einer Kurve aus seiner Sichtweite verschwunden war.

Einige Tage später erhielt ich einen Brief. „Mama, das war ja eine große Überraschung. Das Wertvollste war das Loch im Kuchen. Ich wünschte, dir würde öfter beim Backen solch ein Missgeschick passieren." Ich aber dachte: Mit diesem kurzen Aufenthalt in Heidelberg habe ich nicht nur ein Loch im Kuchen, sondern auch in der Seele meines Kindes gestopft.

Glaubenskrisen

Christliche Eltern haben nur den einen Wunsch, dass ihre Kinder den Weg zu Christus finden und auch auf diesem Weg mutig voranschreiten. Und doch lehrt uns immer wieder die Erfahrung, dass Glaubenskrisen nicht ausbleiben. Wahrscheinlich sind sie sogar ein sicheres Anzeichen dafür, dass der Glaube unserer Söhne und Töchter echt ist, denn sonst würde sie der Teufel nicht so in Anfechtungen stürzen. Mir war es immer wichtig, dass ich gerade in solchen Situationen meine Zuflucht zu Gott nehme, ernsthaft für meine Kinder bete und mir auch ihr Vertrauen erhalte.

Von einem meiner Söhne weiß ich um solch eine schwere Glaubenskrise. Ich habe sehr darunter gelitten und es ist mir nicht leicht gefallen, innerlich Ruhe zu bewahren. Oft habe ich trotz vieler Gebete geweint und manchmal hatte mich die Angst fest im Griff. Aber meinem Sohn gegenüber habe ich mir die Angst nicht anmerken lassen und ihn auch nicht mit Vorwürfen überschüttet, warum ihm denn Jesus jetzt so wenig bedeute.

Einige Monate später, als es unserem Jungen wieder besser ging, hat er mir einen Brief geschrieben, in dem er sich herzlich bei mir bedankte, dass ich ihm keine *Szene* gemacht habe. Nun habe er die Durststrecke überwunden und es gehe ihm besser.

Natürlich hat mich dies sehr gefreut. In dieser Zeit meiner Not hat mir besonders ein Wort von Dr. Martin Luther geholfen. Ich gebe es mit eigenen Worten wieder: „Wenn nun Kinder noch nicht den Weg zum Glauben an Jesus gefunden haben oder wieder von ihm abgefallen sind, dann sollen wir uns nicht grämen. Gott allein behält es sich vor, die Kinder zum Glauben zu führen und sie darin zu erhalten. Aber wir dürfen als Eltern für sie beten, ihnen viel Gutes tun und sie so ansehen, als wären sie schon die allerbesten Christen und alles andere Gott überlassen."

Wie ich zum Schreiben kam

Eines der notvollsten Ereignisse in meinem Leben war das Zugunglück 1973 bei Guntershausen. Dabei wurde meine Schwester schrecklich zugerichtet. Dieses Erleben, das uns über mehrere Jahre fest im Griff hielt, wurde zum Anlass, dass ich zum Schreiben kam. Ich musste mir meine Angst, mein Leid und meine Sorge von der Seele schreiben; denn oft hatte ich den Eindruck: Ich zerbreche an diesem Elend.

Nach dem Unfall, bei dem zwei Züge aufeinander geprallt und dabei vierzehn Menschen ums Leben gekommen waren, hatte ich über eine längere Zeit Nachtwache am Bett meiner Schwester gehalten. Sie war die Einzige, die in dem letzten Wagen das Unglück überlebt hatte. Aber sie war furchtbar zugerichtet worden. Die Zeitungen berichteten in Schlagzeilen: „Diese junge Mutter von zwei Kindern muss wohl mehrere Schutzengel gehabt haben, dass sie dieses Unglück überlebt hat." Der Kopf blutete aus mehreren Wunden, ein Auge war verletzt, alle Rippen waren gebrochen, in den rechten Arm war ein großes Loch gerissen worden und beide Beine waren total abgequetscht und mehrmals gebrochen. Die Ärzte versuchten alles, um die Beine zu retten.

Als ich wieder nach einer durchwachten Nacht am Krankenbett morgens nach Hause kam, war an Schlaf nicht zu denken. Ich war erschöpft und kam doch nicht zur Ruhe. So griff ich zur Feder:

Ich sitze im Zug und will meine Schwester besuchen. Sie wurde bei einem Eisenbahnunglück schwer verletzt und lag über drei Jahre im Krankenhaus. Mehr als dreißig Mal wurde sie operiert und heute soll ich wieder bei ihr sein, wenn sie aus der Narkose erwacht. Mit bangem Herzen erreiche ich die Klinik. Am Eingang zur Station höre ich lautes Stöhnen und gerate in entsetzliche Angst, als ich merke, dass das Jammern aus dem Zimmer meiner Schwester dringt. Leise trete ich an ihr Bett und fasse ihre Hand. „Grete!", spreche ich sie an, aber ich bekomme keine Antwort. Sie muss furchtbare Schmerzen haben, denn sie wälzt sich mit dem Oberkörper hin und her, stöhnt und schreit. Erst nach einer geraumen Weile ist sie ansprechbar. „Helft mir doch! Helft mir doch!", bittet sie. Mit großen Augen, die von Angst gezeichnet sind, schaut sie mich an. Ich hole den Arzt und frage ihn, ob er nicht die Schmerzen mit einer Spritze lindern könnte. Er lehnt ab, denn durch die vielen Narkosen ist das Atemzentrum zu sehr in Mitleidenschaft gezogen. Außerdem wurden ihr schon so viele Medikamente verabreicht, dass sich der Körper daran gewöhnt hat und die Wirkung gleich Null ist.

Ich versuche meiner Schwester gut zuzureden, lege ihr ein feuchtes Tuch auf die Stirn und halte ihre Hand. Jetzt, da die Betäubung ganz nachgelassen hat, sind die Schmerzen unerträglich geworden. Ihr Stöhnen wird zum Schreien. Ich aber kann ihr keine Linderung verschaffen. Hilflos stehe ich an ihrem Bett. Ab und zu schaut ein Arzt oder eine Krankenschwester zur Tür herein und versucht, sie zu beruhigen. Aber sie wissen auch, diese junge Frau hat schon zu viel in der vergangenen Zeit gelitten, als dass sie noch die körperlichen und seelischen Kräfte besäße, um Schmerzen auszuhalten.

In ihrer größten Not fleht sie mich an: „Lotte, bete du zu Gott, vielleicht hilft er dann. Du bist doch fromm. Auf dich muss er hören."

Welche Verzweiflung verbirgt sich hinter diesen Worten. Muss Gott hören? Ich falte meine Hände und rufe zu ihm. Was sollte ich auch anders tun? „Herr Jesus, lindere du die Schmerzen, heile du die Wunden. Schenk Grete die Kraft, die sie jetzt braucht. Vor allen Dingen setze diesem Schreien ein Ende. Amen!"

Ich warte mit bangem Herzen und gerate selbst in große Anfechtungen. Wo bleibt Gott? Warum greift er nicht ein? Hat er nicht die Macht, mit einem Wort allem Elend ein Ende zu bereiten? Und dann schleicht sich dieser schreckliche Gedanke ein: Wäre es nicht besser, meine Schwester könnte jetzt ruhig und für immer einschlafen und wäre allem Leiden enthoben? Ich bin selbst so hoffnungslos. Am liebsten möchte ich aus diesem Krankenzimmer fliehen. Die Zeit scheint still zu stehen. Noch vier Stunden muss ich hier aushalten, dann erst fährt mein Zug. Ich erschrecke über meine Gedanken und schäme mich, dass ich nur an mich denke. Ich bin so feige. Wenn ich doch nur die Tür hinter mir schließen könnte! Dieses Schreien ist fürchterlich. Es klingt heiser, laut und verzweifelt und geht mir durch Mark und Bein. Mir wird weh davon. Alles krampft sich in mir zusammen und im Stillen bewegt mich der Liedvers: „Mach End, o Herr, mach Ende mit aller unserer Not!" Es ist jetzt nicht mehr zum Aushalten. Plötzlich aber wird es still im Zimmer und ich höre, wie meine Schwester eine Strophe aus der Passionsliturgie stammelt: „Christe, du Lamm Gottes, der du trägst die Sünd der Welt, erbarm dich unser!" Aus der Tiefe ihres Herzens hat sie sich zu Gott gewandt und welche Macht verbirgt sich hinter solchem Anruf!

Plötzlich steht Jesus, das Lamm Gottes, vor mir und ich sehe, wie er geschlagen, gepeinigt und gemartert wurde. Ich erkenne, wie die Kriegsknechte mit mächtigen Schlägen die gewaltigen Nägel durch seine Hände und Füße treiben. Ich höre seinen Verzweiflungsschrei: „Mein Gott, mein Gott, warum hast du mich verlassen?" Ich sehe in sein blutverschmiertes Angesicht und erschaudere, denn die Dornenkrone hat sich tief in seinen Kopf eingedrückt. Langsam beginne ich zu begreifen, wie lieb Jesus mich haben muss, dass er freiwillig so für mich und meine Schuld litt, damit ich frei ausgehen kann. Aus dem Leiden und Sterben Jesu gewinne ich die feste Zuversicht: Wenn jemand meiner Schwester helfen kann, dann ist er es. Und ich rufe ihr zu: „Grete, schrei und klammere dich an Jesus! Er allein versteht dich, denn er hat am Kreuz Todesqualen ausgestanden. Schrei zu ihm! Er wird dir helfen. Weil Jesus lebt, ist Hoffnung für dich da!"

Es folgen dann noch vier bange Stunden. Aber sind wir Christen nicht beneidenswerte Leute, dass wir unser Elend, unseren Jammer vor Jesus ausbreiten, vor ihm klagen, ja sogar schreien dürfen und dabei gewiss sein können: Wir werden gehört und zu Gottes Stunde auch erhört. Unser Schreien verhallt nicht im leeren Raum, sondern Gott nimmt es auf, leidet mit uns und erbarmt sich über uns.

Als ich die Klinik verlasse, bin ich von allem Geschehen sehr bewegt. Ich achte nicht auf die Menschen, die an mir vorübergehen. Ich sehe keine Schaufenster und auch keine Lichtreklame. Ich habe Jesus mitten in allem Todesgrauen und aller Verzweiflung erlebt. Ich habe ein Stück seines Leidens und Sterbens neu begriffen. Mir laufen zwar die Tränen, die ich am Krankenbett nur mühsam zurückhalten konnte, über mein Gesicht, aber ich bin getröstet, dass Gott selbst einmal alle Tränen von unseren Augen abwischen wird. Seine neue Welt wird anbrechen und dann wird es keine zerschundenen Glieder und eiternden Knochen, kein Stöhnen und Schreien, keine Anfechtung und Verzweiflung mehr geben. Dann wird mein Mund ihn rühmen und loben, der als das gekreuzigte Lamm Gottes so viele Schmerzen für uns Menschen erduldet hat. Unser Schreien wird einmal verstummen und wir werden in Jubel ausbrechen. Das ist unvorstellbar, aber wahr. Aus dieser Gewissheit gewinne ich die Kraft, das Leid durchzuhalten.

Was hat Sören Kierkegaard auf sein Grabmal einmeißeln lassen?

> *„Nur eine kurze Zeit, dann ist's gewonnen:*
> *Dann ist der ganze Streit in nichts zerronnen.*
> *Dann darf ich laben mich an Lebensbächen*
> *und ewig, ewiglich mit Jesus sprechen."*

Meine Schwester ist wieder gesund geworden. Allerdings waren die Beine nicht mehr zu retten. Sie muss im Rollstuhl sitzen. Aber sie hat noch viele Jahre ihren Beruf als Abteilungsleiterin in einer Bank ausüben dürfen. So sind wir dankbar, dass Gott damals das Leben dieser jungen Mutter erhalten hat.

Was ich damals niederschrieb, wollte ich nie veröffentlichen. Später hat eine Freundin diese Seiten an einen Verlag geschickt und so ist mein erstes Buch „Ich staune über Gottes Führung" entstanden, das viele Auflagen erlebte.

Der Fall der Grenze

Wenn sich der November mit seinen Nebelbänken und kalten Regenschauern auf unser Gemüt legen will, erinnere ich mich gerne an ein Ereignis, das mein Herz zum Jubeln bringt. Über den Rundfunk und das Fernsehen verfolgte ich mit innerer Bewegung die Montagsgebete und Demonstrationen in Städten wie Leipzig, Berlin, Plauen, Eisenach und noch einigen anderen. Wir trafen uns in unserer Gemeinde zum Gebet, damit ja nicht dieser Freiheitsdrang unserer Landsleute im Osten mit Gewalt und Blutvergießen niedergeschlagen werde. Wir zitterten und bangten, wenn wir bei manchen Demonstrationen sahen, wie die Volkspolizisten ihre Gummiknüppel schwangen und brutal auf die Menschen losschlugen. Dass diese gewaltlosen Märsche von Zigtausenden und die vielen brennenden Kerzen dazu führen könnten, die Grenze und die Mauer in Berlin zusammenbrechen zu lassen, war nicht vorauszusehen. Aber Gott hat dieses Wunder getan. Dafür können wir ihm nie genug danken, dass Deutschland wieder vereint wurde.

Durch die Mutter unseres Schwiegersohns erfuhren wir, dass die Grenze in Großburschla im Kreis Eschwege für zwei Tage geöffnet sei und jeder nur mit seinem Pass hinüber und herüber gehen könnte. Ich rief meinen Mann in seiner Dienststelle an: „Karl-Heinz, die Grenze ist offen. Lass uns nach Großburschla fahren!" Mein Mann ließ in seinem Arbeitszimmer alles stehen und liegen, kam nach Hause und wir begannen sofort, unseren VW-Kombi mit Büchern zu beladen. Diese Chance wollten wir uns nicht entgehen lassen. Jahrelang haben wir uns gemüht, christliche Bücher in den Osten zu schicken, was oft zu einem Problem wurde. Meist durfte nur ein Buch in den Umschlag nach drüben gesteckt werden mit dem Vermerk, dass es sich um religiöses Schrifttum handele, das vom Staatsratsvorsitzenden Honecker zugelassen sei. Oft kam aber auch ein solches Buchgeschenk nicht an oder wurde uns wieder zurückgeschickt. Für uns war das nun eine einmalige Gelegenheit, christliche Literatur in den Osten zu bringen. Wir deckten den Berg von Büchern mit einer Decke zu und legten oben darauf Bananen, Schokolade, Kaffee und Coca Cola. Unterwegs erlebten wir eine große Überraschung. Sonst waren die Straßen im Zonenrandgebiet fast kaum befahren. Nun aber gerieten wir in einen Stau. Trabbi an Trabbi reihte sich in beiden Richtungen aneinander.

Wir kannten diese Gegend hier gut, weil wir einige Male in Wommen, das direkt an der Grenze zur DDR liegt, Urlaub gemacht haben. Früher sind wir auf der stillgelegten Autobahn bei Herleshausen mit dem Fahrrad gefahren oder haben mit unseren Kindern Fußball gespielt. Wehmütigen Herzens haben wir in den Osten hinübergeschaut. Wenn wir manchmal Arbeiter auf den Feldern entdeckten, haben wir ihnen zugewinkt; aber von drüben kam keine Reaktion. Es war ein grauenhafter Zustand, dass unser Vaterland in Ost und West geteilt war. Nun aber sollte es möglich sein, wenn auch nur für zwei Tage im November, den Grenzstreifen zu überschreiten.

Großburschla ist ein Dorf, von dem der größere Teil im Osten und der kleinere Teil im Westen liegt. Der riesige Grenzzaun war auf einer Länge von vielleicht fünfzehn Metern abgebaut worden. Die Brücke über die Werra und der Weg waren mit Sträuchern und Bäumchen bewachsen. Ein Bagger war gerade bei der Arbeit, einen Zugang zum Osten freizuschaufeln. Etwa 1-1,5 km lang war der Weg. Es wurde mit Hochdruck gearbeitet. Man konnte nur zu Fuß nach Großburschla Ost gelangen.

Ich überlegte, wie ich nun die Menge der Bücher dorthin schaffen könnte. So borgte ich mir einen alten, großen, stabilen Korbkinderwagen aus, füllte ihn bis zum Rand mit den kostbaren Schriften und legte darauf noch Bananen und Schokolade. So zogen mein Mann und ich los. In den Händen hielt jeder noch eine Tragetasche. Da ich unauffällig erscheinen wollte, zog ich mir mein rotes Wollkopftuch an, das mich wunderbar wie eine sehr alte Oma aussehen ließ.

Auf dem Überweg herrschte lebhafter Personenverkehr. Es war nicht auszumachen, wer zum Osten oder Westen gehörte. Höchstens die großen Einkaufstaschen gaben einen Hinweis, dass in Großburschla West oder in Eschwege tüchtig eingekauft worden war. Etwas mitleidig schauten mich die Menschen an; „Na, haben Sie sich auch drüben Ihr Begrüßungsgeld abgeholt und sich mit Westwaren eingedeckt?" Ich schwieg und legte einen Schritt zu. Die Volkspolizisten warfen einen kurzen Blick auf meinen Pass und ließen mich die Grenze überschreiten. In den Kinderwagen schauten sie überhaupt nicht hinein. Das war auch gut so.

In Großburschla Ost ging ich von Haus zu Haus und übergab den Bewohnern ein christliches Buch, das ich selbst geschrieben hatte. Eine ältere Dame in Trauerkleidung schaute sich das Titelblatt genauer an mit dem Titel: „Ich staune über Gottes Führung".

Dann sprach sie mich an: „Ich habe vor zwei Monaten meinen Mann verloren, an Herzversagen ist er gestorben. Ach, wenn er doch auch noch die Grenzöffnung erlebt hätte. Wie sehr hätte er sich gefreut. Aber leider blieb ihm das verwehrt."

In einem Haus freuten sich die Leute so sehr, als sie hörten, dass ich von Marburg käme, dass sie mich in ihre gute Stube baten und mich mit Kaffee und Kuchen versorgten. Zwei Straßen weiter bot mir ein junger Mann einen Schnaps an. „Sie sind ja ganz durchgefroren. Trinken Sie nur, das wird Sie erwärmen." Als ich an einem Ladengeschäft vorbeikam, nahm ich einen Stoß von etwa zwanzig Büchern aus dem Kinderwagen, stellte mich an die Kasse und legte jedem Kunden ein Buch in seinen Einkaufskorb. „Bitte, heben Sie für uns auch ein Buch auf!", bat mich eine Verkäuferin. „Bücher sind nämlich hier im Sperrbezirk Mangelware."

Inzwischen war es dunkler geworden und mein Vorrat war bis auf zwei Kinderbücher zusammengeschrumpft. In der Ferne sah ich ein schwach erleuchtetes Haus. Dorthin zog es mich. Ich schreckte noch nicht einmal vor einem Hund zurück, der mich ankläffte. Plötzlich entdeckte ich im Halbdunkel einen Schaukasten und konnte gerade noch lesen: „Landeskirchliche Gemeinschaft". War das eine Überraschung für mich! Ich wusste, hier würde ich Glaubensgeschwister antreffen. Mutig klopfte ich an die Tür und eine Frau trat mir entgegen.

„Sie glauben gar nicht, wie sehr ich mich freue, dass ich Ihnen hier begegnen kann. Wir kommen aus Marburg und gehören auch zur Landeskirchlichen Gemeinschaft", begrüßte ich sie.

Etwas zögerlich kam die Frau auf mich zu. Sie musste vorsichtig sein, denn ich hätte ja auch ein

Spitzel sein können. Ich drückte ihr die beiden Kinderbücher in die Hand. „Ich werde mit meinem Mann an unser Auto gehen. Wir haben dort noch jede Menge Bücher. Bis 21 Uhr ist es ja gestattet, hinüber und herüber zu gehen." Die Frau holte noch einen Bekannten von der Statur eines Riesen herbei. Er sollte uns beim Tragen helfen. So schafften wir die zweite Ladung herbei. An den Kinderwagen banden wir nun unser Abschleppseil. Ich zog, mein Mann schob und der Riese trug zwei schwere Koffer. So brachten wir mit vereinten Kräften die Bücher sicher zum Haus der Landeskirchlichen Gemeinschaft.

Als wir unser Lesegut auf dem Tisch ausgebreitet hatten, liefen der Christin die Tränen über die Wangen. Sie war gerührt. „Schauen Sie, Frau Bormuth, was wir auf unserem Büchertisch haben. Es sind ein paar Spruchkarten, das ist alles. Jetzt weiß ich, was ich meinen Kindern zu Weihnachten schenken werde. Ich bin nämlich Leiterin des evangelischen Kindergartens und der Jungschar. Danke, vielen Dank!"

Ich hatte etwa 100 Kinderbücher eingepackt. Wir wechselten dann noch ein paar liebe Worte und stärkten uns in unserem Glauben an Christus. Dann drückte ich meiner Mitchristin noch 2000 DM von meinem Opfergeld in die Hand, die ich vorsorglich mitgenommen hatte. Hier war das Geld gut angebracht.

„Ich werde gleich morgen früh nach Eschwege fahren und Farbe und Tapeten kaufen. Damit können wir unseren Saal renovieren. Er hat es dringend nötig. Das sehen Sie ja. Aber hier im Sperrgebiet gab es weder Farbe noch andere Malerutensilien." Dann verabschiedeten wir uns herzlich.

Einige Monate später, als alle Grenzen und die Mauer in Berlin gefallen waren, erhielt ich einen Brief:

„Herzlichen Dank für alle Hilfe. Die Bücher haben wir auch an die Gemeinschaftsleute in den Außenbezirken weitergegeben. Unseren Saal konnten wir mit Ihrer Hilfe renovieren. Wir haben die erste Evangelisation durchgeführt, die Gott sehr gesegnet hat. Glaubensgeschwister aus der Landeskirchlichen Gemeinschaft Heinebach im Westen haben uns dabei tatkräftig mit ihrem gemischten Chor und ihren Posaunen unterstützt."

Mich hat dieser Brief sehr gefreut und ich stand noch lange brieflich mit Großburschla in Verbindung.

Für Gott unterwegs

Durch meine Bücher wurde ich weithin bekannt. Noch immer kann ich es nicht begreifen, welch großes Arbeitsfeld mir Gott mittlerweile zugedacht hat. 25 Jahre meiner Ehe war ich hauptberuflich Mutter und Hausfrau. Bei fünf Kindern hatte ich auch alle Hände voll zu tun. Zudem bewirtschaftete ich einen großen Garten und habe immer das Obst und Gemüse aus eigenen Erträgen auf den Tisch gebracht.

Und plötzlich erhielt ich Einladungen zu Frühstückstreffen, zu Frauentagen und Seniorentreffen, zu Konferenzen und Freizeiten. Oft war ich über die Hälfte des Jahres unterwegs.

Besonders nach dem Mauerfall wurde ich immer wieder zu Diensten herangezogen in Thüringen, der Mark Brandenburg, Mecklenburg-Vorpommern, Sachsen und Sachsen-Anhalt. Wie reich ist mein Leben in der Begegnung mit den Glaubensgeschwistern im Osten geworden.

Jedes Jahr hielt ich Freizeiten in den schönen Heimen in Cottengrün, Reudnitz, Bad Blankenburg, Selin, Binz auf Rügen und Johnsdorf in der Oberlausitz. Eine Weite hat sich mir aufgetan, wie ich sie nie hätte erahnen können.

So erhielt ich auch eines Tages eine Einladung zum

Pfingstjugendtreffen in Bobengrün im Jahr 1996. Die Veranstaltung stand unter dem Thema: „Gott führt sein Volk mitten durch die Wüste." Noch heute schlägt mein Herz schneller, wenn ich an dieses großartige Ereignis mit über zehntausend meist jungen Menschen denke. Mitten im Wald und auf den angrenzenden Wiesen hatten sich die Teilnehmer gelagert. Der Wetterbericht hatte ein heraufziehendes Regengebiet angesagt und schon am Abend vor der eigentlichen Großveranstaltung tröpfelte es zwar nicht stark, aber beständig vom Himmel. Gewiss, die jungen Leute hatten sich Planen, Regenmäntel, Schirme, Decken und warme Anoraks mitgebracht. Wer aber eine mehrtägige Versammlung durchführen will, mag schon beim Anblick der heraufziehenden dunklen Wolken in Panik geraten. Nicht so Pfarrer Hägel mit seiner großen Schar verantwortlicher Mitarbeiter. Er zeigte noch einen anderen Weg auf.

So stand Pfarrer Hägel am Vorabend des Treffens, zu dem schon viele angereist waren, auf der Kanzel und startete einen Aufruf: „Wer beten kann, der bete. Wir brauchen trockenes Wetter und Sonnenschein. Wir sind gewiss, Gott wird unseren Ruf erhören und uns auch hierin seine Güte und Freundlichkeit erweisen."

Skeptiker mögen gedacht haben: *Wie kann sich ein Pfarrer durch das Gebet nur den Wetterprognosen entgegenstellen? Fordert er Gott nicht allzu sehr heraus?*

An diesem Abend werden sicher viele Teilnehmer Gott in ihren Gebeten um Sonnenschein und Wärme angefleht haben. Und dann geschah das Gewaltige: Das Rufen zu ihm wurde erhört. Die Pfingsttage standen unter strahlend blauem Himmel. Warm wurde es. Pullover und Anoraks konnten im Rucksack verstaut bleiben. Sonne, Sonne, überall Sonne und keine trüben Wolken am Horizont. Das war ein Wunder besonderer Art. Die Zeitungen berichteten danach: „Nur im Gebiet um Bobengrün wich das Tief einem kräftigen Hoch." Solch einen Gott haben wir, der große Wunder tut, deren Zahl unermesslich ist.

Aber es geschah nicht nur ein Sonnenwunder in diesen Tagen. Gott ließ auch sein Licht in vielen Herzen seiner Kinder aufleuchten und es wurde hell. Nach meinem Vortrag – und so geschah es auch bei den übrigen Rednern – drängten sich die jungen Menschen um mich. Das war Seelsorge mitten im Wald in Gottes großartiger Schöpfung. Ich saß auf einem Baumstamm und einige Meter entfernt bildete sich eine Schlange von Ratsuchenden. Lange Gespräche waren bei diesem Andrang nicht möglich. Aber wenn Gott durch seinen Geist Schuld aufdeckt, finden die Menschen auch für ihre Sünden einen Namen. Wie sehr hat mich die Aufrichtigkeit der Teilnehmer an diesem Pfingsttreffen gefreut.

Da konnte ein junger Mann bekennen: „Ich habe

Werkzeuge von der Firma mitgehen lassen. Es tut mir leid, ich werde die Sache in Ordnung bringen." Ein Student bekannte: „Ich habe meine Freundin verführt und habe mit ihr geschlafen." Eine junge Frau sagte mir: „Ich habe meinen Stiefbruder nie akzeptieren können. Er ist viel älter als ich und zudem noch bucklig. Wegen seiner Sehbehinderung trägt er eine Brille mit dicken Gläsern. Das hat sein Gesicht verunstaltet. Ich habe mich seiner sehr geschämt und habe ihn vor meinen Freunden als meinen Onkel ausgegeben. Das war nicht recht. Ich werde über diese Schuld mit meinen Freunden reden und die Sache richtig stellen."

Wenn Gottes Heiliger Geist seinen Finger in unsere Wunden legt, dann gibt es keine falschen Entschuldigungen und Ausreden. Nach dem Bekenntnis der Sünde folgt dann die Vergebung. Alle Traurigkeit muss weichen und die Betrübnis wird ausgelöscht. Freude bricht durch und erneuert das Leben.

Mit einer werdenden Mutti traf ich beim Essen zusammen. Ich war von ihrem Anblick berührt, legte meine Hand auf ihren Leib und segnete sie. „Der Herr schenke Ihnen ein gesundes Kind und stehe Ihnen in der Stunde der Geburt bei. Der Friede des Herrn sei mit Ihnen!"

Monate später wurde ich angefragt, ob ich nach Hammerbrücke zu einem Frauenabend kommen könnte. Ich sagte zu und suchte auf der Landkarte, wo denn dieser Ort liege. Es war ein kleines Dorf in der Nähe der tschechischen Grenze. Ich stellte mich innerlich auf eine Stubenversammlung ein. Aber wie überrascht war ich, als ich einen großen Saal betrat und über 100 Frauen an herrlich geschmückten Tischen sah. Gestecke von Rosen und Nelken zierten den Raum. Hier war sicher eine Meisterin am Werk gewesen. Und ich hatte recht. Die Mitarbeiterinnen aus Hammerbrücke hatten es sich etwas kosten lassen, um ihren Dorfbewohnerinnen an diesem Abend das Evangelium nahe zu bringen.

Nach meinem Vortrag wurden herrlich verzierte Platten mit Wurst-, Käse- und Eierschnitten aufgetragen. Auf dem Tisch stand eine reiche Auswahl an Getränken. Plötzlich tauchte eine junge Frau mit Kinderwagen auf. Sie kam auf mich zu, lächelte mich an und sagte: „Das ist unser Friedenskind, Frau Bormuth. Erinnern Sie sich noch an unsere Begegnung in Bobengrün?"

Mir ging sofort ein Licht auf und ich nahm die junge Mutti in meine Arme. Ja, wir dürfen einander segnen und von unserem Herrn viel Gutes erwarten; denn die ursprüngliche Bedeutung von Segnen heißt: Gott spricht uns Gutes zu.

An diesem Abend war ich rundum glücklich und gewann Mut, mich für die nächsten Frauenabende in Plauen und Lengenfeld zu rüsten.

Die Telefonseelsorge

Zu einer meiner wichtigsten und zugleich schwersten Aufgabe zählte der Dienst in der Telefonseelsorge. Über 25 Jahre war ich ehrenamtliche Mitarbeiterin und habe besonders viele Nachtschichten übernommen, weil ich mich am Tag nicht so leicht von der Familie lösen konnte. Manche Nächte waren hoch dramatisch. Wenn ich diese Zeit an meinem inneren Auge vorübergehen lasse, dann erinnere ich mich an die vielen Male, wo ich mit Gottes Hilfe Menschen vor dem Selbstmord bewahren konnte.

Ein Anruf erreichte mich in einer Silvesternacht. Zunächst hörte ich nur klassische Musik und ich dachte schon, da erlaube sich jemand einen Scherz. Aber nach mehrmaligem inständigen Bitten meldete sich eine junge Frau: „Sterben will ich, nur noch sterben. Ich habe eine genügend hohe Dosis von Medikamenten eingenommen. Das wird ausreichen, um mich ins Jenseits zu befördern. Sie müssen wissen, ich packe das Leben nicht mehr. Ich bin enttäuscht, maßlos enttäuscht. Mein Freund hatte mir den Himmel auf Erden versprochen und als ich schwanger wurde, hat er sich einfach aus dem Staub gemacht."

„Wie alt ist denn Ihr Kind?" Ich versuchte Einzelheiten über meine Anruferin herauszufinden, denn nur so könnte es mir vielleicht gelingen, die Verzweifelte zu retten.

„In drei Tagen wird Jacqueline vier."

„Aber um Ihres Kindes willen dürfen Sie Ihr Leben nicht wegwerfen. Jacqueline braucht Sie."

„Ja, diese Frage hat mich auch bewegt. Aber ich habe eine Mutter. Sie wird für meine Tochter sorgen. Das tut sie jetzt schon; denn gleich nach der Geburt hat sie sich bereit erklärt, die Kleine großzuziehen, damit ich meine Ausbildung zur Bibliothekarin beenden könnte. Meine Mutter steht meiner Tochter näher als ich. Das Kind wird mich nicht vermissen."

Wir führten ein längeres Gespräch, in dem ich versuchte, meine Anruferin dazu zu bewegen, mir ihre Adresse mitzuteilen. Aber dieses Geheimnis gab sie nicht preis. Angst packte mich. Ich merkte, wie ihre Stimme immer leiser wurde. Manchmal stockte sie mitten im Satz. Ich schickte Stoßgebete zu Gott, er möge mir Weisheit schenken, denn die Zeit rannte mir davon. Wie lange würde ich noch mit ihr reden können? Jeden Augenblick könnte das Gespräch unterbrochen werden; denn sie machte schon einen schwachen Eindruck auf mich.

Auch die junge Mutter wurde von Angst überfallen, denn sie sah jetzt den Tod vor Augen. Ihre Stimme zitterte bei jedem Satz. Da war es mir eine gute Eingebung, dass ich ihr vorschlug: „Ich komme jetzt zu Ihnen, um Ihnen in Ihrer Angst beizustehen. Sagen Sie mir bitte Ihre Adresse."

„Das könnte Ihnen so passen", schimpfte sie. „Sie holen die Bullen und wie steh ich dann da? Die Polizei wird mich in die Klapsmühle einweisen und da will ich wirklich nicht hin."

Ich versprach ihr: „Ich komme ganz allein, ich will nur Ihre Hand halten." Daraufhin lenkte sie ein. Sie nannte mir Straße und Hausnummer. Ich rief noch ins Telefon: „Bitte, schließen Sie schon die Haustüre auf."

Ich war mir nämlich nicht sicher, ob sie in einigen Minuten noch die Kraft haben würde, mir die Tür zu öffnen. Ich informierte einen Mitarbeiter, der mich in der Telefonseelsorge ablöste. Dann rief ich die Polizei, den Schlüsseldienst und den Notarztwagen an. Mit einem Auto ließ ich mich zu ihr bringen. Als ich vor dem herrlichen großen Haus stand, war die Tür verschlossen. Auf mein Klingeln hin öffnete niemand. Also wurde das Schloss blitzschnell vom Schlüsseldienst geöffnet. Ich bat die Polizei, mich zunächst allein zu meiner Anruferin gehen zu lassen, weil ich ihr dies versprochen hatte. In dieser weiträumigen Wohnung musste wohl zuvor ein Fest gefeiert worden sein. Überall standen Salate, Gläser, Getränke und sonstige Leckerbissen herum. Ich ging von Zimmer zu Zimmer und rief laut; aber niemand meldete sich. Zweifel kamen in mir auf, ob die Selbstmordgefährdete mich vielleicht bewusst in eine ganz fremde Wohnung gelockt hatte. Ich suchte im Bad und in der Küche nach ihr und ging dann noch einmal ins Wohnzimmer. Plötzlich hörte ich ein Knurren. Auf einer Couch, unter vielen Kissen und Decken versteckt, entdeckte ich eine zierliche Gestalt. Sie hatte schon das Bewusstsein verloren. Ich gab dem Notarzt und der Polizei ein Zeichen, sofort die Anruferin in die Klinik zu bringen.

Am nächsten Tag rief ich den Professor an, der für die Station der Selbstmordgefährdeten zuständig war, und erkundigte mich nach ihrem Ergehen. „Beinahe wäre es zu spät gewesen", teilte er mir mit, „aber die Patientin konnte noch gerettet werden. Es war uns hilfreich, dass Sie uns die Medikamente, die sie geschluckt hatte, auf einem Zettel aufgeschrieben und an uns weitergeleitet haben. So konnten wir gleich gezielt Gegenmittel einsetzen. Ihr Herz war nämlich schon geschädigt." Die Namen der Tabletten hatte sie mir schon im Gespräch mitgeteilt.

Ich atmete erleichtert auf.

Ein paar Tage später wollte ich die junge Mutter in der Klinik besuchen. In der Hand hielt ich einen Blumenstrauß und ein Buch. Ich meldete mich beim Stationspfleger an. Als er ihr mitteilte, dass die Dame von der Telefonseelsorge sie besuchen wolle, schrie sie laut: „Diese Type kann mir gestohlen bleiben. Sie hat mich doch an die Bullen verraten. Sie soll bloß zusehen, dass sie auf schnellstem Wege verschwindet. Nie will ich sie sehen."

Etwas bedrückt ging ich mit meinen Blumen in der Hand die Treppe hinunter. Das war kein guter Tag für mich.

Es mochten vielleicht drei Monate darüber vergangen sein, als ich es noch einmal versuchte, zu ihr Kontakt aufzunehmen. Als ich mich am Telefon meldete, lachte sie auf: „Ach, Sie sind die Dame von der Telefonseelsorge, zu der ich so frech war. Bitte, verzeihen Sie mir. Ich war wirklich in einer verzweifelten Situation."

Wir tauschten ein paar freundliche Worte miteinander aus und ich lud sie noch zu einer Vortragsreihe mit Peter Hahne ein, der vom Fernsehen her vielen als Nachrichtensprecher bekannt ist.

„Ja, ich komme. Danke für die Einladung. Aber ich will nicht abgeholt werden. Ich komme allein." Das waren die letzten Worte, die ich von ihr hörte.

Zwei Wochen später schaute ich am Morgen in die Zeitung. Ich war erschrocken, als ich unter der Rubrik „Todesanzeigen" Folgendes las: „Meine liebe Mami hat mich verlassen. Jacqueline" Ich war wie gelähmt und ließ die Zeitungsblätter auf den Fußboden fallen. Über diese Nachricht war ich todunglücklich. Ich machte mir auch Vorwürfe: Hätte ich Jacquelines Mutter nicht doch in ihrer Wohnung aufsuchen müssen? Ich wusste es nicht.

In meiner nächsten Nachtschicht löste ich Herrn Pfarrer Adamek, den Leiter unserer Telefonseelsorge, ab. Er fragte mich: „Na, Frau Bormuth, wie geht es Ihnen eigentlich?" Ich erzählte ihm von dem Selbstmord der jungen Mutter und fügte noch an: „Es ist am besten, wenn ich diese Aufgabe in der Telefonseelsorge niederlege. Ich habe versagt."

Pfarrer Adamek tröstete mich: „Frau Bormuth, tun Sie dies nicht. Bei all unserem Einsatz müssen wir einräumen, dass wir nicht Herren über das Leben von Menschen sind. Manchmal ist die Todessehnsucht so groß, dass wir hilflos sind. Gott allein wird das letzte Wort auch über Jacquelines Mutter sprechen und es wird immer ein barmherziges Wort sein."

Dieser Zuspruch des Pfarrers hat mir die Angst genommen, versagt zu haben. Es war mir klar, dass ich weitermachen sollte.

Claudia

Unser Kontakt zu Claudia begann mit einem aufregenden Gespräch. In der Nacht von Gründonnerstag zu Karfreitag hatte mein Mann Dienst in der Telefonseelsorge. Der Apparat läutete so gegen zwei Uhr. Als er den Hörer abnahm, meldete sich eine junge Frau mit der Frage: „Vergibt Gott alle Schuld, auch einen Selbstmord?"

„Wie meinen Sie das eigentlich?", fragte er.

„Ich mag nicht mehr leben. Ich hätte in diesen Tagen mein Abitur machen müssen, aber ich leide schrecklich unter Prüfungsangst. Deshalb meldete ich mich einfach von der Schule ab. Wahrscheinlich hätte ich den Abschluss sogar recht gut geschafft, denn meine Zeugnisse waren immer im grünen Bereich und in den Sprachen zeigte ich sogar hervorragende Leistungen. Was mir das Genick gebrochen hat, war Mathematik und Physik. Ich redete mir ein, dass ich in diesen beiden Fächern eine Fünf bekommen würde und dies wäre nicht auszugleichen gewesen. So sagte ich meinen Klassenkameraden und den Lehrern: Ade! Mein Vater war entsetzt und hat mir dies schrecklich übel genommen. ‚Du bist ein Versager, ein Feigling. Man muss sich den Herausforderungen des Lebens stellen. Nie darfst du einfach die Flinte ins Korn werfen. Du aber kneifst vor dem Abitur. Nie wirst du studieren können. Das hast du dir nun vermasselt. Du weißt gar nicht, wie sehr du dir mit dieser Abmeldung geschadet hast, du mieser Versager! Ich hätte damals als junger Mensch gerne studieren wollen, aber meine Eltern waren Flüchtlinge und sehr arm. Es war unmöglich. Jetzt sind wir reich. Ich könnte dir gleich mehrere Studiengänge finanzieren. Es ist zum Mäusemelken, wenn man daran denkt, welche Chancen du dir jetzt verbaut hast.'

Ich liebe meinen Vater und im Grunde muss ich ihm sogar recht geben. Deshalb trifft mich seine Enttäuschung und sein Ärger besonders hart. Ich habe keinen Mut mehr zum Leben. Und deshalb werde ich aussteigen. Bis der nächste Morgen kommt, muss es geschehen sein. Ich habe mir auf dem Tisch 74 Tabletten in Türmchen aufgebaut. Ich werde sie schlucken und dann habe ich endlich Ruhe."

Mein Mann verwickelte die junge Dame in ein langes Gespräch und fragte sie wie beiläufig: „Wie soll ich Sie eigentlich nennen? Soll ich Hulda oder Amalie zu Ihnen sagen?"

„Bitte, nennen Sie mich bloß nicht Amalie. Sagen Sie einfach Claudia zu mir."

So, das war erst mal ein wichtiger Anhaltspunkt. Mein Mann kannte nun den Vornamen seiner Anruferin. Es folgte ganz bewusst ein längerer Austausch über Schule, Autos und Freunde. Mein Mann wollte Zeit gewinnen.

„Claudia", setzte mein Mann von Neuem an, „draußen höre ich schon die Vögel singen. Ein neuer Tag ist angebrochen und somit für Sie eine neue Chance zum Leben. Werfen Sie die Tabletten weg! Rufen Sie mich dann vor acht Uhr noch einmal an! Dann ist nämlich Schichtwechsel. Ich muss wissen, dass Sie meine Anweisungen befolgt haben."

Claudia versprach dies und hielt sich auch an ihre Zusage. Mein Mann gab ihr dann unsere private Telefonnummer durch. „Sie können uns jederzeit anrufen, wenn es Ihnen schwer ums Herz ist." Dann verabschiedete er sich zunächst von seiner Anruferin.

Es folgten für uns aufregende Wochen, ja Monate. Die Gespräche waren schwierig und zogen sich meist bis über eine Stunde in die Länge. Wir beteten und hofften, Claudia aus dem Tief in ihrer Seele heraushelfen zu können. Aber die Lage blieb angespannt. Wir rieten ihr, einen Psychiater aufzusuchen, aber dieses Ansinnen lehnte sie strikt ab. „Ich brauche keinen Psychiater!"

An einem Abend spitzte sich die Situation zu. „Ich kann nicht mehr, ich kann jetzt wirklich nicht mehr. Ich setze mich ins Auto und rase gegen den nächsten Brückenpfeiler. Mir fällt die Decke auf den Kopf. Ich bin verzweifelt."

„Claudia, kommen Sie doch zu uns", bat ich sie. „Nehmen Sie sich ein Taxi und lassen Sie sich nach Marburg in den Sperberweg bringen."

Reich war die junge Dame, das hatten wir aus ihren Gesprächen herausgehört. Ihr Vater war stolzer Besitzer eines gut gehenden Autohauses. Ums Taxigeld brauchte sie sich keine Sorgen zu machen. „Wir werden auf Sie warten, Claudia und Sie auch nicht fragen, woher Sie kommen. Bleiben Sie die Nacht bei uns, ich richte Ihnen ein Bett. Am nächsten Morgen können Sie wieder den Heimweg antreten, ohne dass wir in Sie dringen, Ihre Adresse ausfindig zu machen."

„Ja, vielleicht", klangen ihre Worte leise durchs Telefon.

Im Wohnzimmer auf der Schlafcouch machte ich ihr das Bett. Ich wartete eine Stunde, dann zwei, ohne dass ein Taxi vor unserem Haus hielt. Ich wurde unruhig und informierte schließlich die Polizei im Raum Kassel, Hannoversmünden, denn aus dieser Gegend müsste Claudia kommen. Wir hatten nämlich im Laufe der vielen Gespräche jedes wichtige Detail zusammengetragen, um uns ein Bild zu machen, wo die Lebensmüde wohnen könnte. Alle Einzelheiten gaben wir nun an die Polizei weiter. Es begann eine Suchaktion, um Claudias Leben zu retten. Entsetzliche Angst überfiel uns, denn ihre Andeutungen ließen keinen Zweifel

317

zu, dass sie ihre Selbsttötung wahr machen würde. Wir selbst blätterten in den Telefonbüchern und weckten Firmenchefs von Autohäusern aus dem Schlaf. Immer wieder fragten wir nach Claudia. Gegen drei Uhr rief die Polizei noch einmal bei uns an und fragte, ob wir denn nicht noch mehr Anhaltspunkte für die Suche wüssten, denn bis jetzt sei all ihr Bemühen erfolglos geblieben.

Da kam mir noch die Deckadresse in den Sinn. Mein Mann hatte Claudia einige Bücher an eine Deckadresse geschickt, die ihr über ihre seelischen Tiefs hinweghelfen sollten. Diese Adresse gab ich dem Polizisten durch. Sie brachte die Beamten auf eine sichere Spur. Es war nämlich die Adresse von Claudias Freundin.

Morgens gegen fünf Uhr stand die Polizei vor Claudias Tür. Sie brachen sie auf und holten die junge Frau heraus. Ganz benommen vom Gift der Tabletten wurde Claudia in die Klinik gefahren. Ihr Leben konnte gerettet werden. Die Eltern waren ganz entsetzt, als ihnen der Selbstmordversuch ihrer Tochter am Morgen von den Beamten mitgeteilt wurde. Sie kamen gleich am nächsten Tag zu uns, um Einzelheiten über Claudias Probleme zu erfahren. In der Begegnung mit ihren Eltern hatte sie sich nie etwas anmerken lassen, wie tief sie in einer Depression steckte. Sie wohnte ja auch nicht mehr zu Hause, sondern lebte in einem eigenen Appartement, das der Vater für sie gekauft hatte. Es war den Eltern unbegreiflich, wie Claudia in solch eine schreckliche Verzweiflung geraten konnte.

Eine Woche später, nachdem Claudia wieder aus dem Krankenhaus entlassen war, meldete sie sich bei uns. Sie war ärgerlich und schimpfte durch den Hörer: „Wie konnten Sie mir das nur antun? Sie haben mich verraten. Ich habe Ihnen mein Vertrauen geschenkt und Sie missbrauchen es. Ich bin so enttäuscht von Ihnen."

„Claudia, wir hätten gar nicht anders handeln können. Ihr Leben ist wertvoll. Ich lade Sie ein, besuchen Sie uns doch einmal. Jetzt, da keine Geheimnisse zwischen uns stehen, müsste es Ihnen leichter fallen. Ich würde mich sehr über eine Begegnung mit Ihnen freuen. Kommen Sie doch!"

Zwei Tage später stand Claudia vor unserer Tür. Ich nahm sie einfach in die Arme. Sie war mir durch all die Gespräche so nahe gekommen. Es wäre entsetzlich gewesen, wenn dieser schöne, begabte junge Mensch seinem Leben ein Ende gesetzt hätte. Claudia zitterte am ganzen Körper. Ich nahm sie in unser Wohnzimmer und an dem Abend redeten wir nicht viel miteinander, aber die wenigen Worte waren wesentlich. Wir beteten noch mit Claudia und ich schenkte ihr ein Neues Testament. Dann setzte sie sich wieder in ihren Golf und fuhr nach Kassel zurück.

Es folgten gute Kontakte und regelmäßige Besuche. Claudia verbrachte manches Wochenende in unserer Familie. Sie freundete sich auch mit unseren Kindern an. Außerdem luden wir sie zu christlichen Veranstaltungen ein und versuchten, in langen, hilfreichen Gesprächen über ihre Probleme zu reden. Es folgten noch mehrere dramatische Nächte, in denen die junge Frau vom Lebensüberdruss gepackt wurde. Aber jetzt blieb sie nicht allein in ihrer Not, sondern suchte uns auf. Ich habe manche Nachtstunden mit ihr verbracht, in denen ich mit ihr betete, Lieder sang oder Psalmen las. Manchmal schwiegen wir auch lange und ihr aufgewühltes Herz kam zur Ruhe. Morgens in der Frühe verließ sie uns dann wieder und fuhr zu ihrer Arbeitsstelle. Es waren bewegte Wochen und Monate. Eigentlich hätte Claudia professionelle Hilfe in Anspruch nehmen müssen, aber sie lehnte es kategorisch ab, einen Psychologen oder Nervenarzt zu Rate zu ziehen. Diese seelischen Verstimmungen dauerten etwa eineinhalb Jahre an. Dann aber ging es ihr gesundheitlich besser. Sie besuchte nun regelmäßig einen Jugendkreis in ihrer Nähe und fand auch den Weg in die Lebensgemeinschaft mit Jesus.

Eines Abends rief Claudia mich an: „Frau Bormuth, ich habe nun seit sieben Monaten einen sehr netten und lieben Menschen kennengelernt. Ich habe Ihnen doch schon von Klaus erzählt. Wir haben uns entschlossen, zusammenzubleiben und wir wollen am 29. März heiraten. Sie sind die Erste, die von unserer Hochzeit erfährt. Ich weiß um Ihre vielen Termine, die Sie wahrnehmen müssen. Planen Sie diesen Tag in Ihrem Kalender fest ein. Wir möchten an unserem großen Tag die Menschen um uns haben, die uns in unserem Leben wichtig geworden sind. Bitte, kommen Sie."

Es war uns keine Frage, dass wir zu Claudias Hochzeit fuhren und es wurde ein großartiges Fest mit vielen Gästen. Das Programm für die Trauung in der Kirche hatte Claudia selbst zusammengestellt. Als erstes Lied ließ sie singen: „Bis hierher hat mich Gott gebracht durch seine große Güte."

Wer die Lebensumstände der Braut kannte, wusste, warum sie gerade dieses Lied ausgewählt hatte. Ihr Trauspruch war dem Psalm 23 entnommen: „Der Herr ist mein Hirte, mir wird nichts mangeln." Im Stillen fragte ich mich: „Claudia, trifft dieses Hirtenwort wirklich auf dich zu? Gerade du hast doch den Mangel so tief durchleiden müssen. Kannst du fröhlichen Herzens sagen: ‚Mir wird nichts mangeln?'"

Aber nun war Christus ihr Herr und ihm hat sie sich anvertraut. Der gute Hirte, Jesus, wird die Verantwortung für ihren Lebensweg übernehmen. Das machte ihr und mir Mut. „Claudia", durfte ich mir im Stillen eingestehen, „du hast das rechte Wort zur Trauung ausgesucht. Jesus wird immer zu euch stehen und euch beschützen und behüten. Niemand wird euch aus seiner Hand reißen und ihr werdet keinen Mangel haben."

Als der Gottesdienst zu Ende war, zog Claudia mit ihrem Klaus am Arm aus der Kirche. Plötzlich erblickte sie mich unter den Hochzeitsgästen. Da ließ sie ihren frisch angetrauten Ehemann einfach stehen und kam mit wehendem Schleier auf mich zu. Sie umarmte mich und sagte: „Frau Bormuth, erinnern Sie sich noch an das Wort, das Sie mir einmal durchs Telefon zugerufen haben? ‚Wer glaubt, flieht nicht!' Sie rieten mir, dieses Jesaja-Wort auf kleine Zettel zu schreiben und sie überall da anzubringen, wo ich in Gefahr stand, mir das Leben zu nehmen: an das Lenkrad meines Golfs, an den Gashahn und an den Medikamentenschrank. Dieses Gotteswort hat mich vor der Selbsttötung bewahrt. Danke, Frau Bormuth. Danke!"

Claudia eilte schnell wieder zu ihrem Mann zurück. Mich aber bewegte noch lange das Wort vom Glauben, der uns nicht fliehen lässt.

Im Anschluss an die Trauung fuhren wir in ein vornehmes, exquisites Restaurant. Auf den Tischen waren so viele Gläser und Bestecke aufgedeckt, dass ich gar nicht wusste, wie ich hier essen sollte. Fast wäre ich hungrig wieder nach Hause gefahren, weil ich Angst hatte, mich zu blamieren. In solch erlauchter Gesellschaft bewege ich mich sonst nicht. Aber dann lockten mich doch die herrlichen Köstlichkeiten vom Büffet und ich ließ es mir gut schmecken.

Spät abends wollten wir dann heimfahren. Claudias Eltern begleiteten uns noch bis zu unserem Auto. „Wir möchten Ihnen, liebes Ehepaar Bormuth, sehr herzlich danken für all Ihre Hilfe und Ihren Einsatz. Ohne Sie hätten wir diesen herrlichen Tag nicht erleben können. Vielen Dank!"

Wir haben diesen Dank gerne angenommen und an den weitergegeben, der das Leben von Claudia bewahrt und bisher wunderbar geführt hat.

Heute ist Claudia Mutter von zwei wunderbaren Kindern.

Meine Mutter

Unsere Kinder waren schon alle aus dem Haus und ich war selbst schon Großmutter, als meine Mutter kränkelte und immer schwächer wurde. Da beschlossen wir, sie zu uns in die Familie zu holen. Sie war mittlerweile 85 Jahre alt. Beinahe zwei Jahre war sie ein Schwerstpflegefall. Ihre Augen waren fast ganz blind geworden und außerdem hatte sie einen Schlaganfall erlitten und war linksseitig gelähmt. Ich wusste, dass es jetzt meine Pflicht war, mich um meine Mutter zu kümmern.

In den Jahren zuvor hatte ich schon meine Schwiegermutter zu uns ins Haus geholt, weil sie mit ihren fast 93 Jahren sehr schwach und elend geworden war. Die Pflege beider Mütter war nicht nur arbeitsmäßig eine schwere Zeit für mich, sondern ich litt auch seelisch. Es ist nicht leicht, alte Menschen zu pflegen und dabei zusehen zu müssen, wie sie immer elender und schwächer werden.

Alt werden ist nichts für feige Leute. Das habe ich damals begriffen. Durchhaltevermögen und Lebensmut gehören dazu. Meine Mutter besaß diese wunderbaren Eigenschaften. Wie dankbar war sie für jeden Handgriff. Manchmal hat sie laut gestöhnt, wenn die Schmerzen unerträglich waren, aber sie hat nie geklagt, gejammert oder gar geflucht. Tapfer ertrug sie die Tage, die ihr sicher nicht gefallen konnten. Eine besondere Freude waren ihr die 17 Enkel und die 19 Urenkel. Manchmal hockten gleich zwei Kleine auf ihrem Pflegebett und ließen es hoch und runter fahren.

Ich wurde in der Pflege sehr von meinen erwachsenen Kindern unterstützt. Wahre Wunder durfte ich erleben. Mich hat es sehr bekümmert, dass meine Mutter durch den Schlaganfall nicht nur einseitig gelähmt war, sondern auch noch ihre Stimme verloren hatte. Ihr Gesicht war sehr entstellt. Ich litt mit ihr. So vieles hätte ich sie noch fragen wollen, wie es früher in Bessarabien war, und nun kam kein einziges Wort mehr über ihre Lippen. Reglos lag sie in ihren Kissen.

In den Weihnachtsferien kam unser jüngster Sohn von Halle nach Hause. Er war auch entsetzt, als er Großmutter so elend daliegen sah. Er rückte seinen Stuhl ganz nah an ihr Bett. Auf ihren Nachttisch stellte er eine wunderschöne weiße Kerze. Die gesunde Hand nahm er in die seine, damit Großmutter seine Nähe spüren sollte. Dann begann er ihr eine Stunde lang Weihnachtslieder vorzusingen. Es waren die alten Melodien, die er von Großmutter gelernt hatte. Ich saß im Wohnzimmer nebenan und die Tür war nur angelehnt. Plötzlich hörte ich ein Brummen und Summen und diese Laute aus dem

Munde meiner Mutter waren mir wie himmlische Melodien. Gott hatte die Zunge meiner Mutter berührt. Welch ein Wunder! Das war nur der Anfang. Wir haben dann jeden Tag mit ihr Lieder gesungen und mir ihr gesprochen. So hat sie bis zu ihrem Lebensende wieder reden können. Als die Zeit ihres Heimgangs näher rückte, bin ich spät abends noch einmal in ihr Zimmer gegangen, habe meine Hände auf ihren Kopf gelegt und ihr die Segensworte zugesprochen: „Der Herr segne dich und behüte dich. Der Herr lasse sein Angesicht leuchten über dir und sei dir gnädig. Der Herr erhebe sein Angesicht über dich und gebe dir seinen Frieden."

Das war mein letzter Liebesdienst, den ich ihr tun konnte. Wenige Tage später hat Gott sie in seine neue Welt heimgeholt. Die Trauerfeier, die unter großer Anteilnahme der Dorfbevölkerung und vielen Angehörigen und Freunden stattfand, war unter den Konfirmationsspruch meiner Mutter gestellt: „Ich habe dich je und je geliebt, darum habe ich dich zu mir gezogen aus lauter Güte." (Jeremia 31,3) Es war meinem Mann geschenkt, in bewegenden Worten Gott für das lange und so wunderbare Leben meiner Mutter zu danken. Ich werde ihr Andenken immer im Gedächtnis behalten.

Meine Mutter war eine wunderbare Frau. Dabei war ihre Kindheit nicht von Sonne umstrahlt. Der plötzliche Tod ihrer Mutter, die als noch junger

Mensch in einer Nacht an Herzversagen verstorben war, hatte einen Schatten auf ihr Leben geworfen. Ihr Vater hatte wenig Zeit, sich um die zahlreiche Kinderschar zu kümmern. „Haushalt und Kinder", so hieß es in der damaligen Zeit, „sind Frauensache. Der Mann muss hinaus ins feindliche Leben und muss den Broterwerb sichern." Aber es gab treue Mägde, die sich um die kleinen Waisen in rührender Art kümmerten, bis wieder eine neue Mutter die Regie übernahm. Es war ein großes Glück, dass die Geschwister eng zusammenstanden. Bis ins hohe Alter hat meine Mutter besonders die Verbindung zu ihrer jüngeren Schwester Ottilie aufrechterhalten. Die Familien haben sich oft besucht und sich auch gegenseitig geholfen.

Meine Mutter hat nicht viel über das Elend ihrer frühen Kindheit erzählt, aber es muss doch tiefe Spuren hinterlassen haben. Was Kinder so nötig brauchen, Liebe, Zärtlichkeit und Hingabe, hat sie entbehren müssen. Diese leidvollen Kindheitserlebnisse haben meine Mutter aber sehr tapfer und tatkräftig gemacht. Sie hat früh gelernt zu kämpfen und sich nicht vom Schmerz überwältigen zu lassen.

Auch eine gewisse Lebensschläue war ihr zu eigen. Ich weiß nicht, was Vater ohne sie in der Nachkriegszeit gemacht hätte. Er war mehr ein Gelehrtentyp und tat sich in praktischen Dingen schwer. „Else, komm!", rief er, wenn es galt, die Pferde anzuschirren. Er hat ja als Professor nie handwerkliche Arbeiten leisten müssen. Gewiss, er stammte auch von einem großen Bauernhof und hat selbst einen größeren landwirtschaftlichen Betrieb besessen; ihn hat er geleitet, die Arbeiten aber verrichteten treue Knechte und verantwortungsvolle Mägde, die er mit Bedacht ausgesucht hatte. So wurde er fast nie zu praktischen Arbeiten auf dem Hof herangezogen, sondern musste mehr seiner Mutter in der Küche beistehen. Ihr hat es bei der großen Kinderzahl von sechs Jungen und sechs Mädchen nie an Arbeit gefehlt. So hat Vater gelernt, wie man Butter im Butterfass herstellt und musste fürs Brotbacken den Teig kneten. Nur in der Dreschzeit wurde er noch vor Tagesanbruch geweckt, um die Dreschmaschine zu ölen und sie anzuheizen, damit, wenn der laute Ton zum Arbeitsbeginn erklang, auch genügend Dampf die Räder in Bewegung setzte und das Tagewerk seinen Lauf nehmen konnte.

Meine Mutter war überaus fleißig und geschickt dazu. Was sie anfasste, geriet ihr unter den Händen. Ihre Schulbildung aber wies manche Mängel auf. In Bessarabien wurden nur die Söhne zur höheren Schule geschickt. Die Mädchen hingegen hatten zu lernen, wie man kocht, wäscht, näht, strickt, Brot backt und Kinder versorgt. Später änderte sich das und es wurde auch ein Mädchengymnasium errichtet. Meine Mutter hatte hingegen nur im Winter die

Volksschule besucht. Im Sommer mussten alle in der Landwirtschaft helfen, die Ernte einzubringen. Aber sie hat dabei ihr größtes Glück gefunden.

Mein Vater hatte nach Beendigung seines Studiums in Deutschland nicht sofort eine Stelle als Diplomlandwirt finden können. So trat er zunächst seinen Dienst in der Volksschule in Sofiewka an und wurde der Lehrer meiner Mutter, die zwölf Jahre jünger war als er. So verdankt sie ihre Schulkenntnisse meinem Vater, der sehr früh auf dieses bildschöne, kluge Mädchen ein Auge geworfen hatte. Ganz im Stillen schlug diese junge Liebe Wurzeln und als meine Mutter 19 Jahre alt war, hielt der „Herr Lehrer" bei meinem Großvater um ihre Hand an. So heiratete sie ihren einstigen Lehrer, der inzwischen Professor an der Landwirtschaftsschule in Purkari geworden war. Für meine Mutter begann eine überaus angenehme und schöne Zeit. Für die Arbeit im Haus und in der Küche wurde eine Magd angestellt und wir drei Kleinen wurden von einem Kindermädchen betreut und auch erzogen. Anna Mix war eine wunderbare Frau. Sie hat uns geliebt und war immer für uns da. Viele Jahre lang hat meine älteste Schwester die Verbindung zu ihr aufrecht erhalten.

Meine Mutter genoss das gesellschaftliche Leben und ihr wurde an Freude und Zuwendung ein wenig erstattet, was sie als Kind hatte entbehren müssen.

Aber dann folgten die Jahre, die uns allen nicht gefallen konnten.

Als wir im Januar 1945 in Eiseskälte vor den Russen fliehen mussten, war meine Mutter hochschwanger. Aber das Kind starb wenige Tage nach der Geburt. Diesen Verlust hat meine Mutter nie ganz verkraften können. Als ihr dann 1946 wieder ein Töchterchen geschenkt wurde, war sie stark von der Angst erfüllt, ob sie wohl dieses Kind behalten könnte. Und auch als es später ihrer Lilli sehr gut ging, sie ihr Studium der Medizin beendet hatte und ihre Doktorarbeit mit summa cum laude beurteilt worden war, hat Mutter die Angst nie mehr ganz verlassen. Als Lilli dann selbst Mutter von sechs wunderbaren, gesunden Kindern wurde, sorgte sich Mutter bei jeder Geburt: Wird Lilli überleben? Ihre Freude war groß, wenn wieder ein Enkelkind das Licht der Welt erblickt hatte und alles gut geworden war.

Ich stand manchmal mit Mutter auf Kriegsfuß. Als ich das Gymnasium besuchte, zeigte sie wenig Verständnis dafür, dass ich viel lernen musste. Wenn ich hinter meinen Büchern saß und sie mich erblickte, hatte sie schnell ihre Aufträge parat: „Lotte, melk die Ziege! Hol Brennholz herein! Füttere die Pferde und miste den Stall aus!" Da reagierte ich oft sehr ungehalten. Vater wollte, dass ich auf die höhere Schule ging, und da hätte mir Mutter Zeit zum

Lernen einräumen müssen. Aber der Lebenskampf war zu hart und die Arbeitslast, die vor allen Dingen auf Mutters Schultern lag, zu groß. Ich war damals mit der kleinen Lilli allein zu Hause, weil meine beiden anderen Schwestern einer Berufsausbildung nachgingen. So wurde manche Arbeit auf mich abgewälzt. Wie sehr hätte ich mich gefreut, wenn ich mal in Ruhe meinen Schularbeiten hätte nachgehen können.

Im Rückblick auf diese Zeit kann ich nur staunen, dass ich trotz der harten Herausforderungen doch das Abitur mit Gottes Hilfe geschafft habe, denn ich musste mehr auf den Feldern arbeiten als mich mit meinen Büchern beschäftigen. Die Noten, die meine Kinder in ihren Abiturzeugnissen erreicht haben, sodass sie alle den Numerus clausus nicht zu fürchten brauchten und gleich mit dem Studium beginnen konnten, hätte ich nie und nimmer erreicht. Noch heute träume ich von Lateinarbeiten und Mathematikaufgaben, die ich nicht zu Ende bringen kann. Ich bin immer froh, wenn ich aus solch schrecklichen Träumen erwache. In dieser Hinsicht muss ich lernen, mich zu bescheiden und ich danke Gott, dass er mir in meinem Studium und in meiner Ehe viele Möglichkeiten geschenkt hat, um mich weiterzubilden.

An der Stelle verdanke ich meinem Mann sehr viel. Er hat mich immer mit guter Literatur versorgt und in den Gesprächen mit ihm habe ich viel dazulernen können. Er verfügt nämlich über ein enormes Wissen, spricht mehrere Sprachen und ist sehr belesen.

Als dann in der Zeitung mein Name als Abiturientin genannt wurde mit dem Berufswunsch, Theologin zu werden, war meine Mutter stolz auf mich, dass ich trotz der vielen Arbeit auf unserem landwirtschaftlichen Kleinbetrieb die Energie aufgebracht hatte, bis zum Abitur durchzuhalten. So begann ich mein Studium in Marburg im Mai 1955.

Ich habe im Laufe der Jahre ein sehr gutes Verhältnis zu meiner Mutter aufbauen dürfen. Wie hat sie sich gefreut, als ich geheiratet habe und dann unsere Kinder und Enkelkinder eines nach dem anderen geboren wurden. Schon wenn Ostern vorüber war, begann sie Ausschau nach Weihnachtsgeschenken für ihre große Familie zu halten. Jedes Jahr kaufte sie das Gleiche: Schlafanzüge oder Nachthemden, die sie in buntes Papier einwickelte und mit einem roten Band verschnürte. In ihrem Schlafzimmer stapelten sich dann die Pakete für jeden ihrer großen Familie auf dem Schrank oder unter dem Bett. Zu Advent besuchten wir meine Mutter und durften dann den wertvollen Karton mit nach Hause nehmen.

Es war kurz vor ihrem Heimgang, da unterhielt ich mich mit ihr über das Schenken. Mit etwas verschmitztem Lächeln sagte sie: „Ich glaube, wenn ich nicht mehr am Leben bin, dann muss der Kaufmann Budschek seinen Laden zumachen." Da hatte sie gar nicht so unrecht, denn meine Mutter kaufte jedes Jahr 56 Nachthemden oder Schlafanzüge der Marke Schiesser.

Es gibt nichts Schöneres, als eine solch liebevolle, selbstlose und wertvolle Mutter zu haben.

Ein mutiger Blick nach vorn

Ich habe von meinen Eltern gelernt, nicht alten, verloren gegangenen Werten nachzutrauern, sondern vorwärts zu blicken. Als wir mit unseren drei Pferden in Breitenbach bei Bebra einfuhren, hätte uns sicher niemand geglaubt, dass wir selbst Besitzer eines größeren Gutes gewesen waren. Bei meinen Eltern galt die Devise: „Vorwärts immer, rückwärts nimmer! Wer immer strebend sich bemüht, den können wir erlösen." Mein Vater hat uns später, als wir schon längst eigene Kinder hatten, immer wieder an die Sprüche erinnert, die er uns als Kinder eingeprägt hat.

Meine heranwachsenden Kinder haben sich über derlei Sprüche oft hinter dem Rücken ihres Großvaters lustig gemacht. Aber vielleicht haben diese Sprüche doch auf lange Sicht dazu beigetragen, dass der Faulheit in unserer Familie gewehrt wurde. So war uns Arbeit nie ein Problem, sondern ein Vorrecht, damit etwas Gutes aufzubauen.

Einmal, auf einem seiner letzten Spaziergänge, nahm mich mein Vater zur Seite, als er unsere fünf Kinder heranwachsen sah. „Lotte, sorge dafür, dass deinen Kindern kein Gras unter den Füßen wächst. Sieh zu, dass sie immer kleine Aufgaben übernehmen." Das war ein guter, pädagogischer Rat. So habe ich meinen Kindern immer wieder kleine Jobs besorgt. Sie mähten bei den Nachbarn Gras, halfen während der Ferien in einer Gärtnerei, trugen Zeitungen und Werbematerial aus oder gaben Nachhilfestunden. Dadurch verfügten sie auch über eigenes Geld und konnten sich kleine Wünsche erfüllen: einen Lederball, Sportschuhe, interessante Bücher. Heute haben unsere Söhne und unsere Tochter selbst heranwachsende Kinder und ich darf feststellen, dass sie sie fast genauso erziehen, wie sie selbst erzogen worden sind.

Rückblickend kann ich über mein Leben nur sagen: Es war die große Liebe Gottes, die mich von allen Seiten umgab. Reich ist mein Dasein geworden, sehr reich sogar, wenn es auch nicht an Not und Anfechtung gefehlt hat. Inzwischen haben mein Mann und ich unsere Diamantene Hochzeit gefeiert. Wenn ich gefragt würde, was mich in meinem Leben am meisten beeindruckt hat, dann kann ich nur sagen: Gottes großes Erbarmen und seine Freundlichkeit. Wie viele wunderbare Menschen hat er mir an meine Seite gestellt. Natürlich hat es auch nicht an bösen Menschen gefehlt. Sie gaben mir aber die Chance, sie im Namen Jesu zu segnen.

Am allermeisten aber freue ich mich, dass ich einen Partner an meiner Seite habe, mit dem ich eins sein darf in guten wie in schlechten Tagen. Wir sind zwar ein sehr ungleiches Paar, ergänzen uns aber auf wunderbare Weise. Es ist die Liebe Gottes, die uns miteinander verbindet und unsere Ehe reich gesegnet hat. Zu unseren fünf Kindern kommen noch fünf Schwiegerkinder, siebzehn Enkel und drei Urenkel. Wir sind sicher keine ideale Familie und wissen auch um Konflikte, aber wir nehmen einander an, wie Christus uns angenommen hat. Das macht unsere Tage froh und erwartungsvoll. Das Leben ist so einmalig und einzigartig, wie einzelne Mosaiksteine am Weg, die im Rückblick ein wunderbares Bild zur Ehre Gottes ergeben. Darüber kann ich wirklich nur staunen.